Cuaderno de actividades

THIRD EDITION

Dos mundos: En breve

Comunicación y comunidad

Tracy D. Terrell
Late, University of California, San Diego

Magdalena Andrade
Irvine Valley College

Jeanne Egasse
Irvine Valley College

Elías Miguel Muñoz

McGraw Hill

Boston   Burr Ridge, IL   Dubuque, IA   Madison, WI   New York   San Francisco   St. Louis
Bangkok   Bogotá   Caracas   Kuala Lumpur   Lisbon   London   Madrid   Mexico City
Milan   Montreal   New Delhi   Santiago   Seoul   Singapore   Sydney   Taipei   Toronto

The McGraw·Hill Companies

Higher Education

This is an ⌐EB⌐ book.

Cuaderno de actividades to accompany Dos mundos: En breve

Published by McGraw-Hill, an imprint of The McGraw-Hill Companies, Inc., 1221 Avenue of the Americas, New York, NY 10020. Copyright © 2006, 2002, 1998 by The McGraw-Hill Companies, Inc. All rights reserved. No part of this publication may be reproduced or distributed in any form or by any means, or stored in a database or retrieval system, without the prior written consent of The McGraw-Hill Companies, Inc., including, but not limited to, in any network or other electronic storage or transmission, or broadcast for distance learning.

1 2 3 4 5 6 7 8 9 0   CUS   CUS   9 0 9 8 7 6 5

ISBN: 0-07-321256-3

Editor-in-chief: *Emily Barrosse*
Publisher: *William R. Glass*
Director of development: *Scott Tinetti*
Development editor: *Max Ehrsam*
Marketing manager: *Nick Agnew*
Photo research coordinator: *Nora Agbayani*
Photo researcher: *Susan Friedman*
Production supervisor: *Louis Swaim*
Production editor: *David M. Staloch*
Compositor: *TechBooks/GTS, York, PA*
Printer and binder: *VonHoffman Graphics, Owensville*

www.mhhe.com

CONTENTS

To the Instructor

A Few Words about *Dos mundos: En breve.*
This *Cuaderno de actividades* to accompany *Dos mundos: En breve* is a new, shorter version of the *Cuaderno* that accompanies the Sixth Edition of *Dos mundos*. It is identical to that edition of the *Cuaderno*, except that the last four chapters have been omitted to create a workbook/laboratory manual that is ideal for programs with fewer than four contact hours a week. A special sold audio program has been created for use with this *Cuaderno*; all other Sixth Edition supplements are available as well and will work with *Dos mundos: En breve.* You should feel free to use the materials from Chapters 12–15 in those supplements, as needed.

What follows is the preface for the *Cuaderno de actividades* to accompany the Sixth Edition of *Dos mundos* (the complete text.)

Welcome to the Sixth Edition of our workbook/laboratory manual, which we have renamed *Cuaderno de actividades* to reflect the wealth of activities that it provides. The *Cuaderno* has many new activities and readings, but its basic premise has not changed. It is intended for use outside the classroom. Its primary goal is to give students additional practice reading, writing, and listening to Spanish in a variety of meaningful contexts.

The general organization of the *Cuaderno* follows that of the student textbook: It is divided into three preliminary **Pasos** (**A, B,** and **C**) and fifteen regular chapters. Each chapter contains the same thematic divisions as the corresponding chapter in the main text. We provide **Actividades escritas** (written activities) and **Actividades auditivas** (listening comprehension activities) for every topic in the **Actividades de comunicación y lecturas** sections of the textbook. Each chapter has the following sequence.

Actividades escritas: two to four activities per chapter theme

Resumen cultural: questions that review the cultural content of the main text chapter

Actividades auditivas: one or more listening comprehension activities per chapter theme

Pronunciación y ortografía: recorded pronunciation and spelling exercises

Videoteca: written activities coordinated with the *Video to accompany Dos mundos*

Lecturas: Reading selections which include short stories and poetry

---

Students should work the **Actividades escritas** and the **Resumen cultural** first; then, once familiar with the themes, vocabulary, culture, and grammar in the chapter, they should do the **Actividades auditivas.** The written activities will give students practice and confidence before they listen to the recorded segments on their own.

The *Cuaderno* Sections: A Closer Look

Actividades escritas. Two types of activities are included in this section: those that focus on grammar, and those that allow students to write creatively. Each **Actividades escritas** section begins with a reference (**Lea Gramática...**) to the corresponding grammar point(s) in the textbook. This reference will remind students which grammar topic(s) to review before doing the activities and where to look for help while working. Most of these activities can be done outside of class, but in-class follow-up of the creative writing assignments can prove beneficial.

Resumen cultural. The written activities in the **Resumen cultural** section allow students to verify their knowledge and understanding of Hispanic cultures. These activities draw on the cultural material in each chapter of the main text: **Sobre el artista** and a cultural timeline on the chapter opener page; **¡OJO!, Ventanas culturales, Ventanas al pasado, Enlaces literarios** and **Lecturas** in the **Actividades de comunicación y lecturas** section.

Actividades auditivas. The activities in this section consist of conversations, narratives, and advertisements recorded on audio CD. Since the focus is on listening comprehension, the scripts of these passages are not included in the *Cuaderno de actividades*. Instead, each recorded passage has a corresponding activity, which always contains:

- A list of new or unfamiliar vocabulary with English translations
- A drawing that illustrates the theme
- A short introduction to the recorded passage
- Verification questions of several types

Starting with **Capítulo 1**, each **Actividades auditivas** section opens with a segment called **Los amigos animados.** Additionally, beginning with **Paso B,** the **Actividades auditivas** section closes with a segment called **¡A repasar!**

- **Los amigos animados:** These activities review vocabulary, themes, and grammar from the previous chapter, providing students with a warm-up before they listen to the new material. This segment is also an animated feature in the Sixth Edition CD-ROM.
- **¡A repasar!:** These are cumulative activities that focus on the general theme of the chapter. Their purpose is to review chapter topics, vocabulary, and grammar.

New in the Sixth Edition are a series of skill building guidelines for working with the **Actividades auditivas.** These guides are included in **Paso A, Capítulo 2,** and **Capítulo 7.**

Pronunciación y ortografía. This section provides explanations and exercises that help students work with the sound system of Spanish and its correspondence with spelling. Spanish sound-letter correspondences are relatively simple, and many students become good spellers in Spanish without explicit instruction. Note that these exercises generally include only words that students have already encountered in oral class activities.

Videoteca. Correlated with the *Video to accompany Dos mundos*, this section helps students work with the content of the chapter's video segments. The **Videoteca** activities were rewritten for the Sixth Edition and there are now three components:

- **Los amigos animados:** animation of the review segments in the **Actividades auditivas.** These segments are also included as listening comprehension activities in the audio CD.
- **Escenas culturales:** a brief cultural montage correlated with the country or countries of the chapter opener page. A **Vocabulario útil** box helps students with difficult vocabulary. Follow-up questions include multiple choice and short answer.
- **Escenas en contexto:** short thematic vignettes correlated with the chapter theme. These include a **Vocabulario útil** box, a brief synopsis and post-viewing questions.

We suggest you do the first segment, **Paso C,** and corresponding activities with your students. Then the rest may be assigned as homework or done in class as time permits. Note that the audio program is available on the *Dos mundos* Online Learning Center as Premium Content.

Lecturas. There are two categories of readings in the *Cuaderno*: **Lecturas** and **Notas culturales.** The **Notas culturales** are usually short and focus on some aspect of Hispanic culture, such as music or education. Some **Lecturas** feature the *Dos mundos* cast of characters and others include readings on cultural and historical topics such as Mexican cities and Hispanic cuisine.

- **Literature:** New in the Sixth Edition are several literary selections: poetry, a song, excerpts from the Maya book *Popol Vuh* and from a novel by Mexican writer José Emilio Pacheco, and five short stories. The **Cuentos** include "Cassette" by Argentine writer Enrique Anderson Imbert and "La prueba" by Cuban writer Nancy Alonso.

All the **Lecturas** and **Notas culturales** are preceded by a list of useful vocabulary and a **Pistas para leer** box. The **Pistas** box is new in the Sixth Edition; it presents questions, clues, and useful reading strategies such as scanning, visualization, and cognate recognition. All readings feature optional comprehension questions and creative writing activities:

- **Comprensión:** brief verification questions
- **Un paso más… ¡a escribir!:** creative writing activities

The readings can be assigned as homework or as makeup work, or used as springboards for class discussion and oral group presentations. In the *Instructor's Manual,* you will find helpful notes and suggestions for teaching the readings in the *Cuaderno de actividades,* and more ideas for post-reading activities.

Expansión gramatical. Some additional grammar concepts, with verification exercises, appear in a section called **Expansión gramatical** at the end of the *Cuaderno.* If you wish to present more grammar concepts than those included in the main text, the **Expansión** section will be very helpful.

Answer Key. At the end of the *Cuaderno* are answers to all **Actividades escritas** including the **Resumen cultural,** to all **Actividades auditivas, Ejercicios de ortografía, Videoteca** activities and **Comprensión** questions of the **Lecturas.** This Answer Key provides instant feedback, allowing students to check their own work and to learn from their errors.

You will find many open-ended and communicative activities in the *Cuaderno de actividades.* Answers to questions for which there is more than one correct response and for personalized activities are identified by the symbol ▲ or by the phrase *answers should be original.* In those cases we usually provide guidelines and suggestions, rather than specific answers. Students must allow for differences in content when checking answers to open-ended questions and activities. They should correct errors in form only.

The *Cuaderno*: Useful Suggestions

A Low-Stress Classroom Environment: Letting it Happen Naturally

Avoid placing undue stress on students over the *Cuaderno de actividades* assignments. Help students to understand that the listening component is primarily a source of additional comprehensible input. Encourage them to consult you when problems arise. Remind them that they may listen multiple times but that, even so, it is not realistic to expect to comprehend everything they hear. Emphasize that it is not necessary for students to comprehend everything in order to answer every question correctly.

The *Actividades auditivas*: Helping Students To Listen

The listening comprehension activities are intended primarily for use as homework, but they can also be done in class. Students will need some training in order to work confidently with this component. We have added listening guides which will train them to approach these activities in a systematic way. This new feature provides steps for creating a context and for coming up with useful strategies to help students complete the comprehension activities successfully.

The first guiding session appears with **Paso A,** and students should be able to learn the procedure easily by following directions recorded on the CD. However, you should provide similar instruction before starting **Paso B** and try to do at least part of each **Paso** in class before you assign the remaining activities as homework. The following section, To the Student, introduces students to the *Cuaderno* materials and gives them general guidelines for working with the listening comprehension component. We also recommend that you add a "training session" at some point between **Capítulos 2** and **7** and at the beginning of a new semester or quarter. Additionally, it is a good idea to review the procedure and listening techniques whenever you feel that segments have started to become more complicated.

Please note that although the speakers on the audio program will not speak at normal native speed, students often have the impression that the rate of speech is too fast. One reason for this is the lack of visual cues. Furthermore, the level of input in some segments is slightly above the students' current level of comprehension, which may cause some anxiety. To avoid concern, make sure students understand that the *Cuaderno* materials are a set of learning tools and that they need to know how to use them effectively. We recommend that you finish most of the **Actividades de comunicación** of a given textbook chapter before assigning students to work independently on the **Actividades escritas** and then on the **Actividades auditivas.**

Pronunciation: Do Not Repeat After Me!

Students' pronunciation depends upon factors largely beyond the instructors' control, but with classroom experience students will generally develop pronunciation that is acceptable to most native speakers. We suggest that students at first concentrate on listening comprehension, rather than on pronunciation. The purpose of pronunciation exercises is not to provide rules for students but to present a set of exercises in which certain problematic sounds are isolated.

Some instructors find it useful to assign a review of the **Pronunciación y ortografía** sections when starting the second semester (or second or third quarter). A few even recommend that students listen to the audio program for all previous chapters as a review. This experience is rewarding, since students who have covered five or six chapters find the texts from the initial chapters easy the second time around and are excited about their progress.

Measuring Students' Performance: That Is the Question . . . and the Answer

Since the answers are included in the Answer Key of the *Cuaderno*, there remains the problem of how to keep students from copying. In our experience, the majority of students will not cheat unless the assignment proves excessively difficult. In spite of this, and since there is always a need to measure performance in an academic environment, we suggest that you use two or three of the items from each chapter in a short listening comprehension quiz. You could photocopy the corresponding worksheets from the *Cuaderno*, leaving out the vocabulary section, or you may write your own questions. Play each selection two or three times during the quiz. You will find that students who have done their homework honestly will do well on the quizzes and those who merely copied the answers will not.

To the Student

The *Cuaderno de actividades* (workbook/laboratory manual) is intended for use outside the classroom. It is designed to give you additional practice reading, writing, and listening to Spanish in a variety of meaningful contexts. The organization of the *Cuaderno* follows that of your textbook: three preliminary **Pasos** (*steps*) and fifteen chapters. Each chapter provides **Actividades escritas** (*written activities*) and **Actividades auditivas** (*listening comprehension activities*) for every topic in the **Actividades de comunicación y lecturas** sections of *Dos mundos*, Sixth Edition.

The following chart highlights all features of the *Cuaderno de actividades*.

	WHAT IS IT?	HOW WILL IT HELP?
Actividades escritas	Written activities usually done outside of class. Coordinated with the chapter theme, vocabulary, and grammar.	Allow you to express yourself in writing and let your instructor see your progress.
Resumen cultural	Written activities that review the cultural content in the main text. One activity per chapter.	Allow you to verify your knowledge and understanding of Hispanic culture.
Actividades auditivas	Listening activities for use outside of class. All activities have comprehension questions.	Provide you with opportunities to listen to and acquire Spanish outside the classroom.
Ejercicios de pronunciación y ortografía	Recorded pronunciation and spelling exercises.	A simple introduction to Spanish spelling and pronunciation.
Videoteca	Written activities to accompany the video program.	Provide you with opportunities to work with and react to the video segments.
Lecturas	Additional readings (**Lecturas** and **Notas culturales**); may be done in class, as homework, or read for pleasure.	Allow you to acquire more Spanish through additional reading.
Expansión gramatical	Additional grammar points with verification exercises, in the Appendix of the combined edition and of Part B of the split edition.	For reference or further study.
Answer Key	Answers to most of the **Actividades escritas**, the **Resumen cultural**, the recorded **Actividades auditivas**, the **Ejercicios de ortografía**, and the **Videoteca** activities.	Give you quick feedback on comprehension and written activities.

How to Get the Most Out of the *Cuaderno*

Actividades escritas. This section gives you the opportunity to express your ideas in written Spanish on the topics presented in each chapter. When doing each activity, try to use the vocabulary and structures that you have acquired in the current chapter as well as those from previous chapters. The **Lea Gramática** note will refer you to the specific grammar points that you need to study in the main text. In some sections that note will refer you to the grammar in previous chapters. You may also want to remember the following basic guidelines related specifically to the mechanics of the Spanish language.

■ Include accent marks whenever they are needed. Accent marks are written directly over vowels: **á, é, í, ó, ú.** Note that when **i** has an accent it doesn't have a dot.

■ Don't forget the tilde on the **ñ.** The **ñ** is a different letter from **n.**

■ Include question marks (**¿** and **?**) to open and close questions.

■ Include exclamation points (**¡** and **!**) before and after exclamations.

When you've finished the assignment, check your answers against the Answer Key in the back of the *Cuaderno.* Bear in mind that in many cases your answers should reflect your own life and experiences. Use the Answer Key to correct errors in form, not differences in content.

Resumen cultural. This section presents questions that review the cultural content from each chapter in the main text: **Sobre el artista** and a cultural timeline on the chapter opener pages, **¡OJO!, Ventanas culturales, Ventanas al pasado, Lecturas,** and **Enlaces literarios.** Use the Answer Key to correct your answers.

Actividades auditivas. This section consists of listening activities which help you check your comprehension of recorded passages. These passages include conversations and advertisements, and give you more opportunities to listen to and understand spoken Spanish outside the classroom. They simulate real-life experiences, giving you exposure to authentic speech in a variety of contexts and to the different accents of the Spanish-speaking world.

The listening activities for each passage consist of the following:

■ A list of new or unfamiliar words, followed by their English translation, to aid comprehension

■ A drawing and a short introduction to the passage to help you create a context

■ Tasks to help you verify whether you have understood the main ideas

Beginning with **Capítulo 1,** each section of **Actividades auditivas** opens with a segment called **Los amigos animados,** which reviews material from the previous chapter. This segment is also an animated feature in the Sixth Edition CD-ROM. Additionally, beginning with **Paso B,** each **Actividades auditivas** section closes with a segment called **¡A repasar!** (*Let's review!*), a cumulative activity that focuses on the central theme of the chapter.

The topics of the recorded segments are the same as those of the corresponding chapter of your textbook. You should try to work on a section of the *Cuaderno* activities after most of the textbook activities for that section have been done in class, that is, when you feel comfortable with the topics and vocabulary of the chapter.

Ejercicios de pronunciación. The *Cuaderno* includes a series of pronunciation exercises starting in **Paso A** and continuing through **Capítulo 10.** These exercises are designed to attune your ear to the differences between English and Spanish and to improve your Spanish pronunciation. The **Ejercicios** group familiar or easily recognizable words so you can practice the pronunciation of a particular sound that those words have in common. First, an explanation of the pronunciation of the sound is given, followed by examples for you to repeat aloud.

Keep the following suggestions and facts in mind when doing these exercises:

■ Your goal is to develop a feel for good pronunciation in Spanish, not to memorize pronunciation rules.

■ Most people achieve good pronunciation in a new language by interacting in a normal communicative situation with native speakers of that language.

■ The more spoken Spanish you hear, the more you will become used to the rhythm, intonation, and sound of the language.

- Do not attempt to pay close attention to details of pronunciation when you are speaking Spanish; it is far more important to pay attention to what you are trying to express.

Ejercicios de ortografía. These exercises consist of spelling rules and examples, followed by dictation exercises. You will be familiar with the words in these dictation exercises from the communicative activities done in class. Again, the idea is not to memorize a large number of spelling rules but rather to concentrate on items that may be a problem for you. These spelling exercises continue through **Capítulo 14.** Remember to check the answers in the back of the *Cuaderno* when you have completed the exercises.

Lecturas. Starting with **Capítulo 1,** each chapter of the *Cuaderno de actividades* contains a section called **Lecturas.** This section features two types of readings: **Lecturas** and **Notas culturales.** The **Notas culturales** are usually short and focus on some aspect of Hispanic culture; some **Lecturas** feature the *Dos mundos* cast of characters and others include fiction and poetry selections. We recommend that you read as many of these **Lecturas** and **Notas** as possible. The more Spanish you read, the more Spanish you will be able to understand and speak.

Keep in mind that reading is not translation. If you are translating into English as you go, you are not really reading. Many of the words and phrases in these readings have appeared in classroom activities. Some words are included in the **Vocabulario útil** list and bolded in the text. You do not need to learn these; just use them to help you understand what you're reading. There will also be some words that you will not know and that are not part of the vocabulary list. Try to understand the main idea of the reading without looking up such words. More often than not, you will be able to get the main idea by using context.

Your instructor will ask you to do some of the **Lecturas** at home so you can discuss them in class. The better you prepare yourself, the more you will learn from these discussions and the more Spanish you will acquire. The following suggestions will help you work with the readings.

- **Cues.** Look at the title, photos, illustrations, and any other cues outside the main text for an introduction to what the reading is about.
- **Familiar words.** Scan the text for familiar words and cognates. Cognates are words that are similar in English and Spanish. Use them to make predictions about content, and to help you anticipate.
- **Main idea.** Pay attention to the first paragraph: it will present the main idea of the reading. The remaining paragraphs develop the main idea with more details.
- **Context.** Use context to make intelligent guesses regarding unfamiliar words.
- **Read with a purpose.** The first time, read to get the main idea; the second, to clarify the main idea and notice important details; the third, to answer questions and relate content to your own experiences.
- **Visualize.** If you are reading a story, picture it in your mind instead of trying to translate as you go.
- **Be an active reader.** Anticipate, predict. An active reader asks him- or herself questions: Why is this said? Who says it? An active reader predicts the outcome and incorporates clues to reformulate predictions as he or she continues to read.
- **Be adventurous.** Try your hand at the different types of questions and post-reading activities. Let your reading be an enjoyable experience!

Videoteca. Correlated with the *Video to accompany Dos mundos,* this section will help you work with the chapter's video segments. There is a variety of viewing activities in the **Videoteca** sections of the *Cuaderno:*

- **Los amigos animados:** animation of the review segments at the beginning of the **Actividades auditivas.** View the animation and answer the questions in the **Actividades auditivas** section of the *Cuaderno.*
- **Escenas culturales:** a brief cultural montage correlated with the country of the textbook chapter opener page. Review the **Vocabulario útil** before viewing. Short follow-up questions will help you to get the most out of this cultural information.
- **Escenas en contexto:** short thematic vignettes correlated with the chapter theme. Review the **Vocabulario útil,** read the synopsis of the action and use the questions to see how much you understood.

The Cast of Characters. Many activities and exercises in *Dos mundos* and the *Cuaderno de actividades* feature a cast of characters from different parts of the Spanish-speaking world. There are two main groups: **Los amigos norteamericanos** and **Los amigos hispanos.** Please refer to the preface in your textbook for a presentation of these characters.

Helpful Symbols. We have included three icons to identify each section of the *Cuaderno de actividades*.

 This icon appears at the beginning of the written activities section. It also appears next to activities that require you to write an essay on a separate sheet of paper.

 This icon indicates that it is time to listen to the audio program.

 This icon identifies activities for the *Video to accompany Dos mundos*.

Strategies for the *Actividades auditivas*

When working with the **Actividades auditivas,** your goal should be to reach an acceptable—not perfect— level of comprehension. You should not listen to the audio program over and over until you understand every single word. Listening to the segments several times can be helpful, but if you listen repeatedly when you're not ready, you will be frustrated. Here are some strategies that will minimize that frustration and maximize your comprehension.

- Before you listen, look at the drawing, the vocabulary words included, the introduction and the questions. When listening: listen for key words. Key words are those you are acquiring or have acquired in class up to this point, plus those given in the vocabulary list at the beginning of each segment to which you will be listening.
- Pay close attention to the context.
- Make educated guesses whenever possible.

Pressure is your worst enemy when doing these assignments. Whenever you are stressed, if a problem arises, you will tend to think that the speakers go too fast, that the material is too difficult or that you are not as good a student as you should be; more often than not, however, extraneous factors are to blame. Here are some frequent causes of frustration:

- Poor planning: waiting to do the assignment until just before it is due, or not allowing sufficient time to complete it without rushing.
- Listening to a segment without adequate preparation.
- Listening over and over, even when you have followed the right procedure. If you are feeling lost, a more effective remedy is to stop the audio program and go over the particular topic as well as the related vocabulary in your textbook.
- Unrealistic expectations. Often students expect to understand everything after listening to a segment once or twice. Don't forget that listening to an audio program is different from listening to a person. When you listen to a radio talk show or to a song for the first time, even in your own language, you don't always grasp everything you hear.

In order to help you derive the most benefit from the **Actividades auditivas**, we have included listening strategies for specific activities in **Paso A, Capítulo 2,** and **Capítulo 7.** Your instructor may play several of the recorded segments in the classroom to give you an idea of the recommended procedure. He or she will go over the directions you have just read, to make sure you've grasped the steps you need to follow.

- First, find a comfortable, well-lit place where you can listen and write comfortably, without interruptions. Have the audio controls as well as the *Cuaderno* within easy reach.
- Do not start until you are familiar with the audio player and feel comfortable using it.

- Open your *Cuaderno* and find the segment you will be listening to. Look at the accompanying drawing(s) and make a mental note of what's depicted, then read everything that is printed for the segment. In addition to helping you determine what is expected of you, this procedure will aid you in creating a context.

- Relax while listening. Let your mind create scenes that correspond to what you're hearing, and listen just to enjoy the exposure to the spoken language. This additional exposure will result in increased confidence in real-life situations.

Once you have done several assignments, you will notice that you feel more comfortable with them. At that point it will be a good idea to go back and listen to the audio program for chapters you've completed. You will realize how much progress you have made.

We hope that this section has made you aware of the importance of planning ahead when working with the **Actividades auditivas.** After some practice you will be so familiar with the process that it will become automatic. We encourage you to follow the suggestions included in **Paso A, Capítulo 2,** and **Capítulo 7.** Use them as models to create strategies for working with the other listening segments. Let the *Cuaderno de actividades* work for you. It will help you in your real-life interactions with native speakers of Spanish!

ABOUT THE AUTHORS

Tracy D. Terrell (*late*) received his Ph.D. in Spanish linguistics from the University of Texas at Austin and published extensively in the areas of Spanish dialectology, specializing in the sociolinguistics of Caribbean Spanish. Professor Terrell's publications on second language acquisition and on the Natural Approach are widely known in the United States and abroad.

Magdalena Andrade received her first B.A. in Spanish/French and a second B.A. in English from San Diego University. After teaching in the Calexico Unified School District Bilingual Program for several years, she taught elementary and intermediate Spanish at both San Diego State and the University of California, Irvine, where she also taught Spanish for Heritage Speakers and Humanities Core Courses. Upon receiving her Ph.D. from the University of California, Irvine, she continued to teach there for several years and also at California State University, Long Beach. Currently an instructor at Irvine Valley College, Professor Andrade has co-authored *Mundos de fantasía: Fábulas, cuentos de hadas y leyendas* and *Cocina y comidas hispanas* (McGraw-Hill) and is developing two other language books.

Jeanne Egasse received her B.A. and M.A. in Spanish linguistics from the University of California, Irvine. She has taught foreign language methodology courses and supervised foreign language and ESL teachers in training at the University of California, Irvine. Currently, she is an instructor of Spanish and coordinates the Spanish Language Program at Irvine Valley College. In addition, she serves as a consultant for local schools and universities on implementing the Natural Approach in the language classroom. Professor Egasse is co-author of *Cocina y comidas hispanas* and *Mundos de fantasía: Fábulas, cuentos de hadas y leyendas* (McGraw-Hill).

Elías Miguel Muñoz is a Cuban American poet and prose writer. He has a Ph.D. in Spanish from the University of California, Irvine, and he has taught language and literature at the university level. Dr. Muñoz is the author of *Viajes fantásticos, Ladrón de la mente,* and *Isla de luz,* titles in the Storyteller's Series by McGraw-Hill. He has published four other novels, two books of literary criticism, and two poetry collections. His creative work has been featured in numerous anthologies and sourcebooks, including *Herencia: The Anthology of Hispanic Literature of the United States, The Encyclopedia of American Literature,* and *The Scribner Writers Series: Latino and Latina Writers.* The author resides in California with his wife and two daughters.

La clase y los estudiantes

Paso A

ctividades escritas

✳ Los nombres de los compañeros de clase

Lea Gramática A.1–A.2.

NOTE: **Lea Gramática…** notes like the one above appear throughout the **Actividades escritas** to indicate which grammar topics you may want to review before doing a particular group of exercises. You may want to turn to those sections for help while working.

A. Complete these statements by writing the name of one of your classmates who fits the description.

1. ¿Cómo se llama una persona que tiene el pelo rubio y rizado? Se llama __Ashley__.

2. ¿Cómo se llama una persona alta? Se llama __Steve__.

3. ¿Cómo se llama una persona que lleva lentes? Se llama __Gabriel__.

4. ¿Cómo se llama un(a) estudiante que es muy guapo/bonita? Se llama __Kristen__.

5. ¿Cómo se llama un estudiante que tiene barba o bigote? Se llama __Kevin__.

✳ ¿Quién es?

Lea Gramática A.3.

B. Identify the drawings below. Use **es** or **son,** and **un/unos** or **una/unas.**

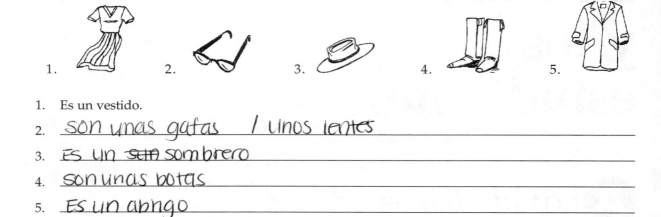

1. Es un vestido.
2. son unas gafas / unos lentes
3. Es un ~~seha~~ sombrero
4. son unas botas
5. Es un abrigo

✳ Los colores y la ropa

Lea Gramática A.3–A.4.

C. ¿De qué color son?

El sombrero 🎩 elegante es __negro__ [1]. El conejo 🐰 es __blanco__ [2]. Las hojas 🍃 del árbol 🌳 son __verde__ [3]. El limón 🍋 es __amarillo__ [4]. Las uvas 🍇 son __rojas__ [5] o __verdes__ [6]. La bandera 🇺🇸 de los Estados Unidos es __roja__ [7], __blanca__ [8] y __azul__ [9].

D. Think of the clothing you own and then write a sentence matching your clothing with a description. Use **mi** (singular) and **mis** (plural) for *my*. Use more than one word for each description.

MODELOS: (el) vestido → *Mi vestido es blanco y largo.*

(las) corbatas → *Mis corbatas son nuevas y bonitas.*

(las) blusas
(las) camisas
(las) faldas
(las) botas
(la) chaqueta
(el) saco
(el) suéter
(el) vestido
(el) abrigo
(los) pantalones

| es/son |

nuevo/a, viejo/a
bonito/a, feo/a
largo/a, corto/a
blanco/a, negro/a
grande, pequeño/a
verde, gris, azul, etcétera
anaranjado/a, rojo/a, etcétera

1. Mi vestido es rosado y ~~muy bonitos~~ nuevo.
2. Mis pantalones son nuevos y azules.
3. Mi chaqueta es negra y larga.
4. Mis botas ~~es~~ son negras y muy ~~ve~~ viejas.
5. Mi suéter es amarillo y corto.
6. Mis faldas son ~~nuevas~~ viejas y muy pequeñas.

✳ Los números (0–39)

E. Fill in the missing vowels to form a word. In the circle to the right, write the number that corresponds to the word.

MODELO: T R _E_ c _E_ ⑬

1. D _O_ c _E_ ⑫
2. Q _U_ I N C _E_ ⑮
3. V _e_ I N T I C _U_ _a_ T R _O_ ㉔
4. T R _e_ I N T _a_ y C _I_ N C _O_ ㉟
5. _O_ C H _O_ ⑧

Now check your work by adding the numbers in the circles. (Do not include the **modelo**.) The total should be **94**.

✳ Los mandatos en la clase

Lea Gramática A.5.

F. Look at the drawings and then write the command that you think Professor Martínez gave the students.

bailen	canten	escriban	lean	salten
caminen	corran	escuchen	miren	saquen un bolígrafo

1. _____ lean _____

2. _____ bailen _____

3. _____ escuchan _____

4. _____ escriban _____

5. _____ Salten _____

6. _____ ~~canta~~ canten _____

✳ Los saludos

G. Complete the dialogues with the following words or phrases: **cansado, Cómo se llama, gracias, Igualmente, Me llamo, Mucho, usted.**

CARMEN: Hola, me llamo Carmen. ¿_Cómo____ _se__ _llama_____¹ usted?

ESTEBAN: _Me__ _llamo_____² Esteban. _Mucho___³ gusto.

CARMEN: _____Igualmente_____⁴.

ALBERTO: Buenos días, profesora Martínez. ¿Cómo está _____usted_____⁵?

PROFESORA: Muy bien, _____gracias_____⁶. ¿Y usted?

ALBERTO: Un poco ____cansado_____⁷.

▶ REPASO DE PALABRAS Y FRASES ÚTILES

Complete these conversations by choosing the most logical word or phrase from the list that follows.

Cómo	Cómo se llama	gracias	Hasta luego
Me llamo	Mucho gusto	Muy	Y usted

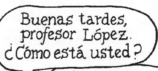

1.

2.

3.

4.

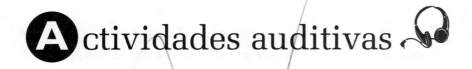Actividades auditivas

Los nombres de los compañeros de clase

A. Los amigos. Professor Martínez is asking the students their names.

- Now that you are ready to start: Look at the accompanying drawing(s) and make a mental note of what's depicted. Then read everything that is printed for the segment. In addition to helping you determine what is expected of you, this procedure will aid you in "creating" a context.
- Relax while listening. Let your mind create scenes that correspond to what you're hearing. Listen just to enjoy the exposure to the spoken language. This additional exposure will result in increased confidence in real-life situations.
- Before listening a second time, make sure you know exactly what information you need to listen for to answer the activity questions. As you listen, try to focus on this information.
- The drawing shows you Professor Martínez with four students and you are told to write their names in order. Listen and complete the task; the names are already given so you do not need to worry about spelling. For this task, a good strategy is to number the printed names (instead of attempting to write them down), so that you can keep up with the dialogue.

VOCABULARIO ÚTIL

pregunta   *asks*

La profesora Martínez les pregunta su nombre a los estudiantes.

❖   ❖   ❖

Listen to the dialogue between Professor Martínez and her students and write the names they mention in the order in which they are mentioned.

Students' names out of order: **Mónica, Carmen, Pablo,** and **Esteban.**

1. ___Esteban___   2. ___Carmen___   3. ___Mónica___   4. ___Pablo___

¿Quién es?

B. **¡Muchos estudiantes!** Alberto is a new student in Professor Martínez's Spanish class. He doesn't know the names of all his classmates yet, so Carmen is trying to help him.

 Now you are ready to go on. Again, look at the title and the drawing while you listen the first time to relax and enjoy the experience of hearing spoken Spanish. Then look at the **Vocabulario útil** section and read the introduction. Again you are to write some students' names, but this time you need to match each with a description of that person. Plan ahead for the second time you listen. A good strategy is to answer only two questions while listening this second time. This way, you will not feel that the speakers are leaving you behind. (Do remember that you may stop the CD/audio player any time you need to do so.) For instance, you may decide to answer only questions 2 and 4 to give you time to focus on listening for those answers. You can listen a third time to focus on the answers for questions 1 and 3. If you wish, or feel the need to do so, you may listen a fourth time to check your answers.

VOCABULARIO ÚTIL

conversan	*they are talking*
Pues…	*Well . . .*
estatura mediana	*medium height*

Alberto y Carmen conversan en la clase de español.

❖   ❖   ❖

(*Continúa.*)

Write the names of the people described.

The names out of order are: **Luis, Mónica, Nora,** and **Esteban.**

1. La chica de pelo rubio se llama _____Mónica_____.

2. El muchacho que lleva lentes es _____Esteban_____.

3. La muchacha de estatura mediana y pelo castaño se llama _____Nora_____.

4. El muchacho de pelo rizado y negro es _____Luis_____.

Los colores y la ropa

C. ¿Qué ropa lleva? Nora and Esteban are talking about the clothes that the other students and Professor Martínez are wearing today.

- On to segment **C. ¿Qué ropa lleva?** Start by looking at the title and the drawing as you listen the first time. Remember to let your mind create scenes that correspond to what you are hearing. Before listening again, read everything printed for this segment. Next, think of a strategy: You are required to read several statements and decide if they are true or false according to what you hear. A strategy similar to the one just used will work here. Listen a second time and attempt to answer only questions 2 and 4. Listen a third time to answer questions 1 and 3. Remember that you can listen as many times as you like to answer the questions, to verify your answers, or simply to enjoy listening to the segments now that you understand them better.

  For this segment you may not need to listen more than twice, but this is a good time to learn to use and create strategies like deciding to answer only two or three questions at a time. As the material increases in difficulty, listening strategies will be quite useful.

- Now you are ready to go on by yourself. We hope this guide will prove useful for you when doing the rest of the segments in this chapter (**Paso A**) as well as when doing the other two **Pasos** and **Capítulo 1.** A similar guide is included with **Capítulos 2** and **7.**

VOCABULARIO ÚTIL

hablan	*they are talking*
pero	*but*
Oye	*Hey*
¡Es muy elegante!	*It's very elegant!*

Nora y Esteban hablan de la ropa que llevan los estudiantes y la profesora.

❖ ❖ ❖

Listen to the conversation and then indicate whether the following statements are true or false (**cierto [C] o falso [F]**).

1. __C__ Lan lleva una blusa rosada.

2. __C__ Alberto lleva pantalones grises y una camisa anaranjada.

3. __F__ Luis lleva una chaqueta morada.

4. __F__ La profesora Martínez lleva un abrigo azul muy feo.

✳ Los números (0–39)

D. ¿Cuántos estudiantes? Today in Professor Martínez's class the students are counting the number of students wearing the same color clothing.

VOCABULARIO ÚTIL

cuentan	*they are counting*
mismo	*the same*
pantalones vaqueros	*jeans*

La profesora Martínez y los estudiantes de español cuentan las personas que llevan ropa del mismo color.

❖   ❖   ❖

Indicate the number of students wearing each article of clothing mentioned.

1. __4__ estudiante(s) lleva(n) blusa blanca.

2. __3__ estudiante(s) lleva(n) camisa de color café.

3. __26__ estudiante(s) lleva(n) pantalones vaqueros.

4. __~~13~~ 14__ estudiante(s) lleva(n) zapatos de tenis.

5. __1__ estudiante(s) lleva(n) botas.

E. Los números. Professor Martínez is dictating numbers to her class today. Esteban is having problems understanding and asks her to repeat some numbers.

VOCABULARIO ÚTIL

¿Listos?	*Ready?*
Perdón	*Pardon me*
Más	*More*
solamente	*only*

La profesora Martínez practica los números con su clase de español.

❖   ❖   ❖

Listen to the interaction and write the numbers Professor Martínez dictates.

__5__ __9__ __18__ __39__ __26__ __4__ __15__ __34__ __23__ __20__

✳ Los mandatos en la clase

F. **Los mandatos en la clase de español.** You will hear part of Professor Martínez's 8:00 A.M. Spanish class at the University of Texas in San Antonio. The students are participating in a Total Physical Response activity.

VOCABULARIO ÚTIL

un poco	*a little*
ejercicio	*exercise*
ahora	*now*
rápido	*fast*
¡Alto!	*Stop!*
por favor	*please*

La profesora Martínez le da instrucciones a su clase de español.

Professor Martínez's commands to the class are out of sequence. Number the commands from 1 to 8 in the order that you hear them.

__2__ Caminen.

__6__ Canten «De colores».

__4__ Corran.

__3__ Salten.

__1__ Pónganse de pie.

__8__ Siéntense.

__7__ Digan «Buenos días».

__5__ Bailen.

✳ Los saludos

G. **Los saludos.** Professor Martínez is greeting her students.

VOCABULARIO ÚTIL

saluda	*she greets*
¡Qué bueno!	*Wonderful!*
siempre	*always*

La profesora Martínez saluda a sus estudiantes.

¿Cierto (**C**) o falso (**F**)?

1. __F__ La profesora les dice «Buenos días» a los estudiantes.

2. __F__ La profesora no está bien hoy.

3. __C__ Luis está muy bien, y Mónica, excelente.

4. __F__ Esteban siempre está muy mal.

H. Las despedidas. After class, Professor Martínez is saying good-bye to her students.

VOCABULARIO ÚTIL

Hasta mañana	*See you tomorrow*
Hasta pronto	*See you soon*
¡Nos vemos!	*We'll see you!*
¿Cómo se dice… ?	*How do you say . . . ?*
¡Hasta la próxima!	*Catch ya later!*

Después de la clase, la profesora Martínez se despide de sus estudiantes.

❖ ❖ ❖

Listen to the dialogue and number the «good-byes» in the order that you hear them.

__6__ ¡Hasta la próxima!   __5__ Nos vemos.   __4__ Hasta pronto.

__1__ ¡Hasta mañana!   __2__ Adiós.   __3__ Hasta luego.

Pronunciación y ortografía

Pronouncing and Writing Spanish: Preliminaries

NOTE: In this section of the text (and in **Ejercicios de pronunciación** and **Ejercicios de ortografía**), only the actual exercise material will be heard on the audio program. You should stop and read the introductions before doing the exercises.

Here are some preliminary pronunciation rules to help you pronounce Spanish words. They will be especially useful if you need to pronounce a word you have not heard yet. Each rule will be explained in more detail in subsequent pronunciation and orthographic exercises.

I.   VOWELS

The Spanish vowels are **a, e, i, o,** and **u.** They are pronounced as very short crisp sounds. Do not draw them out as sometimes happens in the pronunciation of English vowels. The following vowel sounds are approximate equivalents.

	SPANISH	ENGLISH
a	c<u>a</u>sa	f<u>a</u>ther
e	p<u>e</u>lo	w<u>ei</u>ght
i	s<u>í</u>	ch<u>ea</u>p
o	c<u>o</u>m<u>o</u>	wr<u>o</u>te
u	m<u>u</u>cho	L<u>u</u>ke

II. CONSONANTS

The pronunciation of most Spanish consonants is close to that of English. However, Spanish sounds are never exactly the same as English sounds. For this reason the following rules are offered only as guidelines.

A. The pronunciation of these consonants is almost identical in Spanish and English.

	SPANISH	SOUNDS LIKE ENGLISH			SPANISH	SOUNDS LIKE ENGLISH
ch	chile	chili		n	no	no
f	fuente	fountain		p	patio	patio
l	lámpara	lamp		s	sopa	soup
m	mapa	map		t	tiempo	time

B. These consonants have more than one pronunciation in Spanish, depending on the letter that follows.

	SPANISH	SOUNDS LIKE ENGLISH	ENGLISH MEANING
c	carro	k before **a, o, u**	car
c	círculo	s, or c before **e, i***	circle
g	general	h followed by **e, i**	general
g	gas	g followed by **a, o, u,** pronounced softer than in English	gas (element)
x	taxi	ks before a vowel	taxi
x	experto	s before a consonant	expert

C. The sounds of these Spanish consonants are almost identical to sounds in English that are represented by different letters.

	SPANISH	SOUNDS LIKE ENGLISH	ENGLISH MEANING
q	qué	k when followed by **ue, ui;** never kw	what
z	zoológico	s; never **z***	zoo

D. The sounds of these Spanish consonants are similar to English sounds that are represented by different letters.

	SPANISH	SOUNDS LIKE ENGLISH	ENGLISH MEANING
d	padre	father	father
j	ja ja	ha ha	ha ha
ll	llama	yes	call(s)
ñ	cañón	canyon	canyon

---

*In some regions of Spain, **c** before **e** or **i** and **z** are pronounced like the English th.

E. These Spanish sounds have no close or exact English equivalents.

	SPANISH	PRONUNCIATION	ENGLISH MEANING
b, v	ca<u>b</u>eza	Similar to English *b* but	*head*
	ca<u>v</u>ar	softer; lips do not always close. No difference between *b* and *v* in Spanish	*to dig*
r	pa<u>r</u>a	Single tap of the tongue	*for*
rr	pe<u>rr</u>o	Trill	*dog*

F. In Spanish **h,** and **u** in the combination **qu,** are always silent.

	SPANISH	ENGLISH MEANING
h	ħablar	*to talk*
u *in* qu	qᵘe	*that*

✳ Ejercicios de pronunciación

RHYTHM AND INTONATION

A. Listen to the sentences in the following dialogues and note the difference between English stress-timed rhythm and Spanish syllable-timed rhythm. Note especially that each syllable in Spanish seems about equal in length when pronounced.

Hello, how are you?	Hola, ¿cómo está usted?
Fine, thanks. And you?	Muy bien, gracias. ¿Y usted?
I'm fine. Are you a friend of Ernesto Saucedo?	Estoy bien. ¿Es usted amigo de Ernesto Saucedo?
Yes, he's a very nice person and also very intelligent.	Sí, es una persona muy simpática y muy inteligente también.

B. Listen and then pronounce the following sentences. Concentrate on making the syllables equal in length.

1. Carmen lleva una chaqueta azul.
2. Luis tiene el pelo negro.
3. La profesora Martínez es muy bonita.
4. Alberto lleva una camisa verde.
5. Los pantalones de Nora son blancos.

Carmen lleva una chaqueta azul.
Luis tiene el pelo negro.
La profesora Martínez es muy bonita.
Alberta lleva una camisa verde.
Los pantalones de Nora son blancas.

Las descripciones

Paso B

Actividades escritas

❋ Hablando con otros

Lea Gramática B.1.

A. Complete estos diálogos. Use **tú** o **usted** y **está** (polite) o **estás** (informal).

1. Dos amigos, Alberto y Nora, están en la universidad.

ALBERTO: Hola, Nora. ¿Cómo ___estás___?

NORA: Bien, Alberto. ¿Y ___tú___?

ALBERTO: Muy bien, gracias.

2. Esteban, un estudiante, y la profesora Martínez están en la oficina.

PROFESORA MARTÍNEZ: Buenos días, Esteban. ¿Cómo ___está___ ___usted___?

ESTEBAN: Muy bien, profesora Martínez. ¿Y ___usted___?

PROFESORA MARTÍNEZ: Bien, gracias.

3. El señor Pedro Ruiz habla con Ernestito, un niño pequeño.

SEÑOR RUIZ: Hola, Ernestito. ¿Cómo ___estás___?

ERNESTITO: Bien, gracias. ¿Y ___usted___?

SEÑOR RUIZ: Muy bien, gracias.

✳ Las cosas en el salón de clase y los números (40–69)

Lea Gramática B.2–B.4.

B. Diga qué cosas hay en su salón de clase y cómo son. Aquí tiene usted algunas palabras útiles.

blanco/a	fácil	moderno/a	pequeño/a
bonito/a	feo/a	negro/a	verde
difícil	grande	nuevo/a	viejo/a

MODELO: Hay una pizarra verde.

✓ 1. *Hay* una pizarra negra
✓ 2. Hay una silla blanca.
✓ 3. Hay una pizarra grande.
✓ 4. Hay una televisión negro.
✓ 5. Hay una tiza blanca y pequeña

C. Cambie estas oraciones afirmativas a oraciones negativas. *Remember to place* **no** *before the verb.*

MODELO: Alberto es bajo. → *Alberto no es bajo.*

1. Carmen tiene el pelo largo. Carmen no tiene el pelo largo.
2. Mónica es muy gorda. Mónica no es muy gorda
3. Esteban tiene bigote. Esteban no tiene bigote
4. Nora tiene barba. Nora no tiene barba.
5. Luis y Alberto son feos. Luis y Alberto no son feos.

✳ El cuerpo humano

Lea Gramática B.5.

D. Complete correctamente.

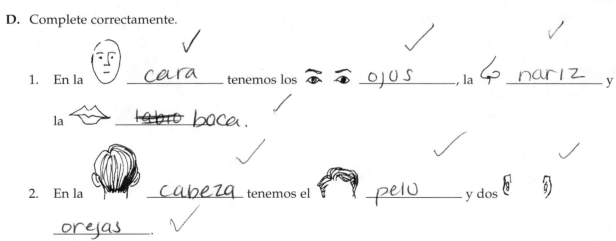

1. En la _____ cara _____ tenemos los ✓ _____ ojos _____, la ✓ _____ nariz _____ y la _____ ~~labio~~ boca.

2. En la _____ cabeza _____ tenemos el _____ pelo _____ y dos _____ orejas _____.

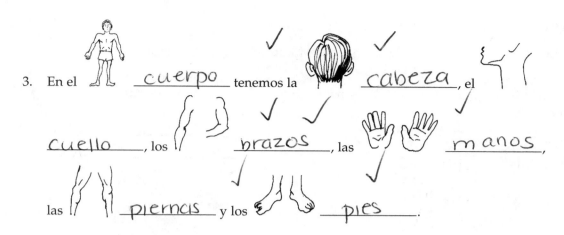

3. En el ____cuerpo____ tenemos la ✓ ____cabeza____ , el

____cuello____ , los ✓ ____brazos____ , las ✓ ____manos____ ,

las ✓ ____piernas____ y los ✓ ____pies____ .

✳ La descripción de las personas

Lea Gramática B.5.

E. Describa a dos personas de su familia o a dos compañeros de clase, un hombre y una mujer.

> MODELO: Mónica lleva un suéter amarillo y zapatos de tenis. Es alta. Tiene el pelo rubio y los ojos azules. Es inteligente y simpática.

Remember to use **tiene** (*has*) and **es** (*is*) with descriptions and **lleva** (*is wearing*) with clothing. Here are some words and phrases you might want to use.

> tiene: pelo castaño, pelo corto, pelo largo, pelo negro, pelo rubio, ojos azules, ojos castaños, ojos verdes, barba, bigote
>
> lleva: una blusa blanca, una falda nueva, pantalones cortos, un vestido bonito, zapatos de tenis
>
> es: divertido/a, entusiasta, generoso/a, idealista, reservado/a, tímido/a, trabajador(a)

1. ___Helen lleva pantalones cortos y una blusa___
   ___blanca. Es generosa y divertida. Tiene el pelo___
   ___morena y los ojos ~~mo~~ azules.___
   _____
   _____

2. ___Stephen lleva una camiseta blanca y pantalones___
   ___azules. Es alto y flaco. Tiene el pelo___
   ___rubio y los ojos azules.___
   _____
   _____
   _____

Complete estas conversaciones con la palabra o frase apropiada según la situación.

Cuánto cuesta(n)…   gracias   tímido/a
divertido/a   perezoso/a   trabajador(a)

1.

2.

3.

4.

5.

6.

Actividades auditivas

✳ Hablando con otros

A. Conversaciones en la universidad. Listen to the following short conversations at the University of Texas in San Antonio. Note that some speakers are using polite (**usted**) and others are using informal (**tú**) forms of address.

VOCABULARIO ÚTIL

Varias	*A few*
El secretario	*Secretary*
Tengo	*I have*

Varias conversaciones en la Universidad de Texas en San Antonio

Indicate whether each conversation is formal or informal by writing **tú** or **usted**.

1. _usted_ el secretario y la profesora Martínez ✓

2. _tú_ el profesor López y la profesora Martínez ✓

3. _tú_ los estudiantes Alberto Moore y Esteban Brown ✓

4. _usted_ la profesora Martínez y su estudiante, Esteban ✓

B. Los vecinos. Ernesto Saucedo is greeting Mrs. Silva, one of his neighbors.

VOCABULARIO ÚTIL

hoy	*today*
¡Qué amable!	*How nice of you!*

Ernesto Saucedo saluda a su vecina, la señora Rosita Silva.

(Continúa.)

Listen to the dialogue and indicate which character is described by the following phrases: Ernesto (**E**), doña Rosita (**R**), or both (**los dos [LD]**).

1. __R__ Lleva un vestido azul. ✓
2. __E__ Su corbata es elegante. ✓
3. __LD__ Está bien. ✓
4. __E__ Es amable. ✓

❋ Las cosas en el salón de clase y los números (40–69)

C. El primer día de clase. Ernestito is the eight-year-old son of Ernesto and Estela Saucedo. He has just returned from his first day at school this fall; his mother is asking about his classroom and the objects in it.

VOCABULARIO ÚTIL

la escuela	*school*
todos	*all*
tienen	*have*
tenemos	*we have*
la maestra	*teacher*

Estela Ramírez de Saucedo habla con su hijo Ernestito de su primer día en la escuela.

❖ ❖ ❖

Indicate which items are found in Ernestito's classroom by writing **Sí** or **No** under each drawing.

1. __NO__

2. __SÍ__

3. __NO__

4. __SÍ__

5. __SÍ__

6. __NO__

7. __SÍ__

8. __NO__

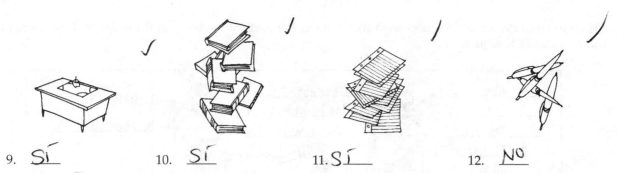

9. Sí _____   10. Sí _____   11. Sí _____   12. No _____

D. Las cosas en el salón de clase. Professor Martínez has asked the class to number drawings of classroom objects. Esteban has trouble following her instructions and asks for help. (*Attention:* Objects are not in order. Look for the object mentioned before writing the number underneath.)

VOCABULARIO ÚTIL

los dibujos	*drawings*
¿Comprenden?	*Do you understand?*
debajo de	*underneath*
finalmente	*finally*

La profesora Martínez habla de las cosas en el salón de clase.

❖ ❖ ❖

Write the numbers that Professor Martínez says in the blank below the appropriate drawing.

69   63   40   55   52   48

✳ El cuerpo humano

E. Una actividad… ¡diferente! The students in Professor Martínez's class are doing a TPR activity.

VOCABULARIO ÚTIL

¡Alto!	*Stop!*
Tóquense	*Touch*
pónganse	*put*
rápidamente	*quickly*

La profesora Martínez le da instrucciones a su clase de español.

❖ ❖ ❖

(Continúa.)

Listen to what Professor Martínez says and number the parts of the body in the order that she mentions them in this TPR sequence.

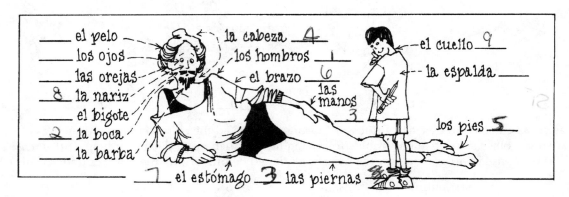

✳ La descripción de las personas

F. **El estudiante francés.** Nora and Mónica are talking about the new French foreign exchange student at the university.

VOCABULARIO ÚTIL

¡Qué romántico!	*How romantic!*
Es verdad	*That's true*
¡Qué lástima!	*What a pity!*

Nora y Mónica hablan de un estudiante francés.

❖ ❖ ❖

¿Cierto (**C**) o falso (**F**)?

1. ___F___ El chico se llama Pierre.

2. ___C___ Él es alto y delgado.

3. ___F___ Jean Claude habla francés y español.

4. ___C___ El (idioma) francés es muy romántico.

G. **¿Quién en la clase… ?** Professor Martínez is showing pictures to her class. She describes the people in the pictures and some of the students.

VOCABULARIO ÚTIL

las láminas	*pictures*
esta	*this*
hace preguntas	*asks questions*

La profesora Martínez describe láminas y a los estudiantes en la clase.

❖ ❖ ❖

Match the following people with their description in the dialogue. There may be more than one answer.

1. _D, G_ Alberto
2. _C_ _F, B_ Mónica
3. _E, A_ Esteban

   a. hace preguntas
   b. cómica
   c. tiene los ojos azules
   d. alto, delgado
   e. divertido
   f. talentosa
   g. tiene barba

✳ ¡A repasar!

H. Carmen necesita ropa nueva. Carmen Bradley is shopping at a store in a Hispanic neighborhood. She is trying to practice her Spanish by asking the clerk about prices.

VOCABULARIO ÚTIL

la tienda de ropa	clothing store
el vecindario hispano	Hispanic neighborhood
¿En qué puedo servirle?	How may I help you?
¿cuánto cuesta?	how much does it cost?
los precios	prices

Carmen Bradley está en una tienda de ropa en un vecindario hispano. Ella pregunta cuánto cuesta la ropa.

❖ ❖ ❖

Answer the following questions.

1. ¿Cuánto cuesta la falda blanca? Cuesta $ _59_ .
2. ¿Es grande o pequeña la blusa roja? Es _pequeña_ .
3. ¿Cuánto cuesta el vestido azul? Cuesta $ _69,50_ .
4. ¿Es corto o largo el vestido? Es _largo_ .
5. ¿Cómo es la ropa de la tienda? Es muy _elegante_

Ⓟronunciación y ortografía

✳ Ejercicios de pronunciación

VOWELS

🎧 **A.** Vowels in Spanish are represented by five letters: **a, e, i, o,** and **u.** Listen to the vowel sounds in these words.

a	mesa, largo, azul, abrigo
e	café, clase, negro, mujer
i	sí, tiza, libro, rizado

o	mano, pelo, corto, rojo
u	luz, blusa, mucho, gusto

(Continúa.)

All of the vowels in Spanish are relatively short, unlike the vowels in English. English has both short vowels (as in the words *hit, pet, sat, but*) and long vowels (as in the words *he, I, ate, who, do*). Notice that in English the word *go* is pronounced like *gow* and the word *late* as if it were *layte*. Such lengthening of vowel sounds, typical in English, does not occur in Spanish.

B. Listen and compare the following English and Spanish vowel sounds.

ENGLISH	SPANISH		ENGLISH	SPANISH
day	de		*low*	lo
say	sé		*mellow*	malo

C. Listen and then repeat the following words. Concentrate on producing short vowel sounds in Spanish.

a tarde, amiga, camisa, mano, llama
e camine, cante, pelo, presidente, generoso
i idealista, inteligente, bonita, simpático, tímido
o noche, compañero, ojo, otro, como, boca
u pupitre, azul, su, usted, blusa

D. Now listen and pronounce the following sentences. Remember to produce short vowels and use syllable-timed rhythm.

1. Esteban es mi amigo.
2. Yo tengo dos perros.
3. Mi novio es muy guapo.
4. Nora es muy idealista.
5. Usted es una persona reservada.

✳ Ejercicios de ortografía[1]

INTERROGATIVES: ACCENT MARKS

When writing question words (*who?, where?, when?, why?, how?*) in Spanish, always use question marks before and after the question and write an accent mark on the vowel in the stressed syllable of the question word.

Listen and then write the question words you hear beside the English equivalents.

1. How? _¿Cómo?_
2. What? _¿Qué?_
3. Who? _¿Quién?_
4. How many? _¿Cuántos?_
5. Which? _¿Cuál?_

---

[1]Ejercicios… *Spelling Exercises*

Mi familia y mis amigos

Actividades escritas

✳ La familia

Lea Gramática C.1, especialmente las secciones B y C.

A. Complete las oraciones con los nombres apropiados.

1. Los padres de mi padre (mis abuelos) se llaman __Steven__ y
   __Mónica__.

2. Los padres de mi madre (mis otros abuelos) se llaman __Helen__ y
   __Jorge__.

3. Mi padre se llama __Paco__.

4. Mi madre se llama __Mariana__.

5. El hermano / La hermana de mi padre (mi tío/a) se llama __María__. Es
   __casada__ (casado/a, soltero/a). Tiene __dos__ hijos (mis primos). Se
   llaman __Ana y Alberto__

6. El otro hermano / La otra hermana de mi padre (mi tío/a) se llama __Jose__ y
   es ~~casado/a~~/soltero/a. Tiene __~~e~~ tres__ hijos (mis primos). Se llaman __Elena,__
   __Carolina, y Lucia.__

7. Yo me llamo ~~Mulian~~. Soy __soltera__ (soltero/a, casado/a).

8. Tengo __dos__ hermanos. Se llaman __Helena y Felipe__

B. Ahora describa a los miembros de su familia.

> MODELO: ¿Mi papá? → *Es inteligente y generoso.*

| cómico/a | generoso/a | inteligente | reservado/a | sincero/a |
| divertido/a | idealista | moderno/a | simpático/a | ¿ ? |

1. ¿Mi hermano/a? _Es inteligente y divertida._
2. ¿Mi esposo/a (novio/a)? _Es cómico y generoso._
3. ¿Mi mamá? _Es simpática y idealista._
4. ¿Mi abuelo/a? _Es moderna y sincera._
5. ¿Mi hijo/a (sobrino/a)? _Es reservado y trabajador._

✳ ¿Qué tenemos?

Lea Gramática C.1–C.2.

C. ¿De quién son estas cosas?

Guillermo

MODELO: Los pantalones viejos *son de Guillermo.*

1.
La profesora

2.
Graciela

3.
Ernestito

1. El libro de español _es de la profesora._
2. El vestido nuevo _es de Graciela._
3. Los zapatos de tenis _son de Ernestito._

4.
Carmen

5.
doña Lola

6.
Pablo

4. El coche deportivo nuevo _es de Carmen._
5. Los perros _son de doña Lola._
6. Las plantas _son de Pablo._

D. Diga quién en su familia tiene estas cosas. Use **tengo, tiene, tienes, tenemos.**

MODELO: Mi hermano → *Mi hermano tiene un coche.*

botas negras   un sombrero viejo   una casa vieja
muchos libros   un suéter blanco   una chaqueta anaranjada
pantalones azules   una bicicleta roja   una falda nueva
un coche nuevo

1. Yo ~~tiene~~ tengo un coche nuevo.
2. Mi papá tiene ~~los~~ pantalones azules.
3. Mi mamá tiene una chaqueta anaranjada.
4. Mis hermanos/as tienen unas faldas nuevas.
5. Mi hermano y yo tenemos unos ~~a~~ suéteres blancos.

✳ Los números (10–100) y la edad

Lea Gramática C.3.

E. Diga la edad.

MODELO: ¿Cuántos años tiene su padre? → *Mi padre tiene cincuenta y nueve años.*

1. ¿Cuántos años tiene usted?
   Tengo dieciocho años.
2. ¿Cuántos años tiene su profesor(a)?
   Mi profesora tiene cuarenta años.
3. ¿Cuántos años tiene su hermano/a o su hijo/a?
   Mi hermana tiene ~~diecisiete~~ catorce años.
4. ¿Cuántos años tiene su mejor amigo/a?
   Mi mejor amiga tiene dieciocho años.
5. ¿Cuántos años tiene su madre o su padre?
   Mi madre tiene treinta y ocho años.

F. ¿Cómo se escribe el total?

MODELO: veinticinco + veinticinco = C I N C U E N T A = 50

1. treinta y cinco + treinta y cinco = S e t e n t a = 70
2. setenta y uno + cinco + catorce = n o v e n t a = 90
3. diez + cincuenta + veinte = O c h e n t a = 80
4. ochenta y dos + ocho + diez = c i e n = 100

SUMA TOTAL = *340*

✳ Los idiomas y las nacionalidades

Lea Gramática C.4–C.5.

G. Complete las oraciones con palabras que describan el idioma, la nacionalidad o el país.

> MODELO: Gabriel García Márquez es de Colombia y habla _espanol_ .

1. Steffi Graff es una tenista _estadounidense_ y habla _inglés_ .
2. Hosni Mubarak, el primer ministro de Egipto, es _egipcio_ y habla _árabe_ .
3. En Tokio hablan _japonés_ ; es la capital de _Japón_ .
4. En Roma hablan _italianos_ ; es la capital de _Italia_ .
5. Nelson Mandela es _Brasileño_ y habla _portugués_ y xhosa.
6. Madrid es una ciudad _España_ ; es la capital de _España_ .
7. En Inglaterra, los Estados Unidos y Australia hablan _inglés_ .
8. Celine Dion es canadiense. Habla _inglés_ y _francés_ .

H. Diga si son ciertas (**C**) o falsas (**F**) estas afirmaciones. Si son falsas, diga por qué.

> MODELO: Pilar dice: «Tengo un coche alemán y hablo alemán.» →
> F. Pilar habla alemán, pero no tiene coche.

1. _F_ La mujer que tiene un Toyota es de Bogotá, Colombia, y habla tres idiomas.
   ... es de cuzco, perú y habla 3 idiomas.

2. _C_ La mujer que habla alemán es de Madrid.

3. _F_ El hombre de México no habla francés, pero habla inglés y español.
   ... pero habla francés y español

4. ✔ C Estela y Ernesto Saucedo dicen: «Los dos hablamos francés, pero Ernesto no habla inglés.»

_____

5. F Susana dice: «Tengo un coche japonés, pero no hablo japonés.»

... pero yo hablo japonés.

▶ **REPASO DE PALABRAS Y FRASES ÚTILES**

Complete las conversaciones con la frase adecuada según la situación. Use todas las frases.

apellido   Cómo cambia el mundo   De quién es/son…   Perdón

1.

2.

3.

4.

Resumen cultural

Repase **Sobre el artista,** las cronologías y **¡Ojo!** de los **Pasos A, B** y **C.** Luego complete cada oración con un nombre, una palabra o una frase de la lista.

el apellido de la madre	Fernando Botero	Fernando Valenzuela	2000
el apellido del padre	los indígenas cuna	Sergio Velázquez	
Antonio Banderas	los indígenas nicaraos	1914	

1. ___Sergio Velázquez___ de Panamá son famosos por sus molas, de muchos colores.
2. ___Fernando Valenzuela___ es un artista de Nicaragua que pinta mujeres gordas.
3. ___Fernando Botero___ es un artista colombiano que también pinta figuras gordas.
4. En el nombre Raúl Saucedo Muñoz, Saucedo es ___es el apellido de la madre.___
5. En el nombre Raúl Saucedo Muñoz, Muñoz es ___el apellido del padre___
6. Panamá asume control del canal en el año ___1914___.

Actividades auditivas

✳ La familia

A. La familia de Luis. Luis Ventura is talking about his family with Professor Martínez.

VOCABULARIO ÚTIL

travieso	*mischievous*
en total	*total, in all*

Luis Ventura habla de su familia con la profesora Martínez.

❖ ❖ ❖

Escriba los nombres de los padres y los hermanos de Luis.

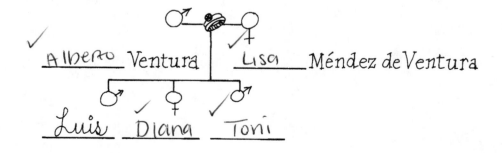

B. El álbum de fotos. Professor Martínez brought her photo album to class and is now showing photos of her relatives to her students.

VOCABULARIO ÚTIL

muestra	*shows*
calvo	*bald*
la novia	*girlfriend*
¡Qué pena!	*Oh, darn!; What a bummer!*
querida	*dear*

La profesora Martínez le muestra su álbum de fotos a la clase.

❖ ❖ ❖

¿Quiénes son los parientes de la profesora Martínez? Indique qué pariente es al lado de cada nombre en el álbum de fotos: el sobrino, la mamá o el hermano.

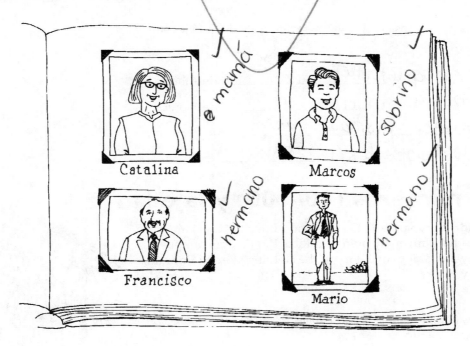

✳ ¿Qué tenemos?

C. Después de la fiesta. Álvaro and Lisa Ventura, Luis's parents, are cleaning up their house the morning after a party. Many of their son's friends attended the party and forgot some of their belongings.

VOCABULARIO ÚTIL

A ver…   Let's see . . .
Creo que   I believe that; I think that
la bolsa   purse
los lentes de sol sunglasses

Álvaro y Lisa Ventura están en su casa después de una fiesta. Hay muchas cosas de los amigos de Luis.

❖ ❖ ❖

Diga qué cosas hay en casa de los señores Ventura y de quiénes son.

	COSAS	ES/SON

✓ 1. La ___chaqueta negra___ __es__ de Alberto.

✓ 2. La ___bolsa amarilla___ __es__ de Mónica.

✓ 3. El ___suetér morado___ __es__ de Carmen.

✓ 4. Los ___los lentes de sol___ __son__ de Esteban.

✳ Los números (10–100) y la edad

D. En la tienda de ropa. Carla Espinosa and Rogelio Varela are students at the University of Puerto Rico, Río Piedras campus. Today they are taking inventory in the clothing store El Encanto, where they work.

VOCABULARIO ÚTIL

los dependientes   salespeople, clerks
exactamente   exactly
todos   all
¡a descansar!   let's rest!

Carla Espinosa y Rogelio Varela son estudiantes en la Universidad de Puerto Rico en Río Piedras. También son dependientes en la tienda de ropa El Encanto.

❖ ❖ ❖

Escuche la conversación e indique la cantidad de cada artículo de ropa que Carla y Rogelio cuentan.

✓ 1. __89__ pantalones

✓ 2. __57__ camisas

✓ 3. __19__ blusas

✓ 4. __72__ faldas

✓ 5. __15__ trajes para hombre

✓ 6. __60__ vestidos

✓ 7. __22__ pantalones cortos

✓ 8. __8__ pantalones largos

E. La edad de los estudiantes. Professor Martínez asks her students how old they are.

VOCABULARIO ÚTIL

menos	*fewer; less*
la pregunta	*question*
treinta y… muchos	*thirty plus*

La profesora Martínez habla de la edad con sus estudiantes.

Escriba el nombre y la edad de cada persona mencionada en la conversación.

	PERSONA	EDAD
✓ 1.	Alberto	31 años.
✓ 2.	Nora	25 años.
✓ 3.	Esteban	19 años.
✓ 4.	Profesora Martínez	~~30~~ treinta y muchos años

✳ Los idiomas y las nacionalidades

F. El Club Internacional. There is an International Club at the University of Texas in San Antonio. Students from different countries meet at this club to share ideas about their cultures. Professor Martínez and her friend, Professor Alejandro López, are attending a Club party.

VOCABULARIO ÚTIL

Oye	*Listen*
cerca de	*near*
se comunican	*they communicate*
los mexico-americanos	*Mexican Americans*

Hay un Club Internacional en la Universidad de Texas en San Antonio. Ahora la profesora Martínez y el profesor López están en una fiesta del Club.

(Continúa.)

Complete la tabla con la información del diálogo. Los nombres de los estudiantes son **Petra, Nora, Hugo, Vikki, Esteban** y **Brigitte.**

	NOMBRE	DESCRIPCIÓN	NACIONALIDAD
1.	*Petra*	*mediana, pelo rubio*	alémana
2.	Hugo	*pelo castaño*	*argentino*
3.	*Vikki*	delgado, pelo negro	chine
4.	Brigitte	pelo rojo	*francesa*
5.	*Nora*	*estudiante de la profesora Martínez*	~~mexican~~ mexicano norteamerica
6.	Esteban	~~simpático y generoso~~ cómico	*norteamericano*

✳ ¡A repasar!

G. Las corbatas del abuelo

VOCABULARIO ÚTIL

elegantes	*sophisticated, elegant*
feas	*ugly*
el gusto	*taste*
la moda	*style, fashion*
como tú	*like you*

Susana Yamasaki de González tiene dos hijos y vive con sus padres en Lima, Perú. Ahora conversa con su hijo menor, Andrés, que tiene nueve años.

Las corbatas son elegantes.

No. ¡Son feas!

❖　❖　❖

¿Cierto (**C**) o falso (**F**)?

1. __C__ El abuelo de Andrés tiene corbatas amarillas, rosadas, azules y anaranjadas.
2. __F__ El abuelo tiene gusto de viejo.
3. __F__ El abuelo tiene 62 años.
4. __F__ Para Andrés, la moda de muchos colores es moda japonesa.
5. __C__ La ropa negra es la ropa de moda de los jóvenes peruanos.

Pronunciación y ortografía

✳ **Ejercicios de pronunciación**

PRONUNCIACIÓN: **ll, ñ, ch**

The letter **ll** (**elle**) is pronounced the same as the Spanish letter **y** by most speakers of Spanish and is very similar to the English *y* in words like *you, year.*

A. Listen and then pronounce the following words with the letter **ll.**

llama, amarillo, lleva, ellas, silla

The letter **ñ** is very similar to the combination *ny* in English, as in the word *canyon.*

B. Listen and then pronounce the following words with the letter **ñ.**

castaño, niña, señor, año, compañera

The combination **ch** is considered a single letter in Spanish. It is pronounced the same as *ch* in English words such as *chair, church.*

C. Listen and then pronounce the following words with the letter **ch.**

chico, chaqueta, muchacha, ocho

D. Concentrate on the correct pronunciation of **ll, ñ,** and **ch** as you listen to and pronounce these sentences.

1. La niña pequeña lleva una blusa blanca y una falda amarilla.
2. La señorita tiene ojos castaños.
3. Los niños llevan chaqueta.
4. El niño alto se llama Toño.
5. El chico guapo lleva una chaqueta gris.

✳ **Ejercicios de ortografía**

NEW LETTERS: **ll, ñ, ch**

A. Listen and write the words you hear with the letter **ñ.**

1. ~~el~~ el niño
2. la niña
3. la señorita
4. el señor
5. la compañer de clase

B. Now listen and write the words you hear with the letter **ll.**

1. llama
2. amarillo
3. silla
4. ella
5. apellido

C. Listen and write the words you hear with the letter **ch.**

1. ___chico___   3. ~~###~~ __escuchan__   5. ___coche___

2. ___muchacha___   4. ___chaqueta___

Videoteca

✳ **Escenas culturales**

Panamá

VOCABULARIO ÚTIL

istmo	*isthmus*
une	*connects*
interoceánico/a	*interoceanic*
el mar Caribe	*Caribbean sea*
el Océano Pacífico	*Pacific Ocean*
las edificaciones	*constructions*

Lea estas preguntas y luego vea el video para contestarlas.

1. Panamá es el istmo que _____.

   a. une a América Central con el mar Caribe
   b. une a América Central con América del Sur
   c. une a Panamá con América Central

2. La gente de Panamá es muy _____.

   a. agresiva   b. tacaña   c. simpática

Nicaragua

VOCABULARIO ÚTIL

el terremoto	*earthquake*
el mercado artesanal	*craft market*
la arquitectura colonial	*colonial architecture*
los volcanes	*volcanos*
el lago	*lake*
las islas habitadas	*inhabited islands*
la poesía	*poetry*
sencillo/a	*uncomplicated*
valiente	*brave*

Lea estas preguntas y luego vea el video para contestarlas.

3. La capital de Nicaragua es _____.

   a. Granada   b. Masaya   c. Managua

4. Una ciudad de arquitectura colonial es _____.

   a. Granada   b. Masaya   c. Momotombo

5. Nicaragua tiene más de _____ volcanes.

   a. 14   b. 40   c. 60

Colombia

VOCABULARIO ÚTIL

la capital	*capital (city)*
la economía estable	*stable economy*
la industria textil	*textile industry*
la playa	*beach*
el valle	*valley*
la montaña	*mountain*
el carnaval	*carnival*
el desfile	*parade*
el festival	*festival*
el baile	*dance*

Lea estas preguntas y luego vea el video para contestarlas.

6. La capital de Colombia es _____.

   a. Medellín   b. Bogotá   c. Cartagena

7. _____ son elementos muy importantes en la cultura de Colombia.

   a. El drama y la política
   b. Los carnavales y las montañas
   c. La música y el baile

✳ Escenas en contexto

Sinopsis
Un niño de seis años y su madre hablan con una nueva vecina.

VOCABULARIO ÚTIL

encantada	*pleased (to meet you)*
bienvenido/a	*welcome*

Lea estas preguntas y luego vea el video para contestarlas.

(Continúa.)

A. ¿Cierto (**C**) o falso (**F**)?

1. _____ El niño se llama Roberto.

2. _____ La nueva vecina se llama Mariela Castillo.

3. _____ Mariela Castillo es soltera.

4. _____ La madre del niño se llama Margarita Saucedo.

B. Complete con la información correcta.

1. El niño se llama _____.

2. Describa a la nueva vecina. Es _____.

3. Describa a la madre. Es _____.

Los datos personales y las actividades

Capítulo 1

Actividades escritas

✳ **Las fechas y los cumpleaños**

Lea Gramática 1.1.

A. Escriba la fecha de nacimiento de estas personas.

> MODELO: Adriana: 17 de abril →
> *Adriana nació el diecisiete de abril de mil novecientos setenta y uno.*

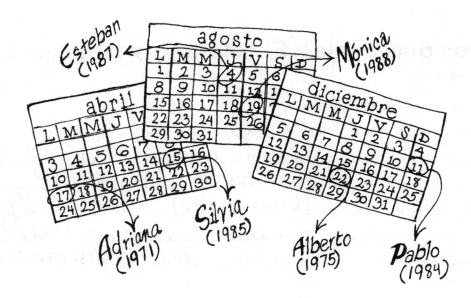

1. Silvia _Silvia nació el quince de abril de mil ~~novten~~ novecientos ochenta y cinco_

2. Alberto _Alt nació el veintidós de diciembre de mil mil novecientos setenta y cinco_

3. Pablo _nació el once de diciembre de mil novecientos ochenta y cuatro_

4. Mónica _nació el diecinueve de agosto de mil novecientos ochenta y ocho_

5. Esteban _nació el cuatro de agosto de mil novecientos ~~novecientos~~ ochenta y siete._

Ahora diga cuándo es el cumpleaños de algunos miembros de su familia.

MODELO: Mi *tío* Paul nació el *catorce de abril.*

1. _Mi hermana, Helen nació el veintiuno de enero._

2. _Mi mamá, Sue nació el cuatro de septiembre._

3. _Mi papá, Mike nació el trece de junio._

¿Y cuándo nació usted? Yo nací _el dos de noviembre._

B. ¿Qué fechas son éstas? Escriba los números.

1. Cortés conquistó a los aztecas en _1521_ (mil quinientos veintiuno).

2. La fecha de la independencia de varios países de América Latina es _1821_ (mil ochocientos veintiuno).

3. Los Estados Unidos nació en _1776_ (mil setecientos setenta y seis).

4. El año de las Olimpíadas en Atenas, Grecia, es _2004_ (dos mil cuatro).

5. En mi opinión, el año más importante es 19 _87_ (mil novecientos _ochenta_ _siete_), porque yo nací en ese año.

✱ Datos personales: El teléfono y la dirección

Lea Gramática C.5, 1.2–1.3.

C. Hágales preguntas a estas personas.

MODELO: profesora Martínez / hablar: *¿Habla (usted) francés, profesora Martínez?*

1. Esteban / estudiar español: _¿Estudias español, Esteban?_

2. Nora y Luis / leer novelas: _¿Lean novelas, Nora y Luis?_

3. profesor(a) / vivir en una casa: _¿Viva (usted) en una casa, profesora?_

4. Pablo / comer en la cafetería: _¿Comes en la cafetería, Pablo?_

5. profesora Martínez / cantar: _¿Canta (usted), profesora Martínez?_

D. Ernestito le hace preguntas a su madre, Estela. Use la siguiente información para formar las preguntas de Ernestito. No olvide (*Don't forget*) usar estas palabras: **¿cuándo?, ¿cómo? ¿cuántos?, ¿dónde? y ¿qué?**

MODELO: El esposo de doña Rosita se llama Ramiro.

Mamá, ¿cómo se llama el esposo de doña Rosita?

1. Amanda tiene 15 faldas. _¿cuántas faldas Amanda tiene?_
2. Don Anselmo vive en la calle Lorenzo. _¿Dónde vive Don Anselmo?_
3. El novio de Amanda se llama Ramón. _¿cómo se llama el novio de Amanda?_
4. El padre de Ernestito habla francés y español. _¿Qué languas se habla, papá?_
5. Mañana es el cumpleaños de Guillermo. _¿cuándo es tú cumpleaños?_

E. Lea el modelo que describe a Estela Ramírez de Saucedo.

MODELO:
Nombre: *Estela Ramírez de Saucedo*
Dirección: *Avenida Juárez 457*
Ciudad: *México, D.F.*   País: *México*
Teléfono: *5-66-79-83*
Edad: *35 años*
Estado civil: *casada (Ernesto)*
Hijos: *tres (Amanda, Guillermo, Ernestito)*

El nombre de mi amiga es Estela Ramírez de Saucedo. Tiene 35 años. Es de México y vive en la capital, México, D.F., con su esposo Ernesto, en la Avenida Juárez, número 457. Su número de teléfono es el 5-66-79-83. Tiene tres hijos: Amanda, Guillermo y Ernestito.

Ahora use la descripción de Estela para describir a Silvia Alicia Bustamante Morelos.

Nombre: *Silvia Alicia Bustamante Morelos*
Dirección: *Paseo de la Reforma número 5064, Apartamento 12*
Ciudad: *México, D.F.*   País: *México*
Teléfono: *5-62-03-18*
Edad: *21 años*
Estado civil: *soltera*
Hijos: *no tiene*

El nombre de mi amiga es Silvia Alicia Bustamante Morelos. Tiene 21 años. Es de México y vive en la capital, México D.F. en la Paseo de la Reforma número 5064, Apt. 12. Ella es soltera y no tienen hijos. Su número de teléfono es el 5-62-03-18.

F. Lea el modelo y luego describa a un miembro de su familia. Use una hoja de papel aparte (*separate sheet of paper*) y escriba de 8 a 10 oraciones (*sentences*) sobre esta persona.

MODELO: Mi hermana se llama Gloria Álvarez Cárdenas. Es alta y bonita. Tiene el pelo rubio y los ojos castaños. Tiene 23 años y su cumpleaños es el 29 de enero. Gloria es idealista, entusiasta y generosa. Estudia psicología en la Universidad Complutense de Madrid y le gusta mucho tomar café y observar a la gente (las personas). A ella también le gusta mucho hablar por celular con sus amigos. Su número de móvil (teléfono celular) es el 9–15–61–39–45. Vive en un piso (apartamento) pequeño. Yo vivo allí también. Nuestra dirección es Calle Almendras, número 481.

✳ La hora

Lea Gramática 1.4.

G. Escriba la hora apropiada.

MODELOS: 6:30 → *Son las seis y media.*

1:50 → *Son las dos menos diez.*

1. 9:00 — Son las nueve.
2. 8:15 — Son las ocho y ~~media~~ cuarto.
3. 9:47 — Son las diez menos trece.
4. 3:30 — Son las tres y media.
5. 11:20 — Son las once y veinte.
6. 12:00 — Son las doce.
7. 1:05 — ~~8~~ Es la una y cinco.

cuarto
8. 4:45 — Son las ~~cuatro~~ cinco menos cuarto.
9. 8:58 — Son las nueve menos dos.
10. 6:55 — Son las siete menos cinco.

H. Conteste las preguntas usando la teleguía que aparece en la siguiente página. Si es después del mediodía, ponga la hora de dos maneras. Mire el modelo.

MODELO: ¿A qué hora es *Corazón de verano*? →
Es a las 14:30 o a las dos y media de la tarde.

TV1		TV2	
9:30	**Dora la exploradora.** Dibujos animados	9:30	**Los pueblos**
10:00	**Digimon.** Las aventuras de los digimons y las niñas	10:00	**Paraísos cercanos, Isla Mauricio**
10:30	**El joven Hércules.** Serie	11:00	**La película de la mañana.** Todo sobre el amor (España 82 minutos)
11:15	**Los rompecorazones.** Episodio 182	12:30	**Vuelta ciclista de España**
12:05	**Andrómeda.** Serie. No recomendada para menores de 7 años	16:00	**China salvaje.** Los insectos de China
13:05	**Los vigilantes de la playa en Hawaii.** Marcas en la arena. Para todos los públicos	17:00	**Luchando por los animales.** Mujeres y animales
14:00	**Informativo territorial**	17:30	**Norte-Sur.** Se presentan Palestina, Chad y Mozambique
14:30	**Corazón de verano**	18:30	**Lizzie McGuire.** Aventuras en Roma
15:00	**Telediario**	19:10	**El espacio infinito.** Episodio 10. Guerreros alienígenas
16:00	**El tiempo**	20:00	**Informativo territorial**

1. ¿A qué hora es *Los vigilantes de la playa en Hawaii*?

   Es a las13:05 o es la una y cinco de la tarde.

2. ¿A qué hora es *El joven Hércules*?

   Es a las 10:30 o a las diez y media de la mañana.

(Continúa.)

3. ¿A qué hora es *El espacio infinito*, Episodio 10?

Es a la 19:10 o a las siete y diez de la tarde

4. ¿A qué hora es *China salvaje, Los insectos de China?* cuatro.

Es a la 16:00 o a las ~~seis~~ de la tarde.

5. ¿A qué hora es *Dora la exploradora?*

Es a la 9:30 o a las nueve y media de la mañana

✳ Las actividades favoritas y los deportes

Lea Gramática 1.5.

I. Diga qué les gusta hacer a estas personas.

MODELO:

Pablo

A Pablo le gusta *trabajar en el jardín.*

1. A Alberto le gusta caminar los perros. ~~caman~~ .

Alberto

2. A Carmen y a Esteban les gusta jugar ~~basket~~ basquetból

Carmen y Esteban

3.

Lan

A Lan le gusta _ir a la playa._ _____.

4.

Luis

A Luis le gusta leer libros. _____.

5.

Mónica

A Mónica le gusta ver la televisión. _____.

J. ¿Qué dicen estas personas? Complete con la forma apropiada de **gustar.**

MODELO:

Nora, ¿ _le_ _gusta_ dibujar?

Sí, profesora, _me_ _gusta_ mucho.

(Continúa.)

1. Pablo, ¿_le gusta_ trabajar en el jardín?
   Sí, _me gusta_ mucho.

2. ¿_Le gusta_ hacer ejercicio?
   No, no _me gusta_.

3. Profesora, ¿_le gusta_ tocar la guitarra?
   Sí, _me gusta_ mucho.

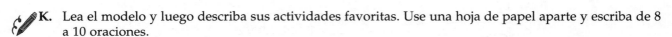

K. Lea el modelo y luego describa sus actividades favoritas. Use una hoja de papel aparte y escriba de 8 a 10 oraciones.

MODELO: Hola, soy Ricardo Sícora. Vivo en Caracas, Venezuela. No tengo mucho tiempo libre porque soy estudiante y también trabajo 20 horas por semana. De noche me gusta intercambiar mensajes electrónicos con mis amigos y jugar videojuegos. Los fines de semana, me gusta salir a bailar con mis amigos en una discoteca cerca de mi casa y después tomar un café. Los sábados por la mañana me gusta andar en patineta o jugar al fútbol en algún parque de la ciudad. Los domingos por la mañana me gusta dormir hasta las 11:00. Por la tarde me gusta pasar tiempo con mi familia, salir a cenar o visitar a mis tíos. Durante las vacaciones me gusta ir a la playa y nadar y bucear. Las playas de Venezuela son muy bonitas.

MuLian Wu

F.

Mi hermana se llama Helen Wu. Es baja y bonita.
Tiene el pelo moreno y los ojos castaños. Tiene 17 años
y su cumpleaños es el 21 de enero. Helen es entusiasta,
generosa, y divertida. ~~Estudia~~ Va a la escuela en la
Mt Hebron High School ~~en~~ de MD y le gusta dormir mucho.
A ella también le gusta mucho hablar por celular con sus
amigos. Su número de móvil es el 3-00-90-96. Vive en una
casa. Yo vivo ~~con mi hermana también~~ allí también. Nuestra dirección
es Hobble Ct, número 3323.

K.

Hola, soy MuLian Wu. Vivo en Ellicott City, MD.
No tengo mucho tiempo libre porque soy estudiante
y también trabajo 20 horas por semana. De
noche me gusta ver televisión, jugar en la computadora
y jugar videojuegos. Los fines de semana, me
gusta ir al centro comercial con mis amigos ~~es~~
y después tomar un café. Los sábados por la
mañana me gusta dormir hasta las 12:00. Los
domingos por la mañana me gusta ir al
centro comercial hasta las 2:00. Por la tarde
me gusta ver películas con mis amigos,
salir a cenar con mi familia o visitar a mis
abuelos. Durante las vacaciones me gusta
ir a la playa y ~~it~~ viajar.

▶ REPASO DE PALABRAS Y FRASES ÚTILES

Complete estas conversaciones correctamente con la frase u oración apropiada según la situación.

Cómo se escribe	no comprendo	pasado mañana	Qué hora tiene
es temprano	No lo creo	por favor	Ya es tarde

¿ **Qué hora tiene** (usted)?

Son las tres menos cuarto.

1.

Profesora, **pasado mañana**, repita por favor.

2.

¿ **cómo se escribe** japonés?

jota, a, pe, o, ene...

3.

Esteban, **es temprano**, abra la ventana.

4.

¡ **No lo creo**!

5.

Las 8:15. ¡ **Ya es tarde**!

6.

Resumen cultural

Complete cada oración con un nombre, una palabra o una frase de la lista.

los Andes
Barcelona
el básquetbol
el béisbol
las costumbres
 mexicanas
Cuba
los deportes
 mexicanos

España
Florida
el fútbol
Casimiro González
Guantánamo
La Habana
la Independencia
 de México
Frida Kahlo

Rigoberta Menchú
José Clemente
 Orozco
el obrero
el Premio Nóbel
 de la Paz
la República
 Dominicana

la Revolución
 Mexicana
Diego Rivera
la Sierra Nevada
David Alfaro
 Siqueiros

Son las once y media de la noche.   Son las ocho y media de la noche.

✓ 1. En 1898 los Estados Unidos le declaran la guerra a ___España___.

✓ 2. En 1902 los Estados Unidos establece una base naval en ~~Cuba~~ Barcelona., Cuba.

✓ 3. Otra palabra para **baloncesto** es el _básquetbol_.

✓ 4. _Rigoberta Menchú_ es una activista guatemalteca. En 1992 recibió _el PremioNóbel de la Paz_

✓ 5. ___Béisbol___ es el deporte más popular en el Caribe.

✓ 6. Los tres muralistas mexicanos más famosos son _Frida Kahlo_, _David Alfaro_ y _José Clemente_.

✓ 7. Los temas del arte de Diego Rivera son _la independencia de México_, _los costumbra mexicanas_ y _la Revolución Mexicana_.

✓ 8. _Diego Rivera_ es una pintora mexicana famosa por sus autorretratos surrealistas.

✓ 9. En España se puede esquiar en _los Andes_.

✓ 10. ¿Qué hora es? (20:30) _son las ocho y media de la noche._

ctividades auditivas

✳ Los amigos animados

A. La música en KSUN, Radio Sol

Mayín Durán habla de la música en KSUN,
Radio Sol de California.

❖ ❖ ❖

¿Qué tipos de música tienen en KSUN? Escriba **Sí** o **No.**

✓1. __Sí__ rock

✓2. __Sí__ argentina

✓3. __Sí__ italiana

✓4. __No__ jazz

✓5. __No__ clásica

✓6. __Sí__ romántica

✓7. __Sí__ española

✓8. __Sí__ mexicana

B. En el parque

Doña Lola Batini y don Anselmo Olivera
hablan de las personas en el parque.

❖ ❖ ❖

(*Continúa.*)

Identifique a estas tres personas. ¡Cuidado! Hay más de una respuesta posible.

✓1. __E__ doña Rosita Silva
✓2. __D__ Pedro Ruiz
✓3. __A__ Clarisa

a. Tiene seis años.
b. Tiene dos hijas.
c. Es la hija mayor.
d. Lleva lentes.
e. Lleva un vestido morado.

❊ Las fechas y los cumpleaños

¿Cuándo nació usted?

C. Los cumpleaños

La profesora Martínez habla con los estudiantes de las fechas de sus cumpleaños.

❖ ❖ ❖

Escriba la fecha de cumpleaños de estas personas.

FECHA DE CUMPLEAÑOS

✓1. Carmen — 23 de junio, 1987
✓2. Alberto — 22 de diciembre, 1995
✓3. Esteban — 4 de agosto, 1987
✓4. La profesora — 12 de junio, 19——

❊ Datos personales: El teléfono y la dirección

D. Información, por favor

Pilar Álvarez es una chica española de 22 años. En la mañana Pilar estudia en la Universidad Complutense de Madrid; por la tarde trabaja de operadora en la Compañía Telefónica de Madrid. Ahora está en su trabajo.

❖ ❖ ❖

Escuche a Pilar y escriba los números de teléfono.

NÚMERO DE TELÉFONO

1. Ricardo Puente Arce: <u>2 . 5 5 . 50 . 2 5</u> ✓

2. Melisa Becker López: <u>5 . 5 5 . 1 4 . 36</u> ✓

3. Colegio Mayor Castilla: <u>3 . 4 5 . 59 . 5 8</u> ✓

¿Cuál es la dirección del Colegio Mayor Castilla?

4. La dirección es <u>calle</u> Goya, número <u>535</u>. ✓

✳ La hora

E. ¿Qué hora es?

VOCABULARIO ÚTIL

vamos a practicar   _we are going to practice_
en punto   _on the dot / exactly_

La profesora Martínez practica la hora con su clase. Ella tiene dibujos de varios relojes.

Escuche el diálogo y escriba la hora en el reloj.

1.

2.

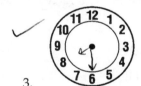

3.

4.

5.

F. Silvia en la terminal de autobuses

VOCABULARIO ÚTIL

sale   _leaves_
el próximo   _the next_
Para servirle   _At your service_
la salida   _departure_
cada hora   _each (every) hour_

Los fines de semana Silvia Bustamante trabaja en una terminal de autobuses. Ahora Silvia está hablando con unos clientes.

❖ ❖ ❖

(Continúa.)

Escriba en los espacios en blanco la hora de salida de los autobuses.

HORA DE SALIDA

✓ 1. Durango _____ 6:50 _____

✓ 2. Puebla _____ 8:00 am _____

✓ 3. Monterrey _____ 9:30 _____ y _____ 12:45 _____

✓ 4. Guadalajara _____ cada hora _____
7:00, 8:00, 9:00, 10:00, etc.

✳ Las actividades favoritas y los deportes

G. Las actividades de la profesora

VOCABULARIO ÚTIL

las montañas	*mountains*
enseñar	*to teach*

La profesora Martínez habla con los estudiantes de sus
actividades favoritas.

❖   ❖   ❖

Diga a quién le gusta hacer estas actividades: a Lan (**LA**), a Luis (**LU**) o a la profesora Martínez (**PM**).

✓ 1. **LA** leer

✓ 2. **LU** andar en bicicleta

✓ 3. **PM** montar a caballo

✓ 4. **LA** tocar el piano

✓ 5. **PM** enseñar español

H. La nueva amiga de Guillermo

VOCABULARIO ÚTIL

travieso	*mischievous*
extraña	*strange*
contigo/conmigo	*with you / with me*

Guillermo es un adolescente de 12 años. Tiene una nueva
amiga muy bonita. Se llama Marimar. Ella es muy curiosa
y hace muchas preguntas.

Conteste las preguntas correctamente.

✓ 1. ¿Cómo se llama la hermana mayor de Guillermo?

_____ Amanda _____

✓ 2. ¿Cuántos años tiene el hermano menor de Guillermo?

_____ ocho años _____

3. ¿Qué le gusta hacer a Amanda? (una actividad)

jugar al tenis

4. ¿Qué le gusta hacer a Ernestito? (una actividad)

andar en bicicleta

5. Y a Guillermo, ¿qué le gusta hacer? (dos actividades)

jugar fútbol

ir al cine

✳ ¡A repasar!

I. Radio Sol… ¡su estación favorita!

VOCABULARIO ÚTIL

la estación	*station*
la promoción	*promotion*
reciben	*they receive*
la emisora	*radio station*
la llamada	*call*

Hoy KSUN, Radio Sol de California, hace una promoción especial.
Las personas que llaman de las 9:00 a las 9:30 de la mañana reciben
una camiseta con el nombre de la emisora.

❖ ❖ ❖

Llene los espacios en blanco con la información apropiada.

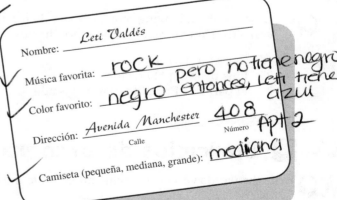

Nombre: _Carlos Medrano_

Música favorita: _romántica_

Color favorito: _rojo_

Dirección: _Calle Sepúlveda_ Número _122_ _Apt B_
Calle

Camiseta (pequeña, mediana, grande): _grande_

Nombre: _Leti Valdés_

Música favorita: _rock_ _pero no tiene negro_

Color favorito: _negro_ _entonces, Leti tiene azul_

Dirección: _Avenida Manchester_ Número _408_ _Apt 2_
Calle

Camiseta (pequeña, mediana, grande): _mediana_

Pronunciación y ortografía

❋ Ejercicios de pronunciación

PRONUNCIACIÓN: **r**

The Spanish **r** is not at all like the American English *r*. In Spanish there are two basic **r** sounds: one is a trill, the double **r** (**rr**); and the other is a tap, the single **r** (**r**).

A. Listen and then pronounce the following words with double **r** (**rr**).

cierre, borrador, pizarra, perro, correcto

If the letter **r** begins a word, it is usually pronounced with a trill. Note that at the beginning of a word, a trill is written as a single **r** rather than as a double **r**.

B. Listen and then pronounce the following words that begin with a trill.

rizado, roja, rubia, reloj, reservado, ropa

Remember that in Spanish the double **r** and the single **r** at the beginning of a word are trilled. Most other **r**'s are pronounced as a tap, that is, the tongue strikes the roof of the mouth lightly. It is very similar to the way Americans pronounce some *d*'s and *t*'s (which sound very much like *d*'s) in the middle of words: *butter, pretty, water, latter, ladder, body*. Say the expression *pot of tea* very quickly and pay attention to the *t* of *pot*.

C. Listen and then pronounce the following words with Spanish single **r**.

mire, nariz, pero, orejas, claro, cara, hora

D. Now practice the same sound when the letter appears at the end of the word.

bailar, doctor, cocinar, hablar, ver, leer, mayor, menor, tener, mejor, ser

E. Listen to the following sentences and then pronounce them, concentrating on producing **r** and **rr** correctly. Don't forget to pronounce the vowels short and to use syllable-timed rhythm.

1. Cierre la puerta.
2. Luis tiene el pelo rizado.
3. El perro de Ernestito es muy grande.

4. —¿Qué hora es?
   —No tengo reloj.
5. Miren arriba.

❋ Ejercicios de ortografía

Write the words you hear, paying attention to the single and double **r** sounds and how they are written.

1. borrador
2. hora
3. doctor
4. correcto
5. rojo

6. bailar
7. pizarra
8. perro
9. pero
10. nariz

ideoteca

✳ **Los amigos animados**

Vea la sección **Los amigos animados** de las **Actividades auditivas** para hacer la actividad correspondiente.

✳ **Escenas culturales**

Cuba

VOCABULARIO ÚTIL

las Antillas	*Antilles*
el Paseo del Malecón	*Wharf Walk*
concurrido/a	*crowded*
la riqueza cultural	*cultural wealth*
el son cubano	*Cuban "son" music*
el bolero	*type of Cuban music*

Lea estas preguntas y luego vea el video para contestarlas.

(Continúa.)

1. El nombre original de La Habana es _____.

    a. La Habana de Cuba
    b. San Cristóbal de la Habana
    c. La Habana de Cristóbal Colón

2. La Habana Vieja es un centro histórico de _____.

    a. muchas construcciones coloniales
    b. mucha música cubana
    c. muchas playas bonitas

✳ Escenas en contexto

Sinopsis
Roberto y Martín esperan (*wait*) a alguien en el parque.

VOCABULARIO ÚTIL

ya	*already*
debe estar	*(she) should be*
no todavía	*not yet*
temprano	*early*
¿qué onda?	*what's up?*

Lea estas preguntas y luego vea el video para contestarlas.

A. ¿Cierto (**C**) o falso (**F**)?

1. _____ Ya son la tres.

2. _____ Roberto espera a su hermana.

3. _____ La prima de Roberto se llama Sabina.

4. _____ Sabina tiene 17 años.

5. _____ Sabina es morena.

6. _____ Sabina es un poco gorda.

B. Complete con la información correcta.

1. ¿Cuántos años tiene Sabina? _____

2. Describa a Sabina. Es _____ y _____. No es _____.

ecturas

¡Hola!... ¡Hasta mañana!

 PISTAS PARA LEER

Greetings are an essential part of many cultures. Here are some words for greeting and leave-taking in Hispanic cultures. Read these phrases several times and use them in your classroom!

VOCABULARIO ÚTIL

(Words included here are highlighted in the text.)

conoce	*know*
el lugar	*place*
es costumbre	*it is customary*
todos	*everybody*
darle la mano	*to shake hands*
Gusto en verte	*Good to see you*
pueden durar	*can last*
valen la pena	*are worth the trouble*

¿Cómo saluda usted a sus amigos? ¿y a las personas que no **conoce** muy bien? En la sociedad hispana, cuando uno entra en un **lugar** donde hay otras personas, **es costumbre** saludar a **todos** con «Hola», «Buenos días» o simplemente «¡Buenas!» Es muy típico también **darle la mano** a cada persona. Y cuando uno se despide, le da la mano a todos otra vez y dice «Adiós», «Nos vemos», **«Gusto en verte»** o «¡Hasta mañana!» Estos saludos son un aspecto importante de la cultura hispana. Y son característicos de muchas otras culturas también.

Para saludar a los amigos, los hispanos dicen «¿Cómo estás?» o «¿Qué tal?» Y hay frases más expresivas, como, por ejemplo, «¿Qué me cuentas?», «¿Qué pasa?» o «¿Qué hay de nuevo?» También hay saludos un poco formales: «¿Cómo está usted?», «¿Cómo le va?» y «¿Cómo está la familia?»

Los saludos y las despedidas **pueden durar** mucho tiempo, pero **valen la pena.** Para muchos hispanos, las relaciones humanas son más importantes que el tiempo.

Comprensión

Aquí tiene algunos saludos y despedidas. ¿Cuáles son formales (**F**) y cuáles informales (**I**)?

1. __F__ Hola.

2. __I__ ¿Cómo estás?

3. __I__ ¿Qué tal?

4. __I__ ¿Qué me cuentas?

5. __F__ ¿Cómo está la familia?

(Continúa.)

6. __F__ ¿Cómo le va?

7. __F__ Gusto de verte.

8. __I__ ¿Qué hay de nuevo?

9. __F__ ¿Cómo está usted?

10. __I__ ¿Qué pasa?

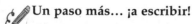 **Un paso más… ¡a escribir!**

Escriba tres diálogos breves en una hoja de papel aparte para practicar los saludos. Usted va a saludar a tres de las siguientes personas: su profesor o profesora, un amigo o una amiga, una amiga de su mamá, su hermano o hermana, un compañero de la clase, su primo, su abuela.

 **LECTURA** # Los amigos hispanos: Raúl, el superactivo

 PISTAS PARA LEER

Raúl is a college student from Mexico who likes to play sports and do many other things. Read over the **Vocabulario útil.** Then scan the **Lectura** for some of Raúl's favorite activities. Now read the **Lectura** again and get to know him!

VOCABULARIO ÚTIL

la ingeniería	*engineering*
conoce	*knows*
A veces	*Sometimes*
Además	*Besides*
levantar pesas	*to lift weights*
pasear	*to go for a walk*
no está de acuerdo	*doesn't agree*
piensa	*thinks*

Raúl Saucedo tiene diecinueve años; es delgado y tiene el pelo largo y lacio. Raúl es de la Ciudad de México, pero estudia **ingeniería** en la Universidad de Texas en San Antonio. Allí **conoce** a varios de los estudiantes de español de la profesora Martínez. **A veces** conversa con ellos en inglés y a veces en español. ¡Cuánto les gusta hablar! Es que, como dice la profesora Martínez, hablar es aprender. Y sus estudiantes necesitan conversar para aprender el español.

Raúl estudia mucho. Pero también practica varios deportes, especialmente el fútbol. Los sábados en la mañana le gusta jugar al fútbol con sus amigos hispanos y norteamericanos. **Además,** a Raúl le gusta **levantar pesas** y nadar en la piscina de la universidad. ¡Es un joven muy activo! Por eso algunos de sus amigos lo llaman «el superactivo».

Los sábados por la tarde, generalmente, a Raúl le gusta salir a **pasear.** Por la noche, prefiere ir al cine o a bailar en una fiesta. Sus amigas opinan que él baila muy bien. Pero Raúl **no está de acuerdo.** Él **piensa** que, como dice la expresión en inglés, ¡baila con dos pies izquierdos!

Bueno, ¿y qué le gusta hacer a Raúl los domingos? Pues… los domingos son para estudiar y hacer la tarea. Son días muy importantes para este joven tan superactivo.

Comprensión

¿Cierto (**C**) o falso (**F**)?

1. _F_ Raúl es norteamericano.
2. _F_ Raúl es estudiante en la Universidad de México.
3. _F_ Es viejo y bajo.
4. _F_ No es muy activo.
5. _F_ A Raúl le gusta hacer ejercicio.
6. _F_ Los domingos le gusta ir al cine.
7. _C_ Raúl es muy buen estudiante.
8. _C_ Tiene varios amigos hispanos.
9. _C_ La opinión de Raúl es que él no baila muy bien.
10. _C_ Para Raúl es importante estudiar.

 Un paso más… ¡a escribir!

A. ¿Cuáles de las actividades de Raúl le gusta hacer a usted? Marque con ✔ en la columna apropiada.

	SÍ ME GUSTA…	NO ME GUSTA…
conversar en español	✔	
jugar al fútbol		✔
levantar pesas		✔
nadar en la piscina	✔	
ir al cine	✔	
estudiar y hacer la tarea		✔
bailar en discotecas	✔	

B. Ahora hágale una entrevista a uno de sus compañeros de clase. Luego escriba una composición sobre esa persona en una hoja de papel aparte, con el título «Las actividades de (*nombre*)». Para empezar, puede usar las siguientes preguntas: **¿Qué te gusta hacer los viernes por la noche? ¿Qué te gusta hacer los sábados y los domingos?**

Mis planes y preferencias Capítulo 2

Actividades escritas

✳ Los planes

Lea Gramática 2.1.

A. Escoja ocho de las siguientes personas y describa qué van a hacer durante el fin de semana.

> MODELO: Este fin de semana mi novio y yo vamos a salir a bailar.

yo	una amiga / un amigo	mis padres	mi hermano/a y yo
mi hijo/a	mi novio/a (esposo/a)	mi profesor(a)	mi mejor amigo/a y yo
mis amigos	mi abuelo/a	mi primo/a	¿ ?

1. Este fin de semana mi hermana y yo vamos a ver un película.
2. Este fin de semana mi novio y yo vamos cenar a un restaurante
3. _____ " " mi amigo va al cine. _____
4. _____ " " mi amigas van jugar beisból. _____
5. _____ " " mi profesora va ~~es~~ a cocinar. _____
6. _____ " " mi abuela va a viajar. _____
7. _____ " " mi mejor amiga y yo vamos ir de compras. _____
8. _____ " " mis padres van a trabajar. _____

B. Lea el modelo y luego describa sus planes para el próximo fin de semana. Use una hoja de papel aparte y escriba de 10 a 12 oraciones.

(Continúa.)

MODELO: Me llamo Carla Espinoza. Vivo y estudio en la Universidad de Puerto Rico. Este fin de semana voy a descansar y salir con mis amigos. El viernes por la noche mis amigos y yo vamos a ir a una fiesta en casa de mi prima. Allí vamos a comer, escuchar música y hablar. El sábado por la mañana voy a correr en la playa y nadar un poco. Me gusta mucho ir a la playa. Después voy a ir a la biblioteca y estudiar para mi clase de historia. El sábado por la noche voy a salir a bailar con mi novio. Él se llama Jorge; es guapo y simpático y le gusta mucho bailar. El domingo por la mañana voy a desayunar en casa con mi mamá y después voy a salir a pasear con el perro. Por la tarde una amiga y yo vamos a ir de compras. El domingo por la noche voy a preparar la cena para mi familia y después voy a leer o ver la televisión.

✳ Las clases

Lea Gramática 2.2.

C. Escriba las clases que usted tiene y la hora de cada una. Luego complete las oraciones con información acerca de sus clases.

HORA	LUNES	MARTES	MIÉRCOLES	JUEVES	VIERNES
8:00	matemáticas		matemáticas		matemáticas
9:00	español		español		español
11:00	Family Studies		F.M		
12:30	inglés		inglés		

1. Mi primera clase los lunes es _matemáticas_ .
2. Mi tercera clase los miércoles es _Family Studies_ .
3. Mi segunda clase los jueves es _no tengo clases_ .
4. Mi quinta clase los _no tengo quinta_ es _clase._ .
5. Mi _segunda_ clase los _lunes_ es español.
6. Mi clase más ⟦fácil⟧/difícil es _Family Studies_ .
7. Mi clase favorita es _español_ .

D. Lea el modelo y luego describa sus clases en la universidad. Use una hoja de papel aparte y escriba de 10 a 12 oraciones.

MODELO: Hola, soy Ignacio Padilla. Estudio arquitectura en la Universidad Autónoma de México en el Distrito Federal. Este semestre tengo cuatro clases. Mi primera clase los lunes y miércoles es trigonometría de las 8:00 hasta las 10:00, con el profesor Salazar. Después de esa clase me gusta tomar un refresco en la cafetería y hablar con mi novia, Silvia. Mi segunda clase, historia precolombina de México, es a las 11:00. La cultura de los aztecas es muy interesante, especialmente la construcción de las pirámides. La profesora se llama Araceli Alarcón y es muy entusiasta. Después del almuerzo, por la tarde tengo una clase de arte y diseño de las 2:00 hasta las 4:00, con el profesor Ibáñez. Es mi clase más difícil, pero es también muy importante para mi especialidad, la arquitectura. Los jueves tengo sólo una clase de geografía de las 5:00 hasta las 7:00 de la tarde. Después de mis clases me gusta descansar y pasar tiempo con mis amigos.

Nombre _____ Fecha _____ Clase _____

✳ Las preferencias y los deseos

Lea Gramática 2.3.

E. Hable de sus deseos para el día de su cumpleaños.

1. ¿Quiere usted tener una fiesta grande?

   Sí, ~~teni~~ quiero tener una fiesta grande.

2. ¿Quiere usted recibir visitas ese día?

   Sí, quiero recibir visitas ese día.

3. ¿Quiere usted salir a bailar con su novio/a (esposo/a)?

   Sí, quiero salir a bailar con mi novio

4. ¿Qué quieren hacer sus padres? / ¿Qué quiere hacer su esposo/a (novio/a)?

   Quiero ir de compras con mi novio.

5. ¿Qué quieren hacer usted y sus amigos?

   Quieren hablar por teléfono.

F. Diga las preferencias de usted y de las otras personas.

   MODELO: ¿Prefiere usted bailar o jugar al béisbol? → *Prefiero bailar.*

1. ¿Prefiere usted jugar al tenis o al ráquetbol?

   Prefiero jugar al tenis.

2. ¿Prefiere usted cocinar o ir a un restaurante?

   Prefiero ir a un restaurante.

3. ¿Prefiere usted andar en bicicleta o en motocicleta?

   Prefiero andar en bicicleta

4. ¿Prefiere usted bucear o nadar?

   Prefiero nadar.

5. ¿Prefiere usted trabajar en el jardín o limpiar la casa?

   Prefiero limpiar la casa.

6. ¿Qué prefieren sus padres, ver la televisión o ir al cine?

   Prefieren ver la televisión.

7. ¿Qué prefiere su hijo/a, patinar o jugar al fútbol?

   Prefiere jugar al fútbol.

8. ¿Qué prefiere su hermano/a, esquiar o jugar al voleibol?

   Prefiere jugar al voleibol.

✳ El tiempo

Lea Gramática 2.4.

G. Mire estos dibujos con cuidado y diga qué tiempo hace y qué quieren hacer las personas que aparecen en cada uno.

Acapulco, México/marzo
1.

Bariloche, Argentina/julio
2.

Parque nacional, Los Paraguas, Chile/octubre
3.

1. Es primavera y hace viento. Las chicas quieren navegar.

✓2. ES invierno. Quieren esquiar.

✓3. Es otoño. Hace buen tiempo. Quieren hacer un picnic.

el Caribe/mayo
4.

Madrid, España/enero
5.

México, D.F./agosto
6.

✓4. Es verano. Hace calor. Quieren ir a la playa.

✓5. Hace frío y lluve. Quieren tomar un taxi.

✓6. Hace calor y llueve. Quieren jugar en el lluve.

H. ¿Qué actividades asocia usted con el tiempo?

MODELO: ¿Qué prefiere usted hacer cuando *hace mal tiempo*? →
Cuando hace mal tiempo, prefiero leer en casa.

hace buen tiempo	hace mucho viento	llueve
hace frío	hace sol	nieva
hace mucho calor		

1. ¿Qué prefiere usted hacer cuando *hace buen tiempo* ?
   Cuando hace buen tiempo, prefiero ir de compras

2. ¿Qué prefiere usted hacer cuando *hace frío* ?
   Cuando hace frío, prefiero dormir todo el día.

3. ¿Qué prefiere usted hacer cuando *hace mucho calor.* ?
   Cuando hace mucho calor, prefiero ir a la playa.

4. ¿Qué prefiere usted hacer cuando *hace sol.* ?
   Cuando hace sol, prefiero ir de compras.

5. ¿Qué prefiere usted hacer cuando *nieva.* ?
   Cuando nieva, prefiero jugar en la nieva.

I. Lea los planes y preferencias de la profesora Martínez y luego, en una hoja de papel aparte, escriba de 10 a 12 oraciones sobre los planes, deseos y preferencias de usted.

MODELO: Me gustan mucho los meses de invierno. En el invierno hace frío aquí en San Antonio. Me gusta escuchar música y leer al lado de la chimenea, especialmente cuando llueve. Pero cuando nieva, prefiero ir a las montañas. Me gusta esquiar y jugar en la nieve. En el verano siempre voy a Guanajuato. ¡Es una ciudad muy bonita! Este verano voy a viajar a México. Primero voy a ir a Guanajuato a visitar a mis parientes. Un fin de semana voy a acampar en las montañas con toda la familia. Después voy a ir a Puerto Vallarta por una semana. Hace mucho calor allí, pero me gusta la playa. Quiero nadar, leer y descansar. Luego voy a ir a la Ciudad de México. En el verano llueve mucho allí, pero no hace frío. Voy a visitar muchos museos y voy a cenar en mis restaurantes favoritos. También quiero pasear por el Parque de Chapultepec[1] y visitar los jardines flotantes[2] de Xochimilco. ¿Y usted?

[1]Parque… parque grande en el centro de México, D.F.   [2]jardines… *floating gardens*

Complete estas conversaciones con la oración adecuada según la situación.

| A qué hora | Nos vemos | Qué buena idea |
| Ni pensarlo (*No way*) | Por qué | Yo también |

Ⓡesumen cultural

Complete las oraciones y conteste las preguntas con nombres, palabras o frases de la lista.

Bariloche	Galápagos	el peso	la Universidad de
Bogotá	invierno	Pichincha	Salamanca
las calles	el kínder	las plazas	la Universidad de
calor	Shakira Mebarak	la preparatoria	Santo Domingo
Penélope Cruz	Carmen Naranjo	la primaria	la Universidad del
el euro	la ONU	Quito	Valle de México
frío	otoño	Sevilla	verano

D.

Hola, soy Mu Lian wu. Estudio en la Towson universidad de Baltimore en el MD. Este semestre tengo cuatro clases. Mi primera clase los lunes y miércols y viernes es matemáticas de las 8:00 hasta las 8:50, con el profesor Ottensoser. Después de esa clase, tengo mi segunda clase. Mi segunda clase los lunes, miércoles y viernes es español de las 9:00 hasta las ~~1:10~~ 9:50. La profesora se llama Tanya Spedalare y es muy simpatico. Mi tercera clase los lunes y miércoles es Family Studies de las 11:00 hasta las 12:15, con el profesora Stone. ~~tres~~ Entonces, ~~conie~~ tengo inglés de las 12:30 hasta las 1:45 con el profesora Sneeringer. Después de mis clases, me gusta ir de compras y estudiar.

I.

Me gusta los meses de primavera. En ~~el~~ la primavera hace sol aquí en Baltimore. Me gusta ir de compras, salir con mis amigos y ir a la piscina cuando hace sol. Pero cuando ~~lleve~~ llueve, me gusta dormir. Cuando hace sol, me gusta comer helados y beber refrescas. Este verano voy a viajar California. Primero voy a ir a NY a ir de compras. Después voy a ~~la~~ California y ir a la playa. Quiero nadar, dormir y andar en mi bicicleta. Voy a visitar muchas cosas y sacar muchos fotos.

Nombre _____ Fecha _____ Clase _____

1. En los Estados Unidos se usa el dólar, pero en España se usa __el peso__.
2. En México los cuatro niveles de educación son __la primaria__, la secundaria, la __preparatoria__ y la universitaria.
3. En muchas ciudades hispanas la gente se reúne en __las plazas__ para charlar y descansar.
4. __Carmen Naranjo__ es una autora costarricense.
5. ¿Qué ciudad de Sudamérica tiene el mismo clima en invierno y en verano? __Quito__
6. Estamos en Santiago, Chile, en enero. ¿Qué estación es? ¿Qué tiempo hace? Es __verano__. Hace __calor__.
7. Estamos en Santander, España, en enero. ¿Qué estación es? ¿Qué tiempo hace? Es __invierno__. Hace __frío__.
8. __La universidad de Salamanca__ es la universidad más antigua de España, fundada en 1218.
9. __La universidad de Santo Domingo__ es la universidad más antigua de América Latina, fundada en 1538.
10. Ecuador se independiza de España el 24 de mayo de 1822, cuando el general Sucre gana la Batalla de __Pichincha__.

Actividades auditivas

Listening Comprehension Strategies

You have now worked on listening comprehension segments for **Pasos A, B,** and **C,** and for **Capítulo 1.** Now that the material is a bit more advanced, we suggest more strategies to help you get the most out of these segments. Feel free to come up with your own strategies as well. Please note that we start with segment **C. Los planes de Amanda.**

- Remember to find a comfortable, well-lit place to work and to acquaint yourself with your CD/audio player before starting your assignment.
- Remember that you will have a more positive experience if you allot sufficient time to listen and relisten as necessary to understand the dialogues and to be able to answer the questions.

✳ Los amigos animados

A. La familia de Esteban

Esteban Brown hace una presentación sobre los miembros de su familia en la clase de español.

❖ ❖ ❖

¿Cuáles son las preferencias de los miembros de la familia de Esteban? Hay más de una respuesta posible.

✓ 1. C, F Esteban

✓ 2. A G su madre

✓ 3. D G su padre

✓ 4. B D Michael
    E G

a. Le gusta nadar.
b. Prefiere bailar.
c. Le gusta hacer preguntas.
d. Prefiere jugar al fútbol.
e. No le gusta estudiar.
f. Prefiere hablar español.
g. Le gusta jugar al tenis.

B. ¡Un momentito, por favor!

Pilar Álvarez está en su trabajo, en la Compañía Telefónica de Madrid.

❖ ❖ ❖

Escuche a Pilar y escriba el nombre completo y el número de teléfono de la persona que menciona.

✓ 1. Nombre: el doctor Manuel Hernández _Bartlett_

✓ 2. Número de teléfono: _5 - 9 7 - 4 0 - 0 3_

✳ **Los planes**

C. Los planes de Amanda

- Ready to start? Look at the title and the drawing while you listen once to relax and enjoy . . . and to see how much you already understand. Now before listening a second time, make sure that you read all the information printed for this segment and that you know exactly what information you need to listen for so you can focus on it.
- The drawing shows a young girl, Amanda, and her brother. The little boy seems to want to go wherever his older sister is going; he is saying "I'm going with you!" Your task is to put Amanda's plans in the correct order. As you listen, focus on the action words and number them 1–4 right above the word, so that you can keep up with the dialogue.
- Listen a third time (or more if you wish) to check to see if you have the activities in order.

VOCABULARIO ÚTIL

el centro	*downtown*
los adultos	*adults*
¿De acuerdo?	*OK?*

Hoy es sábado y Ernestito conversa con su hermana sobre los planes de Amanda para esta tarde.

Ponga en el orden correcto estos planes, marcando los espacios en blanco del 1 al 4.

a. __2__ Amanda va a descansar con su amiga.

b. __4__ Ernestito va a ir al centro con «los adultos».

c. __1__ Amanda va a jugar al tenis con Graciela.

d. __3__ Amanda va a ir al centro con algunos amigos.

✳ **Las clases**

D. Una clase divertida

For this segment, you should follow the same strategies used for segment **C.** So after reading the title and looking at the drawing while you listen the first time, you will need to read everything written for this segment. Then decide which two questions you will answer the second time you listen and which ones you will answer the third time. You may want to listen a fourth time to check your work, if you wish.

(Continúa.)

| el estacionamiento | *parking lot* |
| aprendo | *I learn* |

Lan Vo habla con Raúl Saucedo en el estacionamiento de la universidad.

¿Cierto (**C**) o falso (**F**)?

✓1. **F** A Lan no le gusta la clase de español.

✓2. **C** Raúl dice que las clases de lenguas son aburridas.

✓3. **F** En la clase de Lan los estudiantes hacen muchos ejercicios de gramática todos los días.

✓4. **F** Raúl dice que va a visitar la clase de la profesora Martínez.

E. Los horarios de Mónica y Pablo

 The illustration tells you that Mónica and Pablo are enjoying their conversation. The key word **horario** and the two tables that follow reveal that they are talking about class schedules. Since your task is to complete the class schedules, you know you have to listen for classes and times. To avoid stress, make sure you attempt to complete only one schedule at a time. Do Mónica's first.

- You need to listen for the days on which Mónica has classes.
- Since you know most students usually have the same classes on two or three different days, when you hear Mónica say **lunes, miércoles y viernes,** you know now that you only have to concentrate on listening for the times and the classes. Note that some answers are given to you.
- You also know that you can fill out Monday as you listen and then go back and add the same information for Wednesday and Friday after you have stopped the CD/audio player.
- Make it even easier for yourself by writing only the first three or four letters of each class while listening; then go back and complete the words once you have stopped the CD/audio player.
- Follow the same procedure for Mónica's Tuesday/Thursday schedule, and for all of Pablo's schedule.

¡Pobrecita!	*Poor thing!*
estamos libres	*we're free (we have free time)*
la cafetería	*cafeteria*

Mónica Clark y Pablo Cavic hablan de sus horarios de clase.

El horario de Mónica

HORA	LUNES	MARTES	MIÉRCOLES	JUEVES	VIERNES
8:00	español				
9:00	química mathematicas		química		química
10:00					
11:00	mathematicas		mathematicas		mathematicas
12:00					
1:00	literatura inglesa		literatura inglesa		literatura inglesa
2:00					
3:00					
4:00					

El horario de Pablo

HORA	LUNES	MARTES	MIÉRCOLES	JUEVES	VIERNES
8:00		español			
9:00					
10:00	historia		historia		historia
11:00					
12:00	matemáticas		matemáticas		matemáticas
1:00					
2:00					
3:00					
4:00					

✳ Las preferencias y los deseos

F. El Hotel Camino Real

 Remember to listen a first time while you look at the title and the accompanying drawing. Also, it is a good idea to get into the habit of making sure you know what to listen for before playing the segment.

- The task for this particular segment is to listen to the ad and decide whether the activities listed (1–8) can be done at the Hotel Camino Real.
- Take a few seconds to map out a strategy: Set a simple goal for yourself, such as listening just for every even-numbered activity (2, 4, 6, 8). Once you start listening, concentrate on those activities only.
- Listen again for the odd-numbered activities. You can listen a third time if you are not sure about any activity.

VOCABULARIO ÚTIL

el anuncio comercial	*advertisement*
la alberca	*swimming pool (Mex.)*
¡Disfruten!	*Enjoy!*

Ahora en KSUN, Radio Sol, vamos a escuchar un anuncio comercial del Hotel Camino Real de la ciudad de Cancún, en México.

Hotel Camino Real

¿Son posibles estas actividades en el Hotel Camino Real? Escriba **Sí** o **No.**

1. SÍ pasar las vacaciones con la familia

2. NO cocinar

3. SÍ nadar en el mar

4. SÍ nadar en una alberca

5. SÍ comer en un restaurante excelente

6. NO patinar en el hielo

7. SÍ tomar lecciones de esquí acuático

8. NO jugar al fútbol

G. ¡Vamos al cine!

 After reading what is printed and looking at the illustration, you will realize that this segment reveals few easy clues. All you know for sure is that two people, Nora and Raúl, are talking after Spanish class and that one doesn't have a class at 10:00, one prefers to study, and so on. Also, from the title and from question number 5 you can predict that at least one of these people will go to the movies. But don't worry: Strategies like the following will make your listening comprehension less difficult.

- The directions say you merely have to determine who makes the statements listed.
- The first time you listen to the segment simply try to get the gist of it and to form a mental picture of what is going on in the dialogue.
- Don't attempt to answer all the questions the second time you listen. If you can, great; but do not put undue pressure on yourself. Needing to listen two or three times to something new, and not in your native language, is quite normal. So plan on listening at least three times— once to focus on the even-numbered questions (2, 4, 6), a second time to focus on the odd-numbered questions (1, 3, 5), and a third time to check your work if you feel it is necessary.

VOCABULARIO ÚTIL

esta tarde — *this afternoon*
¡hasta los viernes! — *even on Fridays!*
¡No te creo! — *I don't believe you!*

Nora Morales habla con Raúl Saucedo después de la clase de español.

¿Quién dice esto, Nora (**N**) o Raúl (**R**)?

✓ 1. __N__ No tengo clase a las diez.

✓ 2. __N__ Voy a jugar al tenis por dos horas.

✓ 3. __R__ ¿Quieres ir a la cafetería?

✓ 4. __R__ Voy a lavar mi ropa.

✓ 5. __N__ En la noche, voy a ir al cine.

✓ 6. __R__ Prefiero estudiar.
   __N__

✓ 7. ____ Es una nueva película italiana. ¿Quieres ir?

❋ El tiempo

H. El pronóstico del tiempo

The drawing for this segment shows a radio announcer. The map behind her suggests that this is either a newscast or a weather forecast. The title helps you determine that you will be listening to a weather forecast. Look at what is expected of you.

- You need to decide what to wear, since you are going to travel to the cities listed.
- By now it is clear the forecast won't tell you what items of clothing you will need. You have to determine what is appropriate by listening to the weather report.
- Note that there are articles of clothing listed above the city names. You can make your task easier by using your knowledge of vocabulary (clothes and weather) to write the weather associated with each article; **frío** with **abrigo,** for instance.
- Now set a goal for yourself: The first time you listen, focus on the even-numbered cities only. Plan to write the weather of each city in the left margin. The second time you listen, focus on the odd-numbered cities, again writing the weather in the left margin.
- If you need to, listen a third and a fourth time to make sure you have the right weather next to the right city.
- Now, stop the CD/audio player and look at the weather for each city and at the weather you associated with each article of clothing. Then quickly match them.
- If you feel frustrated at any time, stop listening. Sometimes the problem is that you did not hear an answer. If this is the case, you can simply look up the answer in the Answer Key. Then, return to the segment and listen for the missing answer. It will be there!
- At other times, frustration tells you that you are not quite ready for this assignment. Perhaps you need to go back and review the chapter before attempting to complete this activity.
- Use the Answer Key to check your work and receive instant reinforcement.

(Continúa.)

We hope these suggestions have shown you how the use of listening strategies makes working with the **Actividades auditivas** much easier. We also hope that you will use some of the strategies provided and feel comfortable creating new ones depending on the type of task you have to complete. In **Capítulo 7** we provide another guide to listening strategies. There we remind you of the basic steps already covered here and of the need for mapping out your strategies before listening.

VOCABULARIO ÚTIL

el pronóstico	forecast
grados centígrados	degrees centigrade
hermoso	beautiful

Ahora vamos a escuchar el pronóstico del tiempo en KSUN, Radio Sol.

Imagínese que hoy usted va a viajar a estas ciudades. ¿Qué ropa va a llevar?

Algunas posibilidades: abrigo, botas, pantalones cortos, sandalias, suéter, traje de verano, etcétera

1. Londres   abrigo
2. Madrid   suéter
3. Buenos Aires   traje de verano; sandalias
4. Santo Domingo   pantalones cortos; sandalias
5. Nueva York   abrigo; botas

✳ ¡A repasar!

I. La fiesta de Carmen

VOCABULARIO ÚTIL

| las novelas | novels |
| la ciencia ficción | science fiction |

Los estudiantes de la profesora Martínez tienen una fiesta en casa de Carmen. Alberto, Carmen y Pablo conversan.

¿Cuáles son las actividades preferidas de las siguientes personas? Hay más de una respuesta posible.

✓1. ___C EF___ Alberto
✓2. ___B,G___ Carmen
3. ___A, D___ Pablo

a. Le gusta leer.
b. Prefiere hablar español.
c. Le gusta bailar.
d. Prefiere las novelas de ciencia ficción.
e. Le gusta jugar con sus perros.
f. Prefiere escuchar música.
g. Le gusta tener fiestas en su casa.

Pronunciación y ortografía

✳ Ejercicios de pronunciación

STRESSING THE CORRECT SYLLABLE

Most words in Spanish are not written with an accent mark. When you read words aloud, it is easy to know which syllable is stressed. There are three rules:

If the word ends in a *vowel* (**a, e, i, o, u**) or the *consonants* **n** or **s**, pronounce the word with the stress on the next-to-the-last syllable. For example: **<u>ca</u>-sa, <u>ba</u>-ño, <u>a</u>-ños, <u>pe</u>-so, e-<u>ne</u>-ro, <u>can</u>-ten, de-par-ta-<u>men</u>-to, <u>ba</u>-jen, ca-<u>mi</u>-nen.**

If the word ends in a *consonant* (except for **n** or **s**), pronounce the word with the stress on the last syllable. For example: **lu-<u>gar</u>, ter-mi-<u>nal</u>, es-pa-<u>ñol</u>, ver-<u>dad</u>, na-<u>riz</u>, me-<u>jor</u>, fa-<u>vor</u>.**

Regardless of what letter a word ends with, if there is a written accent mark, you must stress the syllable where the accent appears. For example: **es-<u>tó</u>-ma-go, <u>sué</u>-ter, <u>lá</u>-piz, <u>ár</u>-bol, au-to-<u>mó</u>-vil, ja-po-<u>nés</u>, per-<u>dón</u>, a-<u>quí</u>.**

A. Look at the following words and pronounce them with the stress on the next-to-the-last syllable. Note that they all end in a vowel, **n,** or **s.** Say the word first and then listen for confirmation.

1. barba
2. piernas
3. italiano
4. morado
5. nombre

6. cabeza
7. pongan
8. castaños
9. Argentina
10. hablen

B. These words end in a consonant (other than **n** or **s**) and are therefore stressed on the last syllable.

1. verdad
2. azul
3. borrador
4. pared
5. regular

6. señor
7. hospital
8. reloj
9. profesor
10. mejor

C. These words are written with an accent mark. Stress the syllable with the written accent.

1. francés
2. fácil
3. café
4. teléfono
5. está

6. suéter
7. difícil
8. alemán
9. sábado
10. inglés

✳ Ejercicios de ortografía

WORD STRESS

If a word of three syllables or more is stressed on any syllable other than the last or next to last, it must be written with an accent mark.

Listen and write the following words with accents on the third from last syllable. For example: **música, página, miércoles.**

1. estómago
2. teléfono
3. cámara
4. artística
5. simpático
6. matemáticas
7. dolares
8. América

9. química
10. gramática
11. tímido
12. sábado
13. romántico
14. décimo
15. México

ideoteca

✳ Los amigos animados

Vea la sección **Los amigos animados** de las **Actividades auditivas** para hacer la actividad correspondiente.

✳ Escenas culturales

Ecuador

VOCABULARIO ÚTIL

la iglesia	*church*
el palacio	*palace*
el siglo dieciséis	*sixteenth century*
el lugar	*place*
la belleza natural	*natural beauty*
el archipiélago	*archipelago*
el paraíso	*paradise*
el amante de la naturaleza	*nature lover*

(Continúa.)

Lea estas preguntas y luego vea el video para contestarlas.

1. La ciudad capital de Ecuador es _____.
   a. San Francisco b. Galápagos c. Quito

2. La iglesia de _____ es la más vieja de Ecuador.
   a. San Francisco b. América del Sur c. Quito

3. El archipiélago _____ es un paraíso natural.
   a. de San Francisco b. del Océano Atlántico c. de Galápagos

❋ Escenas en contexto

Sinopsis
Roberto habla con la agente de viajes
(*travel agent*) sobre sus planes.

VOCABULARIO ÚTIL

bucear	*to scuba dive*
la isla	*island*
el Caribe	*Caribbean*
maravilloso/a	*fabulous, great*
caro/a	*expensive*
barato/a	*inexpensive*
Belice	*Belize*
húmedo/a	*humid*
el folleto	*brochure*
el avión	*plane*
¿necesito?	*do I need?*
arreglar	*to arrange*

Lea estas preguntas y luego vea el video para contestarlas.

A. ¿Cierto (**C**) o falso (**F**)?

1. _____ Durante sus vacaciones, Roberto quiere acampar.

2. _____ Roberto prefiere ir a una isla.

3. _____ Es más barato ir al Caribe en el verano.

4. _____ Llueve mucho en el Caribe en el invierno.

5. _____ Belice es otra isla en el Caribe.

B. Conteste con la información correcta.

1. Roberto quiere _____ durante sus vacaciones.

2. ¿Qué tiempo hace en el Caribe en verano?

   _____

3. Y en invierno, ¿qué tiempo hace?

   _____

4. ¿Qué tiempo hace en Belice?

   _____

ecturas

Nombres y apellidos

💡 **PISTAS PARA LEER**

In this **Nota cultural** you will learn about some popular Spanish names. Go over the list of names in the writing activity. What do they all have in common? Now do the reading with this question in mind: What are three characteristics of Hispanic names?

VOCABULARIO ÚTIL

Al nacer	*At birth*
algunas	*some*
el apellido de soltera	*maiden name*
corta	*short*
el sobrenombre	*nickname*
lo sabe	*knows it*
honrar	*to honor*
el santo	*saint*
católica	*Catholic*
¡compártalo!	*share it!*

Al nacer, los hispanos reciben generalmente dos nombres. María Teresa, Jorge Luis y Mari Carmen son **algunas** combinaciones típicas. El nombre completo de la profesora Martínez, por ejemplo, es Adela Elisa Martínez Briceño. Adela es el nombre de su abuela materna; Elisa, el de su abuela paterna. Martínez es el apellido de su padre y Briceño, el **apellido de soltera** de su madre. Sí, porque en el mundo hispano es costumbre usar también el apellido de la madre.

(Continúa.)

Muchos nombres tienen una forma **corta** y familiar, que es el **sobrenombre.** El sobrenombre de Elena es Nena; el de Jorge, Yoyi; y el de Alberto, Beto. La profesora Martínez también tiene un sobrenombre, pero para ella el sobrenombre es algo muy personal y sólo su familia **lo sabe.** Sus amigos la llaman simplemente Adela.

A los hispanos les gusta **honrar** a sus parientes. Dar a un niño el nombre del padre, un tío o una abuela es una manera de apreciar a esa persona. En algunos casos, el primer nombre es el de un **santo.** Por ejemplo, un niño de familia **católica** nace el día cinco de septiembre y sus padres le dan el nombre de Tomás. El niño celebra entonces su cumpleaños en septiembre y además celebra el día de su santo, en este caso el siete de marzo, día de Santo Tomás de Aquino.

¿Tiene usted dos nombres? ¿Le gusta usar dos apellidos o prefiere sólo su apellido paterno? Si tiene un sobrenombre, **¡compártalo** con sus compañeros de clase!

Comprensión

Diga si las siguientes oraciones son ciertas o falsas. Si son falsas, haga la corrección necesaria.

MODELO: Los hispanos generalmente reciben un solo nombre. →
Es falso. Los hispanos generalmente reciben dos nombres.

✓ 1. Los hispanos llevan sólo el apellido del padre.

Es falso. Los hispanos llevan el apellido del padre y de la madre.

✓ 2. El sobrenombre es la forma familiar de un nombre.

Es cierto.

✓ 3. Los amigos de Adela saben el sobrenombre de ella.

Es falso. Sólo su familia lo sabe.

✓ 4. Algunos hispanos católicos celebran el día de su santo.

Es cierto.

Un paso más... ¡a escribir!

¿Cuáles son nombres? ¿Cuál es el apellido del padre y cuál es el de la madre? Al final, ¡invente dos nombres!

MODELO: Virginia Elisa Fernández Morales →
Los nombres son Virginia y Elisa. Fernández es el apellido del padre. Morales es el apellido de la madre.

1. María Luisa García Fernández

Los nombres son María y Luisa. García es el apellido del padre. Fernández es el apellido de la madre.

2. José Ignacio Martínez Gutiérrez

Los nombres son José y Ignacio. Martínez es el apellido del padre. Gutiérrez es el apellido de la madre.

3. Irma Angélica Hernández Ochoa

Los nombres son Irma y Angélica. Hernández es el apellido del padre. Ochoa es el apellido de la madre.

4. Tomás Benito Valdés González

Los nombres son Tomás y Benito. *González es el apellido de la madre.* *Valdés es el apellido del padre.*

5. ¿? *Wu Lian Wu.* *Wu y Lian son los nombres. Wu es el apellido del padre.*

6. ¿? *Helen Wu. El nombre es Helen. Wu es el apellido del padre.*

LECTURA Los amigos hispanos: Aquí está Nora Morales.

PISTAS PARA LEER

Nora studies history at the University of Texas in San Antonio. She is also a student in Professor Martínez's Spanish class. Scan the reading for cognates (words that are similar in English and Spanish, such as *personas* and *cultura* in the first paragraph). Then read the **Lectura** to learn about Nora's favorite classes.

VOCABULARIO ÚTIL

¿Qué tal?	*What's up?*
la mitad	*half*
chistoso	*funny*
A veces	*Sometimes*
tengo que decirle	*I have to tell him*
despacio	*slowly*

Pues, sí… ¡aquí estoy! **¿Qué tal?** Me llamo Nora y nací en San Antonio, Texas. Me gusta mucho vivir en esta ciudad. Aquí hay muchas personas que hablan español y nuestra cultura es muy hispana. Es lógico, ¿no? ¡La **mitad** de la población de San Antonio es hispana!

Nací el cuatro de julio de 1981. Entonces… ¿cuál es mi edad? Soy de estatura mediana; tengo el pelo castaño y los ojos verdes. Me fascina estudiar historia, especialmente la historia de México, porque de allí son mis padres. Y también me gusta mucho el idioma español; este semestre tengo una clase de español muy divertida con la profesora Martínez.

Tengo también una clase de química y otra de biología. En la clase de biología hay un muchacho mexicano muy amable y **chistoso;** se llama Raúl Saucedo. **A veces** practico el español con él y hablamos de México. Raúl habla muy rápido y con muchas palabras nuevas para mí. Siempre **tengo que decirle**… «Más **despacio,** por favor. ¡Más despacio!»

(Continúa.)

Comprensión

Diga si las siguientes oraciones son ciertas o falsas. Si son falsas, haga las correcciones necesarias.

> MODELO: Los padres de Nora son de España. →
> *Es falso. Los padres de Nora son de México.*

1. Nora nació el Día de la Independencia de los Estados Unidos.

   Es cierto.

2. Nora habla en español con un amigo norteamericano de la clase de biología.

   Es falso. Nora tiene un amigo mexicano.

3. A Nora le gusta mucho su clase de español.

   Es cierto.

4. Nora es alta y tiene el pelo negro.

   Es falso. Nora es de estatura mediana y tiene pelo castaño.

Un paso más... ¡a escribir!

Describa a su mejor amigo/a en una hoja de papel aparte. Use estas preguntas como guía: ¿Cómo se llama su amigo/a? ¿Cuándo nació? ¿Qué edad tiene? ¿Cuáles son sus características físicas? ¿Qué les gusta hacer a ustedes cuando están juntos?

Tengo muchos amigos. Mi mejor amiga se llama Danielle. nació en el 3 de octubre de 1987. Tiene 18 años. Ella es simpática y paciente. Tienen ojos azules y pelo rubio. Es baja y tiene pelo largo. Les gustan ir de compras, nadar en la piscina, y escuchar música.

Nombre _____ *mudianle* _____ Fecha _____ Clase _____

Los lugares y las actividades
Capítulo 3

(A)ctividades escritas ✏️

✳ Los lugares

Lea Gramática 3.1.

A. ¿Adónde va usted para hacer estas cosas?

> MODELO: ¿Adónde va usted para comprar comida? → *Voy al supermercado.*

¿Adónde va usted...

1. para comer? _Voy a la restaurante._
2. para nadar? _Voy a la ~~playa~~ piscina._
3. para estudiar? _Voy al dormitorio_
4. para comprar libros? _Voy a la tienda de libros_
5. para comprar papel y lápices? _Voy al supermercado._
6. para tomar el sol? _Voy a la playa._

B. ¿Qué hacemos en los siguientes lugares?

> MODELO: En la farmacia → En la farmacia *compramos medicinas.*

1. En un museo _en un museo_
2. En una zapatería _compramos zapatos_
3. En un almacén _compramos ropas._
4. En un lago _ir de pesca._
5. En una iglesia _rezamos._
6. En la biblioteca _leemos libros_

C. Lea este párrafo sobre San José, Costa Rica. Luego, en una hoja de papel aparte, escriba de 10 a 12 oraciones sobre los lugares y las atracciones turísticas en la ciudad donde usted vive.

MODELO: San José, la capital de Costa Rica, es una ciudad antigua que también tiene zonas modernas. Hay muchos museos; por ejemplo, el Museo de Jade y el Museo de Oro. Cerca de donde yo vivo está el Parque España, entre las Avenidas 7ª (séptima) y 3ª (tercera). El Correo Central, en la Calle 2ª (segunda), es un edificio viejo y elegante y adentro hay un pequeño café. Detrás del correo está el Banco Nacional de Costa Rica. La Plaza de la Cultura está entre las Avenidas 1ª (primera) y 2ª. Alrededor de la plaza hay muchas tiendas y pequeños restaurantes; allí también está el Teatro Nacional. A veces voy de compras en el Centro Comercial el Pueblo. Allí está uno de mis restaurantes favoritos, La Cocina de Leña. La universidad de Costa Rica está en San Pedro y los jueves hay conciertos en la Facultad de Bellas Artes. Me gusta mucho vivir en San José porque la ciudad está en el centro del país y es fácil llegar a muchos lugares bonitos. Las playas del Pacífico o del Atlántico están a dos o tres horas de la capital y a veces mis amigos y yo pasamos el fin de semana en la costa.

✳ Las actividades diarias

Lea Gramática 3.2–3.3.

D. Escriba las actividades de un día típico en su vida. Use verbos de esta lista: **asistir a, caminar, charlar, escribir, estudiar, explorar el Internet, hablar, hacer (la tarea), jugar, leer, llegar, manejar, planchar, regresar, salir, trabajar.** Recuerde que las formas que necesita usar son las formas que corresponden al pronombre **yo: asisto, charlo, escribo, hago,** etcétera.

MODELO: ¿A las cinco de la tarde? → *(Yo) Estudio en la biblioteca.*

1. ¿A las siete y media de la mañana? _Yo ~~duermo en~~ manejo en mi carro_
2. ¿A las nueve de la mañana? _Yo camino a la mi proxima clase._
3. ¿A mediodía? _Yo hablo con mis amigos_
4. ¿A las dos de la tarde? _Yo exploro el Internet_
5. ¿A las cuatro de la tarde? _Yo trabajo._
6. ¿A las seis y media de la tarde? _Yo hago mi tarea_
7. ¿A las ocho y media de la noche? _Yo leo el periódico_
8. ¿A las diez y cuarto de la noche? _Yo escribo mi tarea._
9. ¿A medianoche? _Yo salgo._

E. Suponga que usted va a compartir una habitación en la residencia estudiantil con otro/a estudiante. Usted quiere saber si van a tener conflictos o no. Escriba cinco preguntas (o más) sobre las actividades diarias o hábitos. Use verbos como **almorzar, bailar, beber, charlar, comer, dar fiestas, desayunar, divertirse, dormir, escuchar, fumar, hablar, hacer ejercicio, invitar, jugar, lavar, limpiar, leer, levantar pesas, llegar, recibir, recoger, regresar, salir, tocar (el piano, etcétera), trabajar, usar, ver la televisión.** Recuerde: Las formas corresponden al pronombre **tú**: almuerz**as**, charl**as**, com**es**, sal**es**, etcétera.

MODELO: ¿Lees? ¿Lees mucho o poco? ¿Te gusta leer en tu casa, en la biblioteca o afuera?

1. ¿Bailas? ¿Bailas mucho o poco? ¿Te gusta bailar en tu casa, o en el club?

2. ¿Comes? ¿Come mucho o poco? ¿Te gusta comer en un restaurante o con tus amigos?

3. ¿Duermes? ¿Duermes mucho o poco? ¿Te gusta duerme en su casa o carro?

4. ¿Ves la ~~televisi~~ televisión? ¿Ves mucho o poco? ¿Te gusta ves en tu casa o una amigas?

5. ¿Trabajas? ¿Trabajas mucho o poco? ¿Dónde trabajas?

F. Lea este párrafo sobre la rutina de Raúl Saucedo. En una hoja de papel aparte, escriba de 10 a 12 oraciones sobre su propia (*own*) rutina los sábados.

MODELO: Soy estudiante de primer año en la Universidad de Texas en San Antonio y vivo en una residencia estudiantil de la universidad. Todos los días me levanto muy temprano y asisto a clases. Los sábados mi rutina es diferente. Los sábados me levanto un poco más tarde. ¡Cómo me gusta dormir hasta las nueve! Me ducho rápido porque a las nueve y media desayuno en un restaurante con varios amigos. Siempre desayuno huevos fritos con tocino y pan tostado. Después regreso a la residencia y estudio varias horas. A la 1:00 almuerzo en la cafetería de la residencia. Me gusta comer una hamburguesa o tacos y un refresco. Vuelvo a la residencia y estudio un poco más o juego videojuegos. A las cuatro, corro o nado por una hora y después me ducho y descanso. A las seis de la tarde ya estoy listo para salir con mis amigos. Nos gusta ir al cine o al teatro o a alguna discoteca para bailar. Después siempre comemos algo en algún restaurante en el centro de San Antonio. Vuelvo a casa a las 2:00 de la mañana y me acuesto inmediatamente.

✳ Las tres comidas

Lea Gramática 3.4.

G. Complete el cuadro con las comidas (carnes, papas fritas, legumbres, etcétera) que le gustan y con las que detesta (no le gustan).

ME ENCANTAN Y LAS COMO CON FRECUENCIA.	LAS DETESTO Y NUNCA LAS COMO.
1. *papas fritas*	1. *queso*
2. *pan*	2. *jamón*
3. *arroz*	3. *sopa*
4. *pollo*	4. *pesca*

H. Cambie las siguientes oraciones por preguntas.

MODELO: El desayuno en España es ligero. → *¿Es ligero el desayuno en España?*

1. El restaurante español está cerca.

   ¿Está cerca el restaurante español?

2. La comida mexicana es muy sabrosa.

   ¿Es sabrosa la comida mexicana?

3. Tu hermano prefiere la comida vegetariana.

   ¿Prefiere tu hermano la comida vegetariana?

4. La profesora desayuna pan tostado y té.

   ¿Desayuna pan tostado y té la profesora?

5. Ellos comen carne.

   ¿Comen carne ellos?

6. Los niños necesitan tomar leche.

   ¿~~nos~~ necesitan tomar leche los niños?

✳ ¿De dónde es usted?

Lea Gramática 3.5.

I. Complete las siguientes oraciones con la nacionalidad correcta. Use los mapas al comienzo (*beginning*) y al final del libro de texto.

MODELO: Ricardo Sícora es de Caracas, es *venezolano*.

c.

Old Ellicott City, una historia de Ellicott City, es una ciudad antigua que también tiene zonas modernas. Hay mucho tiendas, por ejemplo, el la tienda de regalos. Cerca de donde yo vivo está el po Ellicott City, en calle Rogers Avenue. El correo Central, en la calle segunda, es un edificio viejo y elegante y adentro hay un pequeño cafe. Detrás del correo esta el la tienda de ropa y zapatería. A veces voy de compras en el Old Ellicott City. Allí está uno de mis restaurantes favoritos, Popeyes. La universidad de HCC está en Columbia, muy muy cerca de Old Ellicot City. Me gusta mucho vivir en Ellicott City porque hay te mucho tiene tiendas de ropas. También mi familia le gusta vivir aquí ta

F. Soy estudiante de primer año en la universidad de Towson en Baltimore y vivo con mis padres. Los sabados mi retina es diferente. Los sábados me levanto un poco tarde. ¡Cómo me gusta dormir hasta las doce! Primero yo d me ducho y entonces a las doce y media, yo como almuerzo. Como almuerzo como con mis amigos en el el centro comerci omercial. Segundo, yo voy de compras con mis amigas. y Hasta la Después de compras, voy a la mi amigas casa y hago la tarea. Me gusta ver la televisión en su casa. Después de yo salgo a las diez y duermo mucho temprano.

J, Mi amiga se llama Danielle Lin. Es chino, de la China, pero ahora es ciudadana estadounidense. Tiene dieciocho años. Ella y sus padres viven en Oregon. No tiene hermanos, es un hya ~~sino~~ unica. Es ~~alto~~ soltera y no tiene hijos. Es un estudiante de Universidad de Oregon. Los fines de semana ~~le gusta~~ ver la televisión y hablar ~~como es~~ con sus amigos.

1. Armando Pinillos López es de Lima, es _____*peruano*_____
2. Juan Llorens Munguía es de Barcelona, es _____*español*_____
3. Patricia Quiñones Romo es de La Paz, es _____*bolivana*_____
4. Margarita Acosta García es de Quito, es _____*Ecudariana*_____
5. Rodrigo Lara Bonilla es de Bogotá, es _____*Colobram* *colombiano*_____
6. Cristina García Quijano es de Buenos Aires, es _____*Argentina*_____
7. Miguel Luis Peyro Carrillo es de Acapulco, es _____*mexicano*_____
8. Luz Marina Mora Sánchez es de San José, es _____*costaricanese*_____

J. ¿Conoce usted a algunas personas de otros países? Lea el modelo y luego, en una hoja de papel aparte, escriba de 10 a 12 oraciones sobre dos de sus amigos extranjeros. Incluya, por lo menos, la siguiente información básica sobre cada persona: ¿Cómo se llama la persona? ¿Cuántos años tiene? ¿De dónde es? (ciudad, país) ¿Dónde vive él/ella ahora? ¿Dónde vive su familia? ¿Qué estudia esa persona? ¿Es casado/a o soltero/a? ¿Tiene hijos? ¿Qué le gusta hacer?

MODELO: Mi amiga se llama María Elena Pizano. Es boliviana, de La Paz, pero ahora es ciudadana estadounidense. Tiene veinte años. Ella y sus padres viven en San Francisco. Sus hermanos viven en Bolivia. Es soltera y no tiene hijos. No estudia; trabaja en un almacén. Los fines de semana le gusta jugar al tenis con sus amigos y salir a bailar con su novio Gerardo. También le gusta salir a cenar o ir a algún concierto.

▶ REPASO DE PALABRAS Y FRASES ÚTILES

Use algunas de estas palabras y expresiones para completar correctamente lo que dicen las personas que aparecen en cada situación. Consulte las expresiones de cortesía al comienzo del libro de texto.

A dónde va	De nada	Lo siento
De acuerdo	De veras	

1.

2.

(Continúa.)

3.

Resumen cultural

Llene los espacios en blanco con uno de estos nombres, palabras o frases.

Arizona	estado libre asociado	Nueva Jersey	territorio
Barcelona	Florida	Nuevo México	Texas
Cabeza de Vaca	Antoni Gaudí	Edward James Olmos	la Universidad de
César Chávez	Granada	país latinoamericano	Barcelona
Sandra Cisneros	la Iglesia de la	el Parque Güell	Venezuela
Colombia	Sagrada Familia	Pablo Picasso	Verdadismo
Colorado	John Leguizamo	*Stand and Deliver*	*Zoot Suit*
Cortés	Managua	Alfonsina Storni	30.000
Ecuador	Soraida Martínez	Tegucigalpa	30.000.000

1. _Antoni Gaudí_ es un famoso arquitecto español.

2. ¿Cómo se llama el estilo de arte abstracto con comentario social? _Verdadismo_

   ¿Quién es la creadora de este estilo de arte? _soraida martínez_

3. Los mexicoamericanos viven principalmente en los estados de California, _Arizona_, _Colorado_, ~~New~~ _Nuevo_ y _Mexico_ _Texas_.

4. Muchos cubanos viven en los estados de California, _Florida_ y _Nuevo Jersey_.

5. Hay más de _30,000,000_ de hispanos que residen en los Estados Unidos.

6. _La Iglesia de Sagrada Familia_ y _el Parque Güell_, diseñados por Antoni Gaudí, están en la ciudad española de _Barcelona_.

7. _Sandra Cisneros_ es la autora de *The House on Mango Street*.

8. John Leguizamo y Shakira Mebarak son de _Colombia_.

9. La capital de Nicaragua es ___Managua___.

10. Quito es la capital de ___Ecuador___.

11. ___César Chávez___ funda la organización United Farmworkers en California.

12. Puerto Rico es un ___estado libre asociado___.

13. ___Cabeza de Vaca___ es el primer explorador español en el territorio de los Estados Unidos.

14. ___Alfonsina Storni___ es una famosa poeta argentina.

Actividades auditivas

✳ **Los amigos animados**

A. El Club Pacífico

Un anuncio del Club Pacífico en KSUN, Radio Sol de California.

❖   ❖   ❖

¿Qué actividades son mencionadas en el anuncio sobre el Club Pacífico?

1. ✓ nadar y montar a caballo

2. _____ jugar al fútbol

3. ✓ hacer ejercicio en el club

4. _____ leer una novela popular

5. ✓ correr o descansar en el parque

6. _____ practicar deportes

B. El tiempo en México y en Buenos Aires

Adriana Bolini es argentina y viaja mucho
por su trabajo. Ahora está en la Ciudad
de México y conversa con un amigo.

Complete la información sobre el tiempo.

	BUENOS AIRES		MÉXICO
✓ En enero	*hace buen tiempo* hace calor hace sol	✓	hace frío
✓ En julio	llueve hace frío	✓	~~He~~ llueve

✳ Los lugares

C. Guillermo, el desorganizado

VOCABULARIO ÚTIL

le ayuda	(she) helps him
tengo que	I have to
¡Caray!	Darn! Oh brother! (expression of disgust or impatience)
las mañanas	mornings

Es hora de ir a al escuela. Guillermo, el hermano
de Amanda, no sabe dónde están sus cosas.
Amanda le ayuda.

¿Dónde están las cosas de Guillermo? Empareje correctamente.

✓1. Los cuadernos __d__.
✓2. Los libros __f__.
✓3. La chaqueta __a__.
✓4. Los zapatos negros __c__.

a. está detrás de la puerta
b. están en la biblioteca
c. están en sus pies
d. están encima de la mesa
e. están al lado izquierdo de la puerta
f. están debajo de la silla

D. ¿Dónde está la Facultad de Ciencias?

VOCABULARIO ÚTIL

¿Me puedes decir… ?   *Can you tell me . . . ?*
Por supuesto   *Of course*
las canchas de tenis   *tennis courts*
el Centro Universitario *University Center*

Es el primer día de clases y Raúl le pide instrucciones a Nora. Los dos conversan en la plaza central.

❖ ❖ ❖

¿Dónde están estos edificios en la Universidad de Texas en San Antonio?

✓1. La Facultad de Ciencias está _enfrente de la plaza central_
✓2. La Facultad de Ingeniería está _detrás del edificio de ciencias_
✓3. Los laboratorios de Ciencias están _en la Facultad de Ciencias Naturales_
✓4. Las canchas de tenis están _enfrente del gimnasio_
✓5. La parada de autobuses está _cerca de la Facultad de Ingeniera, en la avenida Ximenes, enfrente del central universitario_

E. El permiso

VOCABULARIO ÚTIL

el permiso   *permission*
la tienda de videos   *video store*
la acción   *action*

Amanda está en el colegio y quiere ir al centro. Llama a su mamá para pedirle permiso.

❖ ❖ ❖

(Continúa.)

Llene los espacios en blanco con la información necesaria.

GUILLERMO DICE	AMANDA DICE
Residencia _de la familía_ [1] Saucedo.	Quiero hablar con mamá.
Mamá _está_ _en_ [2] el mercado.	Mamá no _va_ _al_ [3] mercado los viernes.
¿Tienes un problema?	_Voy_ a _ir_ [4] de compras y necesito permiso.
¿Qué _vas_ _a_ [5] comprar?	Voy _a comprar_ [6] una película en la tienda de videos.

✳ Las actividades diarias

F. Un fin de semana ideal

VOCABULARIO ÚTIL

los dulces   *candy*
¡Bah!   *Oh! (expression of disgust)*
Paso   *I spend*
los videojuegos *video games*
Duermo   *I sleep*

Es viernes y Amanda conversa con sus dos hermanos, Guillermo y Ernestito, después de la cena.

¿A quién se refieren las siguientes actividades ideales, a Amanda (**A**), a Guillermo (**G**) o a Ernestito (**E**)?

1. _E_ Come dulces todo el día.

2. _G_ Pasa el día en el centro de videojuegos.

3. _E_ Juega con su perro, Lobo.

4. _A_ Duerme hasta muy tarde.

5. _E_ Anda en patineta.

6. _E_ Mira la televisión.

7. _A_ Lee una novela.

✳ Las tres comidas

G. ¿Qué te gusta desayunar?

VOCABULARIO ÚTIL

rico	*delicious*
calcio	*calcium*
Que les vaya bien	*Have a good day*
la comida chatarra	*junk food*

Son las siete de la mañana y los niños Saucedo
desayunan con su madre, Estela.

❖ ❖ ❖

Conteste correctamente.

1. ¿Por qué dicen «gracias» los chicos?

   Por el desayuna

2. ¿Qué es lo que no le gusta a Ernestito?

   la leche

3. ¿Qué no quiere comer Ernestito?

   la fruta

4. ¿Cuáles son dos cosas que a Ernestito le gusta desayunar?

   pastel con ~~he~~ helado, papas fritas

5. Según la mamá, ¿cuál es la comida más importante del día?

   el desayuno

✳ ¿De dónde es usted?

H. La fiesta de Pilar

VOCABULARIO ÚTIL

te presento	*I'll introduce you to*
Encantada	*Very pleased to meet you*
¡Bienvenida!	*Welcome!*
Es un placer	*It's a pleasure*
tejana	*Texan*

Ciudades mencionadas

Managua, Nicaragua
San Antonio, Texas
Madrid, España
Valparaíso, Chile
La Habana, Cuba

(*Continúa.*)

Clara Martin está en una fiesta en Madrid, en casa de Pilar Álvarez, su amiga madrileña. Hay estudiantes de varios países en la fiesta.

¿De dónde son los estudiantes que Clara conoce en la fiesta?

		CIUDAD	PAÍS
✓	1. David Fuentes	Managua	Nicaragua
✓	2. José Estrada	Madrid	España
✓	3. María Luisa Correa	Valparaíso	chile
✓	4. Ester Fernández	La Habana	Cuba

✳ ¡A repasar!

I. Raúl conoce a los estudiantes de la profesora Martínez.

VOCABULARIO ÚTIL

la pareja	partner
tampoco	neither

Raúl llama a su nueva amiga, Nora, y la invita a jugar al tenis. En las canchas, Raúl conoce a los amigos de Nora.

❖ ❖ ❖

✓ 1. ¿Qué estudia Raúl? __Ingeniera__

2. ¿Qué estudia Nora? __historia__

3. ¿Qué va a hacer Nora mañana a las 11:00? __Va a al jugar al tenis__

4. ¿Qué van a hacer ella y sus amigos después? __Van a almorzar__

5. ¿Dónde van a jugar al tenis? __En la canchas__

6. ¿Dónde van a almorzar? __En el taco El Taco Feliz__

Pronunciación y ortografía

✳ Ejercicios de pronunciación

I. PRONUNCIACIÓN: THE SILENT h

The letter **h** is never pronounced in Spanish.

A. Listen and then pronounce the following words that are written with the letter **h.**

hable, hombros, hombre, hola, hasta luego, hermano, hijo, hispano, hace, ahora

B. Listen and then pronounce the following sentences. Be sure not to pronounce the letter **h.**

1. ¿Qué hora es?
2. Los hombros del hombre son muy grandes.
3. Tengo tres hermanos; no tengo hijos.
4. —Hablo con usted mañana.
   —Hasta luego.
5. Hace mal tiempo ahora.

II. PRONUNCIACIÓN: b, v

The letters **b** and **v** are pronounced exactly the same in Spanish. Usually the lips are close together, but they are not completely closed. There is no equivalent sound in English, because English *b* is pronounced with the lips completely closed and English *v* is pronounced with the upper teeth on the lower lip.

A. Listen and then pronounce the following words, concentrating on producing an identical soft **b** sound for both **b** and **v.**

abuela, novio, favorito, avenida, debajo, febrero, cabeza, nuevo, lleva, corbata, automóvil

When preceded by the letters **m** or **n,** both **b** and **v** are pronounced hard as the English letter *b*, as in *boy.*

B. Listen and then pronounce the following words. Concentrate on producing a hard **b** sound for both **b** and **v.**

invierno, hombros, hombre, sombrero

C. Concentrate on the correct pronunciation of the letters **b** and **v** as you listen and then pronounce the following sentences.

1. El hombre lleva sombrero.
2. No hablen; escriban en sus cuadernos.
3. Yo nací en febrero y mi novio nació en noviembre.
4. Mi abuelo lleva corbata.
5. El automóvil nuevo está en la novena avenida.
6. Mi clase favorita es biología.
7. En el invierno llevo abrigo.
8. El libro está debajo del pupitre.
9. La primavera es mi estación favorita.
10. La estudiante nueva no habla bien el español.

✳ Ejercicios de ortografía

I. THE SILENT h

The letter **h** is silent in Spanish. If a word is spelled with an **h**, however, you must remember to write it, even though you do not hear it.

Listen and write the following words and phrases.

1. hablan
2. nombres
3. hola
4. hasta luego
5. ahora
6. hermano
7. honduras
8. hace buen tiempo
9. historia
10. hospital

II. WRITING b, v

The spelling of words written with a **b** or a **v** must be memorized, since there is no difference in pronunciation.

Listen and write the words you hear, using **b** or **v**.

1. abuela
2. cabeza
3. nuevo
4. febrero
5. novio
6. abril
7. primavera
8. habla
9. llevo
10. libro

III. WORD STRESS

If a word ends in a consonant (except **n** or **s**), it is normally stressed on the last syllable. For example: **hospital, universidad.** If the word ends in a consonant and is not stressed on the last syllable, an accent mark must be written on the stressed syllable.

Listen and write the words you hear. All must be written with an accent mark.

1. suéter
2. lápiz
3. fácil
4. difícil
5. fútbol

ideoteca 📼

✳ Los amigos animados

Vea la sección **Los amigos animados** de las **Actividades auditivas** para hacer la actividad correspondiente.

✳ Escenas culturales

los Estados Unidos

VOCABULARIO ÚTIL

la diversidad	*diversity*
la población	*population*
compuesto/a de	*made up of*
el lugar	*place*
el crecimiento	*growth*
las costumbres	*customs*
el mosaico de razas	*mosaic of races*

(Continúa.)

Lea estas preguntas y luego vea el video para contestarlas.

1. La población de los Estados Unidos está compuesta de _____.

   a. inmigrantes de Inglaterra, Alemania, Italia e Irlanda

   b. inmigrantes de América Latina

   c. inmigrantes de muchas partes del mundo

2. La influencia de la población hispana es evidente en _____.

   a. el norte del país

   b. la comida, el arte y las costumbres

   c. la arquitectura colonial

✳ Escenas en contexto

Sinopsis

Juan Carlos y Eduardo hablan antes de su clase.

VOCABULARIO ÚTIL

el grupo	(*musical*) *group*
con frecuencia	*frequently*
¡qué bacán!	*cool!*
Oye…	*Hey . . .*

Lea estas preguntas y luego vea el video para contestarlas.

A. ¿Cierto (**C**) o falso (**F**)?

1. _____ Juan Carlos y Eduardo hablan antes de su clase de sociología.

2. _____ Son las once de la mañana.

3. _____ Juan Carlos y Eduardo tienen la misma clase de sociología.

4. _____ A Juan Carlos le gusta mucho la música jazz.

5. _____ Eduardo trabaja en un restaurante mexicano.

B. Complete con la información correcta.

1. Juan Carlos y Eduardo hablan antes de su clase de _____.

2. El apellido de Juan Carlos es _____ y el de Eduardo es

   _____.

3. La clase de sociología es a _____.

4. Eduardo trabaja en _____.

5. Este fin de semana, Juan Carlos va a _____.

Lecturas

La variedad musical

PISTAS PARA LEER

Here is a look at the world of Hispanic music, with emphasis on some of its popular artists. Scan the text for their names. Are you familiar with any of these people? Read the text a second time, focusing on the impact of Hispanic music in the United States.

VOCABULARIO ÚTIL

el éxito	*hit*
bailable	*dance (song or music)*
indígena	*native, indigenous*
el nivel	*level*
el papel estelar	*starring role (in a movie)*
el suceso	*event, development*

Lila Downs en concierto

La música hispana es muy variada. Los **éxitos** del momento se escuchan en todas partes: números **bailables,** canciones románticas, ritmos de rock. Pero la música folclórica también se escucha con entusiasmo. Hay países, como Bolivia y Perú, que tienen una tradición **indígena** muy rica. Estos países producen varios tipos de música con instrumentos nativos. Los ritmos tradicionales de origen africano, como la salsa de Puerto Rico y la bachata de la República Dominicana, también son muy populares en todo el mundo hispano.

Hoy en día la música latina está teniendo impacto en los Estados Unidos y a **nivel** internacional. Hay cantantes de mucho éxito, como el puertorriqueño Marc Anthony y la colombiana Shakira. Marc Anthony se conoce especialmente por sus canciones de salsa. Y Shakira es una joven que escribe canciones poéticas con ritmo de rock. Una de las cantantes más famosas es Christina Aguilera, quien se distingue por su potente voz. Entre las más versátiles está Lila Downs, con un repertorio muy rico que incluye música tradicional mexicana. Lila canta dos hermosas canciones en la popular película *Frida* (2002).

Estos artistas cantan en inglés y en español, y varios, como Shakira y Marc Anthony, representan bien el fenómeno cultural llamado *crossover*. Pero no sólo los artistas jóvenes reciben el aplauso entusiasta del público estadounidense. Hay músicos mayores muy famosos en este país y en todo el mundo. Entre ellos está la cubana Celia Cruz, con sus canciones bailables y un **papel estelar** en la película *Mambo Kings* (1992). De Cuba también son Omara Portuondo e Ibrahim Ferrer, cantantes del aclamado film y disco *The Buena Vista Social Club* (1999).

(Continúa.)

La presencia musical hispana en los Estados Unidos no es un **suceso** reciente. Ya en los años 20 del siglo pasado se pone muy de moda aquí el tango argentino. Luego los estilos hispanos aparecen en las películas musicales de Hollywood y en las obras de teatro de Broadway. Por último, en los años 40 y 50 hay una explosión de música latina en Nueva York, con influencia puertorriqueña y cubana. Lo que sí podemos decir es que hoy en día muchos cantantes y músicos hispanos están en el *mainstream* de la sociedad norteamericana. Y su música se caracteriza por su gran variedad.

Comprensión

Identifique.

1. _a_ salsa
2. _c_ Marc Anthony
3. _d_ tango
4. _f_ Shakira
5. _b_ instrumentos nativos
6. _g_ bachata
7. _h_ *Buena Vista Social Club*
8. _e_ Bolivia y Perú
9. _j_ Lila Downs
10. _k_ cantantes de *crossover*

a. música bailable del Caribe
b. se usan para interpretar la música folclórica
c. cantante puertorriqueño
d. música de moda en los Estados Unidos en los años 20
e. países de rica tradición musical indígena
f. cantante colombiana muy famosa
g. música tradicional de la República Dominicana
h. un film y un disco muy popular de música tradicional cubana
i. canciones de rock muy populares
j. cantante muy versátil que canta en una película popular
k. cantantes hispanos que son famosos en la sociedad estadounidense

Un paso más... ¡a escribir!

¿Qué tipo de música le gusta escuchar a usted? Primero, marque sus preferencias. Luego entreviste a un compañero o a una compañera de clase para saber qué tipo de música escucha. Entonces escriba una composición de dos párrafos titulada «La música favorita de (*nombre*)».

TIPO DE MÚSICA	ME GUSTA MUCHO	UN POCO	NO ME GUSTA
clásica		✓	
jazz			✓
rock		✓	
rap		✓	
hip-hop		✓	
folclórica		✓	
popular		✓	
otro tipo de música		✓	

 **LECTURA** # Los amigos hispanos: Adela Martínez, profe de español

 PISTAS PARA LEER

Professor Martínez was born in San Antonio, Texas. Here she describes her favorite activities and her summer courses. As you read, visualize her favorite activities and the places she describes.

VOCABULARIO ÚTIL

tiene sentido	*it makes sense*
llegamos a conocernos	*we'll get to know each other*
De vez en cuando	*Once in a while*
me pone	*it makes me*
le hago la lucha	*I try (coll. Mex.)*
el descanso	*rest*
estadounidense	*U.S. citizen*
picante	*hot, spicy*
aburrirlos	*to bore you*

¿Tiene usted pasatiempos? ¿Qué actividades hace en su tiempo libre? ¡Ay, esas son preguntas de una clase de español! Claro, **tiene sentido,** pues soy «profe» de español. Pero no quiero hablarle de mi trabajo solamente. Mejor le cuento de mis pasatiempos y mis actividades. Así **llegamos a conocernos** un poquito mejor, ¿qué le parece?

Pues bien, uno de mis pasatiempos favoritos es conversar con los amigos en algún café o restaurante. Siempre discutimos una variedad de temas con entusiasmo, como la cultura hispana, la literatura, el cine y la política. **De vez en cuando** monto a caballo; es una actividad muy divertida. En mi tiempo libre también escucho música. Me gusta la música folclórica y la clásica.

¿Qué hace usted cuando está triste? ¡Ay, más preguntas! Soy una profesora muy típica, ¿verdad? Bueno, cuando yo estoy triste toco la guitarra. La guitarra siempre **me pone** contenta. A mis estudiantes les fascina escucharme cantar canciones tradicionales como «Cielito lindo». La verdad es que no canto muy bien, pero, como decimos los mexicanos, **le hago la lucha.** Y mis estudiantes piensan que soy una gran cantante. ¡Qué buenos chicos!

¿Qué le gusta hacer a usted durante los veranos? ¿Generalmente estudia? ¿Trabaja? ¿Viaja? Pues yo combino el trabajo con el **descanso** y la diversión. Durante los veranos doy cursos de español en la ciudad de Guanajuato, México. Guanajuato es la capital del estado del mismo nombre, que está en el centro del país. Es una ciudad pequeña, muy hermosa, de aspecto colonial y con una historia muy interesante. En Guanajuato es fácil llegar a todas partes y la gente es amable y amistosa. Es el sitio ideal para los cursos de verano, creo yo.[1]

(Continúa.)

---

[1]*Guanajuato is the capital city of the state of Guanajuato, located in a mountainous region in the central part of Mexico. It was in this state that the uprising for independence from Spain took place in 1810. The city, situated in a valley and on the slopes of two mountains, is known for its historical politics, colonial style, and beauty. Every year in the fall, Guanajuato attracts international tourists for the Festival Cervantino, the week-long theater festival that pays homage to Miguel de Cervantes. The city also houses the infamous mummies discovered around Guanajuato, displayed in the Panteón Museum.*

Estos cursos son muy estimulantes para mí, además, porque a mis clases llegan personas de diferentes países. Normalmente tengo estudiantes árabes, chinos, japoneses, franceses y un gran número de canadienses y **estadounidenses.** Juntos hacemos excursiones, salimos por la noche a bailar y visitamos los museos. A veces los invito a mi casa a comer algo sabroso y **picante.** ¡Cuánto les gusta hablar de México cuando me visitan!

Bueno, pero mejor no les hablo más de mí, que no quiero **aburrirlos...**

Comprensión

Complete los siguientes comentarios. Más de una respuesta puede ser correcta.

1. Cuando la profesora Martínez está triste...

   a. conversa con sus amigos en un café.

   b. toca la guitarra y canta.

   c. monta a caballo.

2. La profesora viaja a Guanajuato todos los veranos porque...

   a. enseña un curso de español en esa ciudad.

   b. sus padres viven en Guanajuato.

   c. no hay cursos de verano en otras ciudades.

3. A los estudiantes de la profesora Martínez les gusta escucharla cantar porque...

   a. ella tiene una voz fantástica, de soprano.

   b. ella sabe cantar canciones mexicanas muy bonitas.

   c. con la música ellos pueden comprender la cultura de México.

4. A la profesora le gusta tener tiempo libre porque...

   a. entonces sale a cenar con sus amigos.

   b. necesita escribir libros sobre política mexicana.

   c. detesta su trabajo.

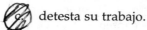 **Un paso más... ¡a escribir!**

Describa la ciudad donde usted nació o la ciudad donde vive ahora. ¿Es grande o pequeña? ¿Cómo se llama? ¿En qué estado del país está? Describa a la gente de su ciudad: ¿es amistosa, indiferente, alegre, amable? Termine su descripción con esta oración: **Mi ciudad es ideal para...**

capítulo 4

B. Él próximo día feriado es Easter. Primero
yo voy a la casa de mi abuela. Mi familia y yo
comemos mucho. ~~the~~ Mi hermana y yo vamos de
compras en el centro comercial. En su casa, hay
un ~~lake~~ lago muy pequeño y mi hermana y yo pescamos.
Me levanto muy tarde cuando yo estoy en su
casa. Mi mamá ayuda preparar una cena.
Mi ~~papa~~ padre va a visitar a un amigo. Mi
abuela da regalos para ~~mi~~ yo, y mi hermana y
mis primos. Mis primos son divertidos y perezosos.
Mis primos y yo les gusta jugar videojuegos y
ir de compras. En los domingos, mi familia
ir a la iglesia por la mañana y luego comemos
mucho. A veces dar una fiesta y invitar ~~mis~~ sus
amigos. También, nosotros ver la televisión
mucho cuando yo estoy en mi abuela's casa.
Cuando es tiempo para salir, nosotros salir a cenar
en un restaurante.

I Cuando tengo hambre, yo como con mis amigos.
Prefiero como pan y pollo. Me gusta comer
papas fritas. Cuando estoy alegre yo ir de compras
con mis amigos. Luego nosotros vamos a cenar.
Cuando estoy cansado, yo duermo mucho. Cuando
yo estoy aburrido, yo duermo o escucho música.
Prefiero ir de compras pero yo estoy cansado.
~~Cada~~ Cuando tengo frío, yo llevo mucho
ropas y correo a mi destinación. Prefiero
duermo y ver la televisión todo el día. Cuando hace
mucho calor, yo ir a la playa con mis amigos
o va a la mi casa de mi amiga. Cuando
tengo sed, yo bebo agua. Prefiero bebo refrescas.

La vida diaria y los días feriados

Capítulo 4

 Actividades escritas

✳ Los días feriados y las celebraciones

Lea Gramática 4.1–4.2.

A. ¿Qué actividades asocia usted con los días feriados?

1. En Navidad me gusta ~~claro~~ abrir los ~~e~~regalos .

2. Durante la Semana Santa quiero dormir el todo día .

3. El Día de la Madre voy a cenar en un restaurante .

4. El Día de la Independencia me gusta ver los Fireworks con mis amigos .

5. El día de mi cumpleaños prefiero ir al fiesta .

6. La noche del Año Nuevo me gusta ver la televisión .

7. En Nochebuena voy a al centro comercial con mis amigos .

8. El Día de los Enamorados quiero ir al parque con mis familia .

9. El Día de Acción de Gracias siempre me gusta jugar al futbol con ~~e~~ mis amigos .

10. El Día del Padre voy a cenar en un restaurante .

B. Escriba una composición de 12 a 15 oraciones sobre sus planes para el próximo día feriado. ¿Qué va a hacer? ¿Adónde quiere ir? ¿Con quién(es)? ¿Qué va a hacer allí? Use algunos de estos verbos: **acampar, cenar, dar una fiesta, descansar, esquiar, intercambiar regalos, invitar, ir a la iglesia, ir al cine, ir de compras, levantarse tarde, nadar, pescar, preparar una cena, ver los fuegos artificiales, ver un partido de fútbol, viajar, visitar a un amigo o una amiga.** Use una hoja de papel aparte.

✳ La rutina diaria

Lea Gramática 4.3–4.4.

C. Complete lógicamente los espacios en blanco con estos verbos: **bañarse, desayunar, despertarse, dormir, hablar, levantarse, preparar, salir, volver.** Puede usar los verbos más de una vez.

Soy Mónica. Vivo en casa con mis padres y asisto a la Universidad de Texas en San Antonio. Todos los días (yo) me ~~levanto~~ despierto (X)[1] a las seis de la mañana y luego me ✓levanto ✓[2]. Me ducho[3] con agua caliente y jabón. Mi mamá también se ✓levanta[4] a las seis de la mañana todos los días. Ella ✓prepara[5] el desayuno para toda la familia. Todos (nosotros) ✓desayunamos[6] a las siete. Después cada uno ✓sale[7] para el trabajo o para la escuela. A las tres de la tarde yo ✓salgo[8] de mis clases y ✓vuelvo[9] a casa. ✓Æ Duermo[10] un poco porque siempre estoy muy cansada. Después ✓hablo[11] con mi familia.

D. Escriba una composición de 12 a 15 oraciones sobre un lunes típico en su vida. Use una hoja de papel aparte. (Puede usar la composición de Mónica en la **Actividad C** como modelo.)

E. Narre lo que hacen estas personas. Use las siguientes palabras para expresar el orden de las actividades de cada persona: **primero, luego, después, mientras, antes** y **finalmente.**

MODELO: Alberto no puede despertarse. →

Primero se levanta. Luego bebe café. Después se ducha y finalmente se despierta.

✓ 1. Mónica va a la universidad.

Primero se viste. Luego, recoge sus libros y sale para la universidad. Finalmente se llega a su clase de español.

2. Luis quiere llegar a tiempo a clase.

Primero, Luis va al baño. Luego, él pregunta ¿Quien
esta en el baño? Después de pregunta, se afeita.
Finalmente se ducha.

3. La profesora Martínez va a salir.

Primero, la profesora Martinez lee el periodico y bebe
el café. Luego secepilla los dientes y se maquilla.
Finalmente ella pone el perfume.

F. Mire los dibujos y describa lo que hace Ernesto.

MODELO: Después de despertarse, Ernesto se levanta.

1. Después de __ducharse__,
   Ernesto se __seca con un toalla__

2. Antes de __afeitarse__,
   Ernesto se __cepilla__
   __los dientes__.

(Continúa.)

3. Son las 8:00 de la mañana. Después de _____desayunarse_____, Ernesto _____lee_____ el periódico.

4. Finalmente, Ernesto _____sale_____ después de _____ponerse_____ el sombrero.

5. Antes de _____trabajo_____, Ernesto _____bebe_____ café.

¡Mucho trabajo!

✳ Los estados físicos y anímicos

Lea Gramática 4.5.

G. Diga cómo está usted o qué tiene según la situación.

MODELO: Si no desayuno, a mediodía *tengo mucha hambre.*

1. Soy estudiante, tengo cinco clases, estoy casada y tengo tres hijos pequeños. _____Estoy cansada y tengo sueño_____

2. Si mi hijo maneja el coche sin permiso, _____estoy nervioso_____

3. Si escucho ruidos misteriosos a medianoche, _____tengo miedo_____

4. Voy a casarme con mi novio José Luis porque _____estoy enamorado con él_____

5. _____Tengo prisa_____ porque ya son las ocho menos diez y tengo clase de español a las ocho.

H. Diga cuál es su reacción cuando se encuentra en los siguientes estados físicos y mentales.

> MODELOS: ¿Qué hace usted cuando está triste? →
> *Cuando estoy triste escucho música.*
>
> ¿Qué hace usted cuando tiene prisa? →
> *Cuando tengo prisa manejo rápidamente.*

¿Qué hace usted cuando…

1. está aburrido/a? *cuando estoy aburrida de duermo*
2. está cansado/a? *cuando estoy cansada duermo*
3. está enojado/a? *cuando estoy enojada camino en el parque*
4. está alegre? *cuando estoy alegre voy al al centro comercia*
5. tiene sed? *cuando ~~estoy~~ tengo sed bebo agua.*
6. tiene sueño? *cuando ~~estoy~~ tengo sueño duermo.*
7. tiene frío? *cuando ~~estoy~~ tengo correo.*
8. tiene hambre? *cuando tengo hambre como.*

I. Todos tenemos días buenos y días malos. Escriba una composición de 12 a 15 oraciones sobre sus estados físicos y anímicos. ¿Qué hace usted cuando está contento/a? ¿Qué prefiere hacer cuando está alegre? Cuando tiene hambre, ¿qué prefiere comer? Y, ¿qué hace usted cuando está triste? ¿Prefiere estar solo/a? ¿Escucha música? ¿Habla con un amigo / una amiga o con un familiar? ¿Qué hace cuando está preocupado/a? Y cuando tiene sueño, ¿qué hace usted? Use una hoja de papel aparte.

Resumen cultural

Llene los espacios en blanco con uno de estos nombres, palabras o frases.

aztecas	disfraces	~~Inti Raymi~~	la salsa
~~el carnaval~~	~~las Fallas~~	~~José Martí~~	su santo
carrozas	las Fiestas de San	~~mayas~~	~~1821~~
~~la cumbia~~	Fermín	Octavio Paz	1910
~~el Día de los Reyes~~	~~la Guelaguetza~~	~~José Guadalupe~~	
Magos	incas	Posada	

1. El 6 de enero en muchos países hispanos se celebra *el Día de los Reyes Magos.*

2. En muchos países del Caribe y de América Central, *el carnaval* se celebra en febrero o marzo.

3. El 24 de junio en Perú se celebra la Fiesta del Sol, *Inti Raymi* .

4. En Oaxaca, México, cada julio se celebra *la Guelaguetza*, una fiesta de bailes y comida regionales.

(Continúa.)

5. Durante el carnaval mucha gente lleva ___disfraces___ y bailan y cantan en las calles.

6. ___La cumbia___ es la música típica de Colombia.

7. ___Jose Martí___ es un famoso poeta cubano, autor de *Versos sencillos*.

8. En la ciudad española de Valencia se celebra la fiesta de ___las fallas___, en la cual queman grandes esculturas de cartón y madera.

9. En muchos países hispanos las personas celebran su cumpleaños, pero también celebran el día de ___su santo___; si se llama José, celebra el día de San José, el 19 de marzo.

10. ___José Guadalupe Posada___ es un artista mexicano que se hace famoso por sus grabados de crítica social durante la dictadura de Porfirio Díaz.

11. Los quichés, cakchiqueles, mam y tz'utujiles son tribus de indígenas ___mayas___ que todavía habitan Guatemala.

12. Guatemala se independiza de España en el año ___1821___.

Actividades auditivas 🎧

✳ Los amigos animados

A. Carla llama a dos profesores.

Carla Espinosa necesita hablar de los exámenes finales con dos de sus profesores. Hoy, martes, los está llamando por teléfono.

❖   ❖   ❖

Escriba los días y las horas de consulta de los profesores.

		DÍAS	HORAS
✓1.	el profesor Rico	martes y jueves	1:00 – 2:45
✓2.	la profesora Lecuna	martes y	8:30 – 10:00
		miércoles	2:00 – 4:00

B. Silvia habla con un cliente.

Silvia Bustamante está trabajando en la
terminal de autobuses.

❖ ❖ ❖

Escriba la hora de salida de los autobuses que van a la ciudad de Tampico.

 El primero: ___8:15___ ✓ El segundo: ___11:20___ ✓ El último: ___5:30___

✳ Los días feriados y las celebraciones

C. El salón de fiestas Alegría

VOCABULARIO ÚTIL

imagínese	*imagine*
la boda	*wedding*
preocuparse	*to worry*
alquilar	*to rent*

Ahora en KSUN, Radio Sol, vamos a escuchar un
anuncio comercial del salón de fiestas Alegría.

❖ ❖ ❖

¿Qué ocasiones especiales se mencionan en el anuncio sobre el salón de fiestas Alegría?

a. _____ el Día del Padre

b. __✓__ el Día de la Madre

c. __✓__ el Año Nuevo

d. _____ la graduación

e. __✓__ la Navidad

f. _____ el Día de los Enamorados

g. __✓__ una boda

h. __✓__ un cumpleaños

D. Nada que celebrar

VOCABULARIO ÚTIL

el cuate	*pal (slang term for "very good friend," Mex.)*
Ah, ya	*I get it*
¡Anímate!	*Cheer up!*
el chaperón	*chaperone*

Diego Herrero, el hermano de Graciela, está jugando al básquetbol con su amigo Rafael. Los dos chicos son estudiantes en el Colegio Sagrado Corazón.

Escoja la respuesta más lógica.

1. Diego está triste porque…

   a. no tiene su tarea.

   b. no juega muy bien al básquetbol.

   c. no tiene novia y es el Día de los Enamorados.

2. Rafael dice que…

   a. las novias no son importantes.

   b. hay muchas muchachas en el colegio.

   c. Diego no necesita tener novia.

3. Rafael va a bailar en una discoteca con Graciela esta noche porque…

   a. es el cumpleaños de Graciela.

   b. es viernes.

   c. son novios.

4. Diego va a la discoteca también porque…

   a. Graciela necesita un chaperón.

   b. le gusta tomar cerveza.

   c. quiere bailar con Amanda.

✳ La rutina diaria

E. La solución perfecta

VOCABULARIO ÚTIL

a cinco cuadras	*five blocks away*
De ahora en adelante	*From now on*

La profesora Martínez conversa con Alberto sobre sus actividades de la mañana.

❖ ❖ ❖

¿Quién dice lo siguiente, la profesora Martínez (**P**), Alberto (**A**) o los compañeros de la clase de Alberto (**CC**)?

✓1. __P__ ¿Por qué siempre llega tarde a clase?

✓2. __A__ Vivo a cinco cuadras de la universidad.

✓3. __A__ En la mañana me ducho, me pongo la ropa, me peino, desayuno, me lavo los dientes.

✓4. __CC__ ¡Siempre tarde!

✓5. __P__ Usted duerme mucho.

✓6. __C__ Tengo la solución perfecta: de ahora en adelante usted va a despertarse a las seis y media.

✓7. __C__ ¡Qué temprano!

F. Una carta de Lola Batini

VOCABULARIO ÚTIL

la carta	*letter*
Por acá	*Here*
les enseño	*I teach them*
dar una vuelta	*to go for a walk*
	(or a ride)
el vecindario	*neighborhood*

Lola Batini es una maestra mexicana de 42 años que vive en la Ciudad de México. Ahora le está escribiendo una carta a Celia, una amiga que vive en Chicago. Escuchemos la carta.

❖ ❖ ❖

¿Cuándo hace doña Lola estas actividades? Complete las oraciones correctamente.

✓1. *En la mañana* ~~_____~~ les enseña a las niñas a leer.

✓2. *En la tarde* ~~_____~~ les enseña matemáticas, ciencias naturales, historia y geografía.

✓3. *Después del trabajo* ~~_____~~ va a su casa y descansa un poco.

✓4. *A las 10:30, más o menos* ~~_____~~ se acuesta.

✓5. *Los sábados y domingos* ~~_____~~ su rutina es diferente.

✳ Los estados físicos y anímicos

G. El examen de Pilar

VOCABULARIO ÚTIL

Para	*Stop*
Vale, vale	*OK, OK (Spain)*
perder el autobús	*to miss the bus*
si pierdes uno	*if you miss one*
buena suerte	*good luck*

José Estrada va caminando al Parque del Retiro[1] cuando ve a su novia, Pilar Álvarez. ¡Pilar va corriendo!

¿Cierto (**C**) o falso (**F**)?

✓1. F̶C̶ Pilar quiere desayunar con José hoy.

✓2. F El autobús pasa en diez minutos.

✓3. C Pilar está preocupada porque tiene un examen hoy.

✓4. F José corre porque él también va a tomar el autobús.

✓5. C José va a hacer ejercicio en el Parque del Retiro.

H. Madrid en un día

VOCABULARIO ÚTIL

A este paso	*At this pace (At this rate)*
disfrutar	*to enjoy*
el espíritu de aventura	*sense of adventure*
supongo	*I suppose*

Lugares mencionados

la Plaza de España	una plaza famosa que tiene un monumento dedicado a Miguel de Cervantes, el autor de *Don Quijote*
el Palacio Real	el palacio de los reyes de España

Es verano y Pedro y Andrea Ruiz están de vacaciones en España. Hoy están caminando por la Plaza de España en Madrid, para luego visitar el Palacio Real.

❖ ❖ ❖

---

[1]Parque… un parque muy grande en el centro de Madrid

¿Cierto (**C**) o falso (**F**)?

1. _C_ Los dos tienen calor porque hace calor.

2. _F_ Andrea quiere visitar más lugares turísticos.

3. _F_ Pedro tiene mucha hambre y prefiere comer en un restaurante elegante.

4. _C_ Andrea está cansada y quiere comer.

5. _C_ Pedro admite que es imposible ver Madrid en un día.

✳ ¡A repasar!

I. Fiestas y deportes

VOCABULARIO ÚTIL

la fiesta de quince años	*coming out party*
requieren	*they require*
el esfuerzo	*effort*
chistoso	*funny*

Es un día de primavera en la Ciudad de México. Don Anselmo, un señor de 75 años de edad, y su amigo don Eduardo, quien tiene 80 años, están conversando en el parque.

❖   ❖   ❖

Diga quién hace las siguientes actividades: don Eduardo, su esposa o don Anselmo.

1. _don Anselmo_ Se levanta temprano.

2. _don Anselmo_ Se acuesta tarde.

3. _don Eduardo_ Es mayor que su esposa.

4. _don Eduardo_ Baila menos que su esposo.

5. _su esposa_ No va a muchas fiestas pero practica deportes.

6. _don Anselmo_ Juega al dominó y a las cartas.

7. ?

$\textbf{P}$ronunciación y ortografía

✳ Ejercicios de pronunciación

I. PRONUNCIACIÓN: j, g

The letter **g** before the letters **e** and **i** and the letter **j** are pronounced the same in Spanish. They are very similar to the letter *h* in English. The pronunciation of the **g** and **j** sound varies somewhat in different parts of the Spanish-speaking world. In some countries, it is pronounced stronger, with more friction in the throat, than in others.

A. Listen and then pronounce the following words with the letters **g** (followed by **e** or **i**) and **j**.

> colegio, sociología, gimnasio, inteligente, generoso, ojos, joven, roja, viejo, bajo, anaranjado, traje, hijo, mujer, junio, ejercicios, dibujo

B. Listen and then pronounce the following sentences. Be sure to pronounce the **g** and **j** correctly.

1. El libro rojo es el libro de sociología.
2. El libro anaranjado es el libro de geografía.
3. ¿Tienes aquí tu traje de gimnasia?
4. Señora, su hijo tiene los ojos muy bonitos.
5. Ese joven es muy inteligente y le gusta jugar al tenis.

II. PRONUNCIACIÓN: y

In Spanish the letter **y** is pronounced like the Spanish vowel **i** if it appears at the end of a word. Otherwise it is pronounced the same as the Spanish letter **ll**.

A. Listen and then pronounce the following words, in which **y** is pronounced **i**.

> y, hay, soy, muy

B. Now listen and pronounce these words, in which **y** is pronounced like **ll**.

> playa, leyendo, mayo, yo, uruguayo

✳ Ejercicios de ortografía

I. THE LETTERS j AND g

The letter **g,** before the vowels **e** or **i,** and the letter **j** are pronounced the same.

Listen to these words and write them with the letter **g** or the letter **j**.

1. los ojos
2. geografía
3. joven
4. rojo
5. jugar

6. recoger
7. vieja
8. generalmente
9. anaréjando
10. bajo

11. _____gente_____   14. _____las hijas_____
12. _____el traje_____   15. _____jueves_____
13. _____generosa_____

II. THE LETTERS y AND ll

The letter **y** is pronounced similarly to the letter **ll: mayo, amarillo.** In the word **y** (*and*) it is pronounced as the vowel **i.** If it appears at the end of a word as in **voy, hoy,** it is also pronounced as **i,** but together in a diphthong with the preceding vowel.

Listen to the following words and write them with either **y** or **ll.**

1. _____yo_____   11. _____apellido_____
2. _____silla_____   12. _____mayo_____
3. _____voy_____   13. _____llueve_____
4. _____llorar_____   14. _____hoy_____
5. _____hay_____   15. _____estoy_____
6. _____llegar_____   16. _____calle_____
7. _____muy_____   17. _____millón_____
8. _____playa_____   18. _____leyendo_____
9. _____amarillo_____   19. _____soy_____
10. _____llamar_____   20. _____caballo_____

Videoteca

✳ **Los amigos animados**

Vea la sección **Los amigos animados** de las **Actividades auditivas** para hacer la actividad correspondiente.

(*Continúa.*)

✳ Escenas culturales

Guatemala

VOCABULARIO ÚTIL

hermoso/a	*beautiful*
las ruinas	*ruins*
la pirámide	*pyramid*
el templo	*temple*
la selva tropical	*rainforest*
el traje colorido	*colorful outfit*

Lea estas preguntas y luego vea el video para contestarlas.

1. Antigua fue la ciudad capital de Guatemala hasta _____.

   a. 1983   b. 1783   c. 1773

2. La ciudad de Tikal es famosa por sus ruinas de la cultura _____.

   a. maya   b. azteca   c. zapoteca

3. Los indios mayas-quichés se visten con trajes _____.

   a. que ellos fabrican

   b. que compran en el mercado

   c. de color gris: saco, pantalones y corbata

✳ Escenas en contexto

Sinopsis

Roberto habla con un empleado en una tienda de discos.

VOCABULARIO ÚTIL

¿En qué te puedo servir?	*How may I help you?*
devolver	*to return (an item)*
el recibo	*receipt*
reembolsar	*to reimburse*
¡Qué pena!	*That's too bad!*
fíjate	*"ya know," look*
el/la guitarrista	*guitarist*

Lea estas preguntas y luego vea el video para contestarlas.

A. ¿Cierto (**C**) o falso (**F**)?

1. _____ El disco fue (*was*) un regalo de Navidad.

2. _____ Roberto trae su recibo.

3. _____ Roberto quiere comprar el nuevo disco de Ragazzi.

4. _____ El nuevo disco de Ragazzi sale el viernes.

5. _____ Roberto decide comprar un disco de otro grupo, Maná.

B. Complete con la información correcta.

1. Roberto recibió el disco para _____.

2. El empleado no puede (*is not able*) devolverle el dinero porque Roberto _____.

3. Al final Roberto decide _____ y cambiar (*exchange*) su disco por el nuevo disco de Ragazzi.

 **L**ecturas

 LECTURA **Poesía: «Cinco de mayo»
por Francisco X. Alarcón**

Selección de su libro *Jitomates risueños* (1997)

PISTAS PARA LEER

Francisco X. Alarcón (1954) is a famous Chicano
poet and educator. In his poem "Cinco de
mayo," Alarcón describes an important Mexican
holiday that celebrates the victory of Mexico
against the French army in the city of Puebla, on
May 5, 1862.

VOCABULARIO ÚTIL

la batalla	*battle*
agitar banderas	*to wave flags*
un baile con piropos	*flirting dance*
la horchata	*cold drink made of almonds or rice*
las tostaditas	*corn chips*
un grito de alegría	*cry of joy*
ya mero	*almost*

El Cinco de mayo en Los Ángeles, California

Cinco de mayo

una **batalla**
en los libros
de historia

una fiesta
de música
y colores

una ocasión
para **agitar**
banderas

un baile
con piropos
y piñata

horchata
tostaditas
y guacamole

un mango
con chile
y limón

un grito
de alegría
y primavera

¡sí, **ya mero**
salimos
de vacaciones!

Comprensión

1. ¿A qué batalla se refiere el poeta en el primer verso?

   _____

2. ¿Qué comidas y bebidas se mencionan en el poema?

   _____

3. El cinco de mayo hay fiesta con baile. ¿Qué otras cosas hay? Mencione cuatro.

   _____

4. ¿Por qué dice el poeta que pronto salimos de vacaciones? ¿A qué vacaciones se refiere?

   _____

 Un paso más… ¡a escribir!

¿Le gustaría tener más días feriados durante el año? Invente uno para ponerlo en el calendario y descríbalo en uno o dos párrafos. ¿Cómo se llama el día? ¿En qué fecha se celebra? ¿Cuáles son las actividades típicas de ese día?

 # Los amigos hispanos: Las distracciones de Pilar

---

PISTAS PARA LEER

Pilar Álvarez Cárdenas is 22 and lives in Madrid, Spain. She studies graphic arts at the Universidad Complutense de Madrid. She also works part-time for the telephone company. Here Pilar describes herself. She says her life is typical. Do you agree? As you read, visualize the places she mentions.

VOCABULARIO ÚTIL

el diseño	*design*
el piso	*apartment (Spain)*
madura	*mature*
analizar	*to analyze*
el móvil	*cellular phone (Spain)*
doy un paseo	*I take a walk*
rodeadas	*surrounded*
el cortao	*espresso coffee with milk*
céntrico	*central (conveniently located)*

La Gran Vía en Madrid

(Continúa.)

¿Cómo es mi vida? Más o menos típica, pienso yo. Mis amigos dicen que soy una persona alegre. Me gustan las fiestas, el teatro, los museos y especialmente el cine. Por lo general estoy bastante ocupada estudiando o trabajando. Me siento contenta con mi carrera de **diseño** y artes gráficas. Creo que soy como muchas jóvenes españolas de hoy.

En Madrid vivo en un **piso** pequeño con mi hermana Gloria. Ella es tres años menor que yo, aunque es muy **madura** para su edad. En casa a veces la llamamos «Hermanita Mayor». Gloria estudia psicología y le gusta **analizar** a la gente. Es fácil ver a mi hermana por la calle con su **móvil** en mano. Así habla con sus amigas y amigos: ¡sus «pacientes»! Cuando Gloria analiza mi personalidad, la escucho con paciencia. La verdad, quiero mucho a mi hermana, pero debo admitir que no es fácil vivir con una psicóloga.

Nuestro piso está cerca del Parque del Retiro y del Museo del Prado.[1] Cuando no quiero estudiar más, **doy un paseo** por el Retiro. Ese parque enorme tiene muchos árboles y un hermoso lago. Es tan agradable caminar allí cuando hace sol. Y como vivimos **rodeadas** de cines, pues a veces me escapo a ver alguna película. Me gustan los documentales recientes de Estados Unidos y México, pero las películas que me encantan son las que cuentan historias humanas diferentes. Mi director español favorito es Almodóvar.[2] Siempre voy a ver sus nuevos filmes.

Cerca de nosotras hay también una discoteca muy buena. Los sábados por la noche bailo allí con mi novio y nuestros amigos. Y visito el Museo del Prado casi todos los domingos. Nunca me aburro de ver las obras de Goya y Velázquez, mis artistas preferidos. Después de ir al museo, paseo por la Gran Vía[3] y me tomo un **cortao** en algún café.

Mi hermana dice que vivimos en un lugar ideal porque todo está cerca y siempre hay algo que hacer. A mí también me gusta vivir en un sitio tan **céntrico.** Pero este piso tiene un problema para mí. ¡Es difícil estudiar aquí con tantas distracciones!

Comprensión

¿A quién se refiere cada descripción: a Pilar (**P**), a Gloria (**G**) o a las dos (**LD**)?

1. _____ Estudia psicología.

2. _____ Vive en un apartamento con su hermana.

3. _____ Le gusta analizar a la gente.

4. _____ Estudia diseño y artes gráficas.

5. _____ Vive cerca del Parque del Retiro y del Museo del Prado.

6. _____ Dice que viven en un lugar ideal.

7. _____ Le gusta caminar cuando hace sol.

8. _____ Es la hermana menor.

9. _____ Va a bailar a una discoteca los sábados por la noche.

10. _____ Le gustan los documentales y las películas de Almodóvar.

Un paso más… ¡a escribir!

Escriba una composición de dos o tres párrafos describiendo su vida como lo hace Pilar. Puede usar estas preguntas como guía: **¿Cómo es su personalidad? ¿Qué le gusta hacer en su tiempo libre? ¿Dónde vive? ¿Hay lugares interesantes cerca de donde usted vive?** Descríbalos.

---

[1]*The Museo del Prado houses approximately 3,000 paintings. The best of these represent artists from the 1500s, 1600s, and early 1800s. Paintings by El Greco, Diego Velázquez, and Francisco de Goya are the pride of the collection.*
[2]Pedro Almodóvar, director de *Todo sobre mi madre* (1999), *Hable con ella* (2003) y *La mala educación* (2004).
[3]La Gran Vía es una avenida en el centro de Madrid.

Las clases y el trabajo

Capítulo 5

(A)ctividades escritas ✏️

✳️ Las actividades en la clase de español

Lea Gramática 5.1.

A. Lea las oraciones y llene los espacios en blanco con los pronombres apropiados: **me, te, le, nos** o **les.**

MODELO:  Somos amigos: tú _**me**_ dices las respuestas de la tarea de matemáticas y yo _**te**_ digo las (respuestas) de la tarea de español, ¿vale?

1. Luis y yo tenemos una buena amiga en el banco. Ella _____ explica cuando tenemos problemas. Nosotros siempre _____ decimos «Gracias».

2. Para el Día de San Valentín, Esteban _____ escribió una tarjeta romántica a Nayeli, una nueva estudiante. Nayeli _____ escribió una carta larga a Esteban.

3. La profesora Martínez _____ pregunta a mí y a Mónica si queremos ir a Guanajuato con ella. Nosotros _____ contestamos: —Sí, sí, ¡por supuesto!

4. La profesora _____ hace la misma pregunta a Carmen y a Nora. Ellas también aceptan la invitación. _____ dicen: —¡Sí! ¡Gracias!

5. Esteban dice: —Hola, Luis. ¿_____ lees la carta de mi nueva amiga, Nayeli, por favor?

   Luis: —Sí, Esteban. Con mucho gusto _____ leo la carta si tú _____ dices qué tienes en esa caja.

B. Escoja el verbo apropiado para completar cada oración: **aprender, comprender, decir, empezar, enseñar, escribir, escuchar, explicar, hablar, hacer, hacer preguntas, preparar, recoger, terminar.** No olvide usar la forma correcta de cada verbo. Puede usar los verbos más de una vez.

1. En la clase la profesora _*habla*_____ y los estudiantes _*escuchan*_____.

2. Cuando yo no _____ algo, el profesor me _____.

3. Es necesario _____ el **Capítulo 4** hoy porque mañana vamos a _____ el **Capítulo 5.**

4. En la clase de español (yo) _____ a la profesora con cuidado y _*comprendo*_____ casi todo lo que ella _____.

5. Todas las tardes _____ mi tarea.

6. En clase, cuando los estudiantes no _____ la gramática o el vocabulario, ellos le _____ a la profesora.

7. El profesor _____ la clase todas las noches.

8. El profesor _____ la tarea de los estudiantes antes de empezar las actividades del día.

9. Cuando la profesora _____ el vocabulario nuevo en la pizarra, nosotros _____ las palabras en nuestros cuadernos.

10. Nosotros _____ mucho porque el profesor enseña muy bien.

C. Lea este párrafo sobre la clase de francés de Ángela Lucero. Luego escriba un párrafo de 12 a 15 oraciones sobre lo que usted hace durante su clase de español. Use una hoja de papel aparte.

MODELO: Mi clase de francés empieza a las 9:00 en punto. Unos minutos antes, yo saludo a mis compañeros. Luego escucho las explicaciones de la profesora. Ella dice en inglés: «*Class, today we are going to read. Miss Lucero, please, read . . .* » Oigo mi nombre, entonces abro el libro y leo en voz alta. Después la profesora dice: «*Let's answer the questions.*» Yo saco mi cuaderno y mi lápiz y escribo las respuestas. Algunas veces termino antes y hago la tarea de matemáticas o leo los mensajes de texto en mi celular. La profesora es simpática, pero la clase es muy aburrida y no aprendo mucho francés. Finalmente, cuando es hora de salir, le doy la tarea a la profesora, les digo adiós a mis amigos y salgo.

✳ Las habilidades

Lea Gramática 5.2.

D. Escriba oraciones sobre actividades que usted no sabe hacer pero que otras personas sí saben hacer. Piense en actividades como **cocinar, nadar, navegar por Internet, patinar en el hielo,** etcétera.

MODELOS: Yo no sé reparar carros, pero mi novio sí sabe.

Yo no sé hablar francés, pero mi amiga Nicole sí sabe.

1. _____

2. _____

3. _____

4. _____

5. _____

6. _____

E. Piense en cinco personas famosas y escriba una oración sobre cada una describiendo la actividad que sabe hacer muy bien.

MODELO: La argentina Gisela Dulko sabe jugar al tenis muy bien.

1. _____

2. _____

3. _____

4. _____

5. _____

F. ¿Puede(n) o no puede(n)? Escriba sí o no y por qué.

MODELO: ¿Puede usted ver la televisión y estudiar español a la vez (*at the same time*)? →
Sí, porque soy muy inteligente.

1. ¿Puede usted comer y hablar a la vez?

_____

2. ¿Puede un perro hablar inglés? ¿Y puede comprender inglés?

_____

3. ¿Puede usted escribir bien con la mano izquierda? [(No) Soy zurdo/a. = *I am (not) left-handed.*]

_____

4. ¿Pueden nadar los peces? ¿los pájaros (*birds*)?

_____

5. ¿Pueden los estudiantes dormir y aprender a la vez?

_____

✳ Las carreras y las actividades del trabajo

Repase Gramática 2.5 y lea Gramática 5.3–5.4.

G. Usted está en una fiesta y está identificando a varias personas que su amigo/a no conoce. Describa las actividades profesionales de esas personas.

> MODELO: Esas señoras que están allí son *enfermeras* y trabajan en el hospital San Martín.

1. Este señor que está aquí es _____. Examina a sus pacientes en su consultorio.

2. Estas señoras que están aquí son _____ bilingües y enseñan en una escuela en Buenos Aires.

3. Este señor que está aquí enfrente es _____. Trabaja en un taller de reparaciones que está al lado del parque.

4. Esta joven que está aquí detrás corta el pelo en la peluquería El Esplendor. Es

   _____.

5. Esos señores que están allí son _____. Están investigando la construcción de un puente como el Golden Gate de San Francisco.

6. Esa señorita que está allí trabaja de _____ en el Banco Nacional de México.

7. Esa joven alta que está allí es _____. Ayuda a sus clientes a administrar (*to manage*) el dinero.

8. Aquellas señoritas que están allá cerca de la puerta cantan en el Club de Catalina. Son

   _____.

9. Aquel señor que está allá es _____. Atiende mesas en el restaurante El Patio Andaluz.

10. Aquellos señores que están allá son _____. Investigan a las familias que maltratan a sus hijos.

H. ¿Qué están haciendo?

> MODELO: Es domingo y son las seis de la mañana. Usted está en su casa. ¿Qué está haciendo? →
> *Estoy durmiendo. ¡Es muy temprano!*

1. Es lunes y usted está en su trabajo. ¿Qué está haciendo?

   _____

2. Es martes. Son las seis de la tarde y usted está en la biblioteca. ¿Qué está haciendo?

   _____

3. Son las ocho de la noche. El cocinero está en el restaurante. ¿Qué está haciendo?

   _____

4. Es viernes por la tarde. Usted y su novio/a (esposo/a) están en el cine. ¿Qué están haciendo?

_____

5. Es jueves por la mañana y el médico está en el hospital. ¿Qué está haciendo?

_____

6. Es/Son la(s) _____ de la _____. Usted y su mejor

amigo/a están en _____. ¿Qué están haciendo?

_____

I. Escriba una composición de 12 a 15 oraciones sobre el trabajo que tiene actualmente (*currently*) o su trabajo ideal. ¿Qué tiene que hacer en su trabajo? ¿Cuáles son sus actividades allí? ¿A qué hora entra y a qué hora sale? ¿Es simpático su jefe/a? ¿Es bueno el sueldo? ¿Le gusta su trabajo? ¿Por qué? ¿Cuáles son los aspectos positivos de su trabajo? ¿y los negativos? Use una hoja de papel aparte.

✳ Las actividades futuras

Lea Gramática 5.5.

J. Termine esta nota con sus planes para su próximo cumpleaños. Use actividades como **desayunar, almorzar, ir al cine, pasear por la playa, salir a bailar, tener una fiesta,** etcétera. Luego puede darle la nota a su novio/a, a su esposo/a, a su mejor amigo/o o a sus padres.

Querido/a _____:

El (fecha) _____ es el día de mi cumpleaños.

Por la mañana tengo ganas de _____

_____

También me gustaría _____

_____

A mediodía pienso _____

_____

Por la tarde quiero _____

_____

Por la noche quisiera _____

_____

_____

(*su firma*)

K. Piense en su futuro. Escriba una composición de 12 a 15 oraciones sobre sus planes y deseos. ¿Qué va a hacer? ¿Qué le gustaría hacer después de graduarse? ¿Tiene ganas de descansar unos meses o piensa buscar empleo inmediatamente? ¿Quisiera viajar? ¿Adónde? ¿Le gustaría mudarse (*to move*) a otra ciudad / otro estado? ¿Qué otras cosas piensa hacer? Si usted ya se graduó (*graduated*), hable de sus planes para después de casarse (*getting married*) o jubilarse (*retiring*). Use una hoja de papel aparte.

L. Narre las actividades de estas personas usando los verbos que aparecen después del título. Use también **primero, después, luego, más tarde, finalmente.** Al terminar, describa qué le gustaría hacer a cada persona.

> MODELO: El coche de Alberto es viejo. (**hablar, irse, llevar, pagar, reparar, revisar**)

Alberto lleva su carro al taller de mecánica. Primero, Alberto habla con el mecánico. Luego, el mecánico revisa el carro y habla con Alberto sobre los problemas y cuánto cuesta el servicio. Después, el mecánico repara el carro. Más tarde, Alberto le paga a la cajera pero,... ¡le gustaría irse sin pagar!

1. La profesora Martínez regresa del trabajo. (**acostarse, beber, cenar, llegar, preparar, tener sueño**)

_____

_____

_____

2. La terapeuta atiende al paciente. (**ayudar, dar masaje, examinar, jugar/divertirse, traer**)

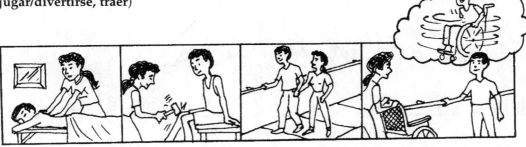

_____

_____

_____

3. Esteban trabaja en un restaurante. (**atender, invitarla, limpiar, recoger, servir**)

_____

_____

_____

4. La doctora Hernández está muy cansada. (**dormir, examinar, hablar, leer, llegar, operar**)

_____

_____

_____

(*Continúa.*)

5. Un buen abogado trabaja mucho. (**defender, entrar, hablar/consultar con, jugar, pagar**)

_____

_____

_____

(R)esumen cultural

Complete con la información cultural del **Capítulo 5.**

1. ¿Cómo se llama el héroe nacional que proclama la independencia de Venezuela en 1811?

   _____

2. ¿Qué quiere decir este gesto? _____

3. ¿Cómo se dice @ en español? _____

4. ¿Qué quiere decir este gesto? _____

5. ¿Qué tribu principal de indígenas habita Venezuela cuando llega Cristóbal Colón?

   _____

6. ¿Cómo se llama el famoso pintor venezolano que pinta murales de contenido social y de

   protesta? _____

7. ¿Qué quiere decir este gesto? _____

8. ¿Cómo se dice _link_ en español? _____

9.   Nombre cuatro palabras del inglés que se usan en el español.

_____

10. Nombre cuatro palabras del español que se usan en el inglés.

_____

11. Nombre tres palabras usadas en inglés que son originalmente de idiomas indígenas.

_____

Actividades auditivas

✳ **Los amigos animados**

A. Andrés está aburrido.

Hoy es domingo y Susana Yamasaki conversa
con Andrés, su hijo menor.

❖ ❖ ❖

¿Cuál de las siguientes actividades quiere hacer (**Q**) Andrés y cuáles no quiere hacer (**N**)?

1.   _____ leer su libro favorito

2.   _____ jugar con sus amiguitos

3.   _____ andar en patineta

4.   _____ ir al cine

5.   _____ ir al parque

B. ¡Feliz cumpleaños!

Hoy es el cumpleaños de Graciela y hay una
fiesta en su casa. Ahora Graciela conversa con
su hermano Diego.

Durante la fiesta de cumpleaños, ¿qué descubren Diego y Rebeca que tienen en común? Ponga un círculo
en las respuestas correctas.

a. Están en la cocina.

b. Les gusta la comida de la fiesta.

c. Hoy es su cumpleaños.

d. Quieren bailar.

e. Tienen una hermana.

✳ Las actividades en la clase de español

C. Dos clases muy diferentes

VOCABULARIO ÚTIL

la traducción   *translation*

Ashley Reed es una amiga de Carmen Bradley. Ashley también
toma una clase de idiomas, pero de francés. Ahora conversan
en la cafetería de la universidad.

¿Con quién asocia usted estas afirmaciones, con Carmen (**C**) o con Ashley (**A**)?

1. _____ Es una chica entusiasta, y le gusta mucho su clase de idiomas.

2. _____ Cree que su clase de idiomas es aburrida.

3. _____ En su clase aprende verbos y más verbos.

4. _____ En su clase de idiomas la profesora nunca habla inglés.

5. _____ Le gusta escuchar a su profesora.

6. _____ En su clase de idiomas la gramática y las traducciones son muy importantes.

7. _____ En su clase de idiomas hacen entrevistas, cantan y ven videos.

8. _____ Quiere viajar a España.

✳ Las habilidades

D. Un trabajo para Mónica

VOCABULARIO ÚTIL

conseguir	*to get*
el club nocturno	*nightclub*
diseñar sitios Web	*to design websites*
por tu cuenta	*on your own*

Mónica Clark quiere ganar un poco de dinero trabajando después de las clases. Ahora está charlando con Luis Ventura en la cafetería de la universidad.

Complete correctamente.

1. Mónica no va a buscar empleo en un _____. Sólo sabe cocinar para grupos

   pequeños.

2. Mónica no va a buscar empleo en un banco porque _____

3. Mónica no va a buscar empleo en un _____ porque no sabe cantar muy bien.

4. Mónica puede _____ por su cuenta porque _____

   diseñar sitios Web.

E. El modesto

VOCABULARIO ÚTIL

impresionarla	*to impress her*
las que hago yo	*the ones that I make*
¡No me diga!	*You don't say!; you're kidding!*
la modestia	*modesty*
demasiado	*too much*
ordinaria	*ordinary*

Adriana Bolini conversa con Víctor Ginarte, un nuevo compañero del trabajo. Víctor quiere salir con Adriana y trata de impresionarla.

(*Continúa.*)

Indique a quién describen estas oraciones, a Víctor (**V**), a Adriana (**A**) o a ninguno de los dos (**N**).

1. _____ Es un cocinero excelente y sabe hacer pizzas.

2. _____ Es una persona ordinaria.

3. _____ Sabe tocar la guitarra y cantar.

4. _____ Trabaja en una pizzería.

5. _____ Sabe pilotear un avión.

6. _____ Al fin, decide no salir a comer pizza con su compañero del trabajo.

✳ Las carreras y las actividades del trabajo

F. Grandes planes

VOCABULARIO ÚTIL

¡Qué gusto oírte!	*How nice to hear from you!*
recuerda	*remember*
los angelitos	*little angels*
la administración de negocios	*business administration*
mientras tanto	*meanwhile*
me despido	*I'll say good-bye*

Hoy es sábado y Lola Batini conversa por teléfono con Celia, su amiga que vive en Chicago, Illinois.

❖ ❖ ❖

¿A quién representan estos dibujos, a Lola (**L**), a Celia (**C**) o a las dos (**LD**)?

1. _____

2. _____

3. _____

4. _____

G. La casa nueva

VOCABULARIO ÚTIL

terminada	*finished*
Está instalando	*He is installing*
Sí, cómo no.	*Yes, of course.*

Ernesto y Estela van a tener una casa nueva. En este momento está casi terminada. Ahora Ernesto está hablando con el supervisor del proyecto.

❖ ❖ ❖

Conteste brevemente.

1. ¿Por qué no puede hablar Ernesto con el plomero? ¿Qué está haciendo él?

   _____

2. ¿Por qué no puede hablar Ernesto con el electricista? ¿Qué está haciendo él?

   _____

3. Por la tarde, ¿qué está haciendo el electricista?

   _____

4. ¿Con quién puede hablar Ernesto finalmente? _____

✳ Las actividades futuras

H. Los futuros doctores

VOCABULARIO ÚTIL

el regalo	*gift, present*
la talla	*size*
¡Igual que yo!	*Like me!; The same as I!*
especializarme	*to specialize*

(Continúa.)

Carla Espinosa trabaja de dependienta en una tienda de ropa en San Juan, Puerto Rico. En estos momentos está conversando con un joven cliente.

¿Cierto (**C**) o falso (**F**)?

1. _____ El cliente busca un regalo para su hermana.

2. _____ El cliente conoce a Carla porque los dos son estudiantes en la Universidad de Río Piedras.

3. _____ Él estudia literatura y ella estudia medicina.

4. _____ Carla piensa especializarse en España.

5. _____ El cliente quiere entrar en una buena escuela de medicina.

6. _____ El cliente decide comprarle un pijama a su mamá.

I.   ¡Vamos a correr!

VOCABULARIO ÚTIL

el pan dulce   *sweet rolls (Mex.)*

Son las ocho de la mañana de un sábado de primavera. Nora Morales llama a Luis Ventura por teléfono.

¿Cierto (**C**) o falso (**F**)?

1. _____ Cuando Nora llama, Luis está durmiendo.

2. _____ Luis no tiene ganas de correr hoy.

3. _____ Nora insiste en que Luis necesita hacer un poco de ejercicio.

4. _____ Luis quiere leer el periódico antes de correr.

5. _____ Nora quiere correr la semana próxima.

6. _____ Van a tomar un café y comer pan dulce antes de correr.

✳ ¡A repasar!

J.   ¡Qué noche más larga!

VOCABULARIO ÚTIL

la cuenta	*bill, check*
¡Ya era hora!	*About time!*
la demora	*wait*
listas	*ready*
Ya voy	*I'm coming*

Es un viernes por la noche y Luis está trabajando en el restaurante México Lindo. Es mesero y hoy todos están muy ocupados; hay muchos clientes. El gerente le pide ayuda a Luis.

❖ ❖ ❖

¿Con quién asocia usted estas afirmaciones, con Luis (**L**), con el gerente (**G**) o con los clientes (**C**)?

1. _____ Estoy muy ocupado; tengo cuatro mesas en este momento.

2. _____ Necesito tener más meseros. Sólo Luis está aquí hoy.

3. _____ No me gusta cuando los clientes esperan mucho tiempo. Necesito pedirles disculpas (perdón) a los clientes de las mesas cinco y seis.

4. _____ ¡Este hombre cree que yo tengo cuatro manos!

5. _____ ¡El servicio no es muy bueno hoy!

ronunciación y ortografía

✳ Ejercicios de pronunciación

I. PRONUNCIACIÓN: **p, t, c,** AND **qu**

The following consonants are pronounced very tensely: **p, t, qu** before **e** and **i;** and **c** before **a, o,** and **u.** In English these consonants are often pronounced in a more relaxed fashion and with a small explosion of air; no such explosion of air occurs in Spanish. Note also that the Spanish **t** is pronounced with the tip of the tongue touching the back of the upper teeth, whereas the English *t* is pronounced with the tongue further back, on the alveolar ridge.

A. Listen to the following words in English and Spanish.

ENGLISH	SPANISH	ENGLISH	SPANISH	ENGLISH	SPANISH
patio	patio	*taco*	taco	*casino*	casino
papa	papá	*tomato*	tomate	*Kay*	que

B. Listen and then pronounce the following words tensely, avoiding any escape of extra air.

pelo, piernas, piso, pizarra, planta, pluma, puerta, pequeño, Perú, perro, padre, poco, precio, país

taxi, tiza, traje, tiempo, teatro, televisión, trabajo, tocar, tomar, tenis

cabeza, castaño, corto, café, camisa, corbata, cuaderno

qué, quién, quiero, quince

C. Concentrate on the correct pronunciation of **p, t,** and **c/qu** as you listen and pronounce the following sentences.

1. El pelo de Luis es muy corto.
2. La camisa de Raúl es de color café.
3. Carmen tiene un traje de tenis nuevo.
4. ¿Quién tiene una corbata nueva?
5. Nora tiene un carro pequeño.

II. PRONUNCIACIÓN: LINKING

Words in spoken Spanish are normally not separated, but rather are linked together in phrases called breath groups.

A. Listen to the breath groups in the following sentence.

Voy a comer / y después / quiero estudiar / pero tal vez / si tengo tiempo / paso por tu casa.

Words within a phrase or breath group are not separated but pronounced as if they were a single word.

B. Notice especially the following possibilities for linking words. (*C* = consonant and *V* = vowel.)

C + V	más_o menos, dos_o tres, tienes_el libro
V + V	él o_ella, voy_a_ir, van a_estudiar, su_amigo, todo_el día

C. Notice also that if the last sound of a word is identical to the first sound of the next word, the sounds are pronounced as one.

C + C	los_señores, el_libro, hablan_naturalmente
V + V	Estoy mirando a_Alicia, ¡Estudie_en México!, ¿Qué va_a_hacer?

D. Listen and then pronounce the following sentences. Be sure to link words together smoothly.

1. No me gusta hacer nada aquí.
2. Los niños no tienen nada en las manos.
3. El libro está aquí.
4. Linda va a hablar con Norma.
5. Mi hijo dice que son nuevos los zapatos.

✳ **Ejercicios de ortografía**

I. THE LETTERS c AND q

The letter **c** followed by **a, o,** or **u** and the letters **qu** followed by **e** and **i** are both pronounced with the sound of the letter *k*. Only foreign words in Spanish are written with the letter **k.**

Listen and write the words or phrases you hear. Be careful to use the letters **c** and **qu** correctly.

1. _____
2. _____
3. _____
4. _____
5. _____

6. _____
7. _____
8. _____
9. _____
10. _____

II. WORD STRESS

A word that ends in a vowel and is stressed on the last syllable must carry a written accent on the last syllable. For example: **mamá.**

A. Listen and then write the words you hear stressed on the last syllable.

1. _____
2. _____
3. _____
4. _____
5. _____

A word that ends in the letters **n** or **s** and is stressed on the last syllable must have a written accent on the last syllable. For example: **detrás.** This includes all words ending in **-sión** and **-ción.**

B. Listen and write the words you hear stressed on the last syllable.

1. _____
2. _____
3. _____
4. _____
5. _____
6. _____
7. _____
8. _____
9. _____
10. _____

Words that end in an **-n** or **-s** in the singular and that are stressed on the final syllable, like **francés** or **comunicación,** do not need a written accent mark on forms with an additional syllable. This includes feminine forms, such as **francesa,** and plural forms, such as **franceses** and **comunicaciones.**

C. Listen and write the following pairs of words.

1. _____ → _____
2. _____ → _____
3. _____ → _____
4. _____ → _____
5. _____ → _____

 ideoteca 📼

✳ Los amigos animados

Vea la sección **Los amigos animados** de las **Actividades auditivas** para hacer la actividad correspondiente.

✳ Escenas culturales

Venezuela

VOCABULARIO ÚTIL	
el noreste	*northeast*
cálido/a	*warm*
el libertador	*liberator*
el recurso económico	*economic resource*
el petróleo	*oil*
la naturaleza	*nature*
el río	*river*
el tepuye	*flat-topped mountain*

Lea estas preguntas y luego vea el video para contestarlas.

1. ¿Quién es Simón Bolívar? _____

2. ¿Cuál es el recurso económico más importante de Venezuela? _____

✳ Escenas en contexto

Sinopsis
Mariela quiere hablar con una consejera.

VOCABULARIO ÚTIL

consejero/a	*counselor*
¿Me comunica con... ?	*Can I please speak with . . . ?*
disculpe	*excuse me*
¿De parte de quién?	*Who's calling?*
dejar un recado	*to leave a message*
hacer una cita	*to make an appointment*
el currículum	*résumé*

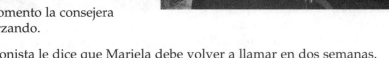

Lea estas preguntas y luego vea el video para contestarlas.

A. ¿Cierto (**C**) o falso (**F**)?

1. _____ La señora Valenzuela es la consejera.

2. _____ En este momento la consejera está almorzando.

3. _____ La recepcionista le dice que Mariela debe volver a llamar en dos semanas.

4. _____ Mariela hace una cita para el viernes a las nueve de la mañana.

5. _____ La recepcionista le dice que es recomendable traer el currículum.

B. Complete con la información correcta.

1. Mariela quiere _____ con la consejera Valenzuela.

2. En este momento la consejera _____.

3. Mariela quiere hablar con la consejera sobre las posibilidades de _____.

 ## ecturas

 **La educación en el mundo hispano**

VOCABULARIO ÚTIL

consta	*(it) consists*
la etapa	*stage, phase*
escogen	*they choose*
la facultad	*department (at a university)*
gratuita/gratis	*free of charge*
la tasa de alfabetismo	*literacy rate*
extranjeros	*foreigners*

La educación en el mundo hispano **consta,** por lo general, de cuatro **etapas:** la educación primaria, la secundaria, la preparatoria y la universitaria. Después de la secundaria, los estudiantes reciben enseñanza preparatoria si quieren seguir estudios

San Jose, Costa Rica. Estos estudiantes de secundaria participan en un experimento en la clase de química.

universitarios. En la universidad **escogen** una carrera —medicina, derecho o ingeniería, por ejemplo— y estudian de cuatro a cinco años en la **facultad** de su elección.

La educación es un aspecto vital de la sociedad en muchos países hispanos. La escuela primaria es **gratuita** en casi todas partes. Y la **tasa de alfabetismo** llega a más del 90 por ciento en Argentina, Colombia, Costa Rica, Chile, Cuba, Ecuador, España, Paraguay, Puerto Rico, Uruguay y Venezuela. El sistema educativo de Uruguay es excelente. En este país la educación es gratuita para los estudiantes de primaria, secundaria y universitaria. Por eso la tasa del alfabetismo en Uruguay es tan alta: el 96 por ciento. Cuba también tiene una tasa de alfabetismo muy alta: el 95 por ciento. Todo lo relacionado con la educación es **gratis** para los cubanos, desde los libros hasta el transporte a la escuela.

Algunas de las universidades más respetadas del mundo están en países hispanos. En España la más antigua es la Universidad de Salamanca, que se funda en 1218. La República Dominicana tiene la primera universidad en América Latina: la Universidad de Santo Domingo, establecida en 1538. Luego se funda la Universidad Autónoma de México (UNAM) en 1551. Hay otras muy importantes, como la Universidad Autónoma de Barcelona, la Complutense de Madrid y la Universidad de Santiago de Chile.

Las universidades hispanas preparan a miles de estudiantes anualmente; muchas tienen programas académicos para **extranjeros.** La Universidad Complutense de Madrid, por ejemplo, ofrece cursos de español en el verano y todo el año. Si usted quiere seguir aprendiendo español, ¡explore las muchas oportunidades que le ofrecen las universidades hispanas!

Comprensión

1. Describa el sistema escolar en el mundo hispano. ¿Cuántas partes tiene? ¿Cuánto tiempo duran los estudios universitarios? ¿Cuáles son algunas de las carreras que los estudiantes escogen?

   _____

2. La tasa de alfabetismo en Uruguay y Cuba es alta. Explique por qué.

   _____

3. ¿Cuál es la universidad más antigua de España? ¿y la de América Latina?

   _____

 Un paso más… ¡a escribir!

Mire la foto que acompaña esta **Nota cultural** y descríbala en un párrafo. Por ejemplo, ¿piensa usted que a estos estudiantes les gusta su clase? ¿Por qué? ¿Se ven interesados en el experimento? ¿Parece una clase interesante?

LECTURA # La diversidad económica

> **PISTAS PARA LEER**
>
> Learn some interesting facts about the economy of several Hispanic countries. Go over the **Vocabulario útil.** What products are listed? As you read, take note of these products and the natural resources mentioned. Do you agree that economic diversity characterizes the Hispanic world? How is it diverse?

VOCABULARIO ÚTIL

en vías de desarrollo	*developing*
el recurso natural	*natural resource*
el yacimiento de platino	*platinum deposit*
el oro	*gold*
el bálsamo	*balsam*
el aceite	*oil*
agrícola/agrario	*agricultural*
la caña de azúcar	*sugar cane*
el cobre	*copper*
el vino	*wine*

El mundo hispano es muy diverso en su cultura y su economía. Hay países de cultura indígena, como Bolivia, y otros de cultura europea, como Argentina. Hay países prósperos, como España, Chile y Costa Rica, y otros **en vías de desarrollo,** como Honduras y Guinea Ecuatorial. Pero en su totalidad, los países hispanos forman un grupo muy rico: tienen una historia fascinante, industrias modernas, una variedad de **recursos naturales** y sitios turísticos hermosos.

(Continúa.)

La diversidad económica caracteriza al mundo hispano. Colombia, por ejemplo, exporta principalmente café y petróleo, pero también tiene los **yacimientos de platino** más grandes del mundo. Y la industria colombiana del **oro** emplea a muchos trabajadores. El Salvador produce más **bálsamo** que ningún otro país hispano. El bálsamo es un **aceite** vegetal que se usa para preparar perfume y algunos medicamentos.

La economía de muchos países hispanos depende de la agricultura. El 70 por ciento de la producción **agrícola** de Honduras viene de la costa norte del país, donde cultivan café, bananas y cereales. Nueve países producen y exportan plátanos (bananas): Colombia, Costa Rica, Ecuador, Guatemala, Honduras, México, Nicaragua, Panamá y Venezuela. Otro país con una economía basada en la agricultura es Guinea Ecuatorial, la única nación de habla hispana en África. El café, la banana y el cacao son algunos de sus productos agrícolas.

La **caña de azúcar** es un recurso natural muy importante en los países del Caribe, especialmente en Cuba y la República Dominicana. Pero la caña también se cultiva en España. La región de Andalucía, al sur, tiene un clima favorable para la caña de azúcar. La industria azucarera española se concentra allí.

Buenos Aires, la capital de Argentina, tiene una población de 10 millones de habitantes. Es una ciudad moderna, el centro industrial y comercial de todo el país. En otras regiones de Argentina hay ricos recursos naturales. Argentina exporta muchos de sus productos **agrarios** y minerales. También tiene una base industrial extensa. La economía de Chile es una de las más próperas de América Latina. Chile es el mayor productor de **cobre** en el mundo. Además, su industria del **vino** emplea a mucha gente. Los vinos chilenos son famosos y excelentes.

El cultivo de la caña de azúcar en la República Dominicana

¿Tiene usted ahora una idea de lo rico y diverso que es el mundo hispano? Esperamos que siga descubriendo esta diversidad.

Comprensión

Diga a qué país o países se refiere cada descripción.

1. Su economía es fuerte y tiene muchas minas de cobre.

    _____

2. La economía depende principalmente de la agricultura.

    _____

3. Este país de habla hispana está en África.

    _____

4. La caña de azúcar es uno de sus recursos naturales.

    _____

Los vinos chilenos son famosos por todo el mundo.

5. Su capital es el centro industrial de todo el país. _____

Un paso más... ¡a escribir!

Escriba un informe de una página sobre uno de los países mencionados en la **Lectura.** ¿Dónde está? ¿Cuántos habitantes tiene? ¿Hay lugares turísticos? Incluya información sobre la economía del país. ¿Cuáles son sus recursos naturales? ¿sus industrias? ¿sus productos de exportación?

La residencia

Capítulo 6

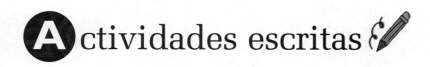 **A**ctividades escritas ✏️

✳️ El vecindario y la casa

Lea Gramática 6.1–6.2.

A. Haga comparaciones.

MODELO:

Alberto   Esteban   Luis

(es: más alto que; el más alto de) → *Alberto es más alto que Esteban.*
Esteban es más alto que Luis.
Alberto es el más alto de los tres.

 el sofá   el sillón   la mesita

1. (es: más grande o más pequeño/a que; el/la más grande o más pequeño/a de)

   _____

   _____

   _____

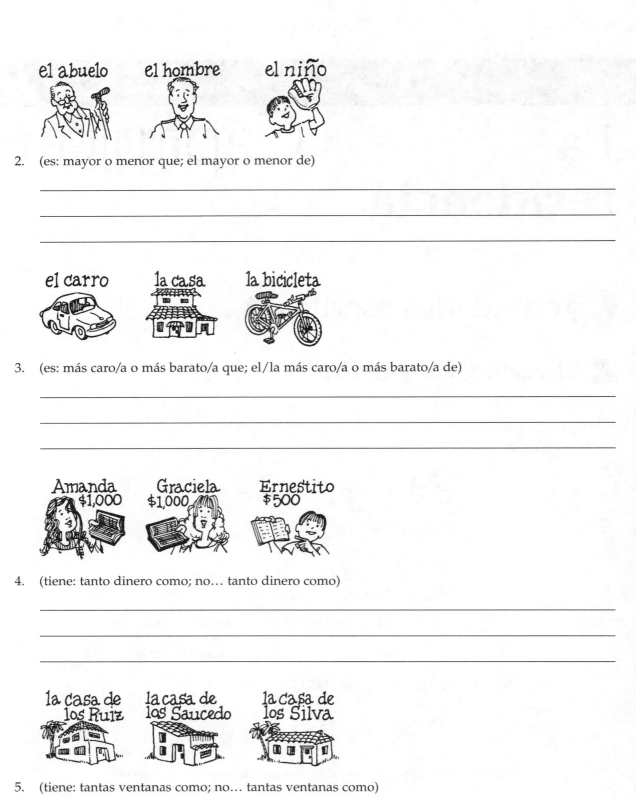

el abuelo el hombre el niño

2. (es: mayor o menor que; el mayor o menor de)

_____

_____

_____

el carro la casa la bicicleta

3. (es: más caro/a o más barato/a que; el/la más caro/a o más barato/a de)

_____

_____

_____

Amanda $1,000 Graciela $1,000 Ernestito $500

4. (tiene: tanto dinero como; no… tanto dinero como)

_____

_____

_____

la casa de los Ruiz la casa de los Saucedo la casa de los Silva

5. (tiene: tantas ventanas como; no… tantas ventanas como)

_____

_____

_____

6. (es: tan moderno como; no… tan moderno como)

    _____

    _____

    _____

B. ¿Mejor o peor? Explique qué es mejor o peor y por qué.

MODELO: ¿Tener un baño o tener varios? →
Es peor tener varios baños porque es difícil limpiar los baños.

1. ¿Vivir en el desierto o vivir en el centro de una ciudad grande?

    _____

    _____

2. ¿Tener una casa pequeña o tener una casa grande?

    _____

    _____

3. ¿Vivir solo/a o vivir con la familia?

    _____

    _____

4. ¿Poner alfombra o poner piso de madera (*hardwood floor*)?

    _____

    _____

5. Comprar una casa con patio grande o comprar un condominio sin patio?

    _____

    _____

C. Un día típico. En dos o tres párrafos, describa un día típico en su casa y en su vecindario con su familia. ¿Qué hace usted con sus padres? ¿con sus hermanos? ¿con sus hijos? ¿con sus amigos? ¿Qué hacen juntos los fines de semana? Escriba los párrafos en una hoja de papel aparte.

D. Escoja uno de estos temas y escriba una composición de 12 a 15 oraciones.

1. Describa su casa o apartamento. Diga cómo son el exterior y el interior. Describa las cosas que usted tiene en cada cuarto: los muebles, los aparatos, los cuadros.

2. Describa su vecindario en detalle. Comente sobre todo lo que hay en su vecindario: las casas, los apartamentos, las tiendas, los restaurantes, las escuelas, los parques y demás edificios.

✳ Las actividades en casa

Lea Gramática 5.4.

E. Escriba cinco oraciones sobre quién en su familia tiene la obligación o el deber de hacer estos quehaceres domésticos.

> MODELO: mi hijo / tener que / lavar el carro → *Mi hijo tiene que lavar el carro.*

yo		limpiar la casa
mi madre/padre		cocinar/preparar la cena
mi(s) hermano(s)	tener que	pasar la aspiradora
mi(s) hermana(s)	deber	tender las camas
mis abuelos	necesitar	sacar la basura
mi(s) hijo(s)/hija(s)		ayudar a mamá
mi novio/a		¿ ?
mi esposo/a		
nadie		

1. _____

2. _____

3. _____

4. _____

5. _____

F. Escoja seis de los quehaceres a continuación y diga con qué frecuencia hay que hacerlos. Use **hay que** y **es necesario** para indicar obligación; use estas expresiones para indicar la frecuencia: **todos los días, cada noche, cada semana, todos los fines de semana, diariamente, a veces, nunca, muchas veces, a menudo, frecuentemente.**

Quehaceres: bañar al perro, barrer el patio, cocinar, hacer las compras, regar las plantas, desempolvar

> MODELO: lavar el carro → *Hay que lavar el carro cada semana.*

1. _____

2. _____

3. _____

4. _____

5. _____

6. _____

G. Escriba una composición de 12 a 15 oraciones sobre todas sus obligaciones en casa. ¿Qué tiene que hacer todos los días por la mañana? ¿Tiene que preparar el desayuno? ¿Tiene que lavar los platos? ¿Tiene que tender las camas? ¿Debe pasar la aspiradora? ¿Debe desempolvar los muebles? ¿Necesita preparar el almuerzo? Y por la tarde, ¿qué debe hacer? ¿Necesita preparar la cena? ¿Debe sacar la basura de la cocina? ¿Es necesario regar las plantas? ¿Debe barrer el patio? ¿Tiene que lavar la ropa? ¿Tiene que plancharla? ¿Tiene otras obligaciones? ¿Cuáles son?

✳ Las actividades con los amigos

Lea Gramática 6.3.

H. ¿Qué hizo la familia Saucedo ayer? Mire los dibujos y diga qué hizo cada persona.

MODELO: Ernestito jugó con su perro, Lobo.

1. Ernestito _____

2. Lobo _____

3. Amanda _____

4. Ernesto _____

5. Estela _____

6. Guillermo _____

I. Diga si usted hizo estas actividades o no el día de su último cumpleaños.

MODELO: ¿Bailó? → *Sí, bailé mucho en una fiesta en mi casa.*

1. ¿Se levantó temprano? _____

2. ¿Desayunó con su familia o con sus amigos? _____

3. ¿Charló por teléfono con su mejor amigo/a? _____

4. ¿Asistió a clases o se quedó en casa? _____

5. ¿Limpió su casa? _____

6. ¿Recibió muchos regalos? _____

7. ¿Cenó en un restaurante con su novio/a (esposo/a)? _____

8. ¿Bailó en una discoteca con sus amigos? _____

✳ Las presentaciones

Lea Gramática 6.4–6.5.

J. Escoja entre **saber** y **conocer.** Recuerde: Asocie **conocer** con «personalmente» y **saber** con «intelectualmente». Llene cada espacio en blanco con la forma correcta del verbo.

1. —¿_____ dividir sin calculadora, Esteban?

    —No, Carmen, yo no _____. ¡Es muy difícil!

2. —Profesora, ¿_____ usted el Zoológico de San Diego?

    —No, no lo _____. ¿Lo _____ ustedes?

3. —Raúl, ¿_____ si hay un buen restaurante mexicano cerca de la

    universidad?

    —Sí, hay uno excelente. Lo _____ muy bien porque como allí con frecuencia.

4. —Carmen, ¿es grande la casa de Lan?

    —No _____. No _____ su casa.

5. —Nora, ¿_____ dónde puedo comprar una guitarra buena?

    —Sí, Esteban, sí _____. Pero no _____ cuánto cuestan.

6. —Mónica, ¿_____ a la familia de la profesora Martínez?

    —No, solamente _____ a uno de sus primos.

7. —Profesora Martínez, ¿_____ usted cocinar?

    —No, Esteban, yo no _____ cocinar, pero _____

    preparar sándwiches muy buenos.

8. —¿_____ ustedes Madrid?

    —No, no conocemos esa ciudad, pero _____ que es la capital de España.

K. Llene los espacios en blanco usando estos pronombres de complemento directo: **lo/la, los/las.**

1. —Lan, ¿conoces a Esteban Brown?

   —Sí, _____ conozco bien. Somos amigos y compañeros de clase.

2. —Mónica, ¿vas a ver a tus amigos esta noche?

   —Sí, mamá. _____ voy a ver en el cine a las 7:00 de la noche.

3. —Pablo, ¿dónde están tus hermanos? No _____ veo.

   —Están aquí en el jardín, al lado del arbusto. No _____ ves porque no hay luz.

4. —¿Dónde están Luis y Nora? No _____ veo.

   —Profesora, no _____ ve porque no están aquí. Están enfermos hoy.

5. —Lan, ¿vas a invitar a Carmen y a Mónica a la fiesta?

   —Sí, claro que _____ voy a invitar. Son mis amigas.

L. Escriba un pequeño diálogo presentándole un nuevo amigo / una nueva amiga a su abuelo/a.

YO: _____

MI ABUELO: _____

_____

MI AMIGO/A: _____

_____

Resumen cultural

Complete con la información cultural del **Capítulo 6.**

1. De 1824 hasta 1838 Costa Rica formó parte de las Provincias _____

   _____.

2. En 1986 el presidente de Costa Rica, _____, recibió el

   _____.

3. La poeta Gioconda Belli es de _____.

4. En Puerto Rico la palabra **sato** quiere decir _____.

5. Los españoles trajeron perros de guerra, llamados _____, para ayudar en la

   colonización de las Américas.

6. En España hay ciudades muy viejas que datan del _____.

(Continúa.)

7. En general, las casas y los apartamentos en las ciudades hispanas son pequeños. Por lo tanto muchos hispanos van a _____ para pasear y conversar.

8. En la típica ciudad hispana hay muchas zonas mixtas. Describa una zona mixta.

   _____

9. ¿Cuándo tienen lugar las fiestas de las Posadas en México?

   _____

10. ¿Qué hace la gente del barrio para celebrar las Posadas?

   _____

11. En México otra palabra para **plaza** es _____.

Actividades auditivas

✳ Los amigos animados

A. Experimentos fantásticos

Ramón Gómez está de visita en casa de la familia Saucedo para ver a su novia, Amanda. Pero Amanda no está lista, así que Ramón conversa con Ernestito.

¿En qué clase —biología (**B**) o educación física (**E**)— hace Ramón las siguientes actividades?

1. _____ Hace ejercicio.
2. _____ Hace experimentos fantásticos.
3. _____ Practica deportes.

4. _____ Corre.
5. _____ Usa un laboratorio.

B. El ingeniero y el profesor

Pablo Cavic y Raúl Saucedo están en la cafetería de la universidad, conversando sobre sus futuras carreras.

¿Quién diría lo siguiente, Pablo (**P**) o Raúl (**R**)?

1. _____ Tengo que estudiar física.

2. _____ Mis clases son difíciles.

3. _____ Me gusta mucho el idioma español.

4. _____ Necesito tener paciencia para poder enseñar bien.

5. _____ Me gusta ayudar a la gente.

❋ El vecindario y la casa

C. ¡Mira, tenemos nuevos vecinos!

VOCABULARIO ÚTIL

se mudan	*they are moving*
el estilo de moda	*contemporary style*
seguramente	*most likely*

Las amigas Rosita Silva y Lola Batini están mirando por la ventana de la casa de Rosita. Están observando al señor y a la señora Rivas, que se mudan hoy a un apartamento del vecindario.

Escoja la mejor respuesta.

1. _____ lleva unos pantalones rojos.

   a. Doña Rosita

   b. El doctor Rivas

   c. La señora Rivas

   d. Doña Lola

(*Continúa.*)

2. _____ tiene las piernas largas y lleva unos pantalones cortos.

   a. Doña Rosita

   b. El doctor Rivas

   c. La señora Rivas

   d. Doña Lola

3. Los muebles de _____ son de color morado y azul.

   a. la sala

   b. la cocina

   c. el dormitorio

   d. el comedor

4. Para _____ los Rivas tienen muebles muy bonitos y modernos, según doña Lola.

   a. el baño

   b. la cocina

   c. el dormitorio

   d. el comedor

5. Las dos amigas creen que _____ porque su televisor es enorme.

   a. los Rivas ven mucho la televisión

   b. a los Rivas les gusta ver a la actriz Adela Noriega

   c. a los Rivas no les gustan las telenovelas

   d. los Rivas miran mucho el horno de microondas

D. Condominios El Paraíso

VOCABULARIO ÚTIL

pagar	*to pay*
cómodos	*comfortable*
privado	*private*
la alberca	*swimming pool (Mex.)*
No hay nada como	*There is nothing like*
el hogar	*home*

Y ahora KSUN, Radio Sol, le presenta un mensaje de Condominios El Paraíso, que están en Mazatlán, México.

❖ ❖ ❖

Complete los espacios en blanco.

¿Están cansados de pagar el _____[1] cada mes? Tenemos la solución perfecta.

Nuestros _____[2] son grandes y cómodos, con tres _____[3], dos baños y una gran _____[4] con balcón privado. Tienen una

_____[5] moderna y comedor separado. Venga a vernos. Estamos en la avenida

Mirador del Sur, número _____[6], aquí en Mazatlán. Recuerde, Condominios El Paraíso.

✳ Las actividades en casa

E. Limpieza a Domicilio Espinosa

VOCABULARIO ÚTIL

la Limpieza a Domicilio	*Housecleaning*
sacudimos	*we dust*
Disfrute	*Enjoy*
el tiempo libre	*free time*

Ahora KSUN, Radio Sol, presenta un mensaje comercial de sus amigos en Limpieza a Domicilio Espinosa.

❖   ❖   ❖

Complete el párrafo con la información necesaria.

Limpieza a Domicilio Espinosa: ¡el mejor servicio! _____ ¹ toda su casa por un

precio muy bajo. Pasamos la aspiradora y _____ ² de la sala y los dormitorios.

_____ ³ la cocina, el comedor y el patio, y _____ ⁴ por

solamente _____ ⁵ dólares. Disfrute de su tiempo libre mientras nosotros hacemos sus

_____ ⁶. Llámenos al _____ ⁷.

F. A la abuela le gusta el fútbol.

VOCABULARIO ÚTIL

todavía	*still*
el campeonato	*championship*
¿Podría?	*Could I?*
emocionante	*exciting*
mete más goles	*scores more goals*

Raúl Saucedo está visitando a su abuela, doña María Eulalia, en Guanajuato, México. Ahora conversan después de la cena.

❖   ❖   ❖

¿Quién diría esto, la abuela (**A**) o Raúl (**R**)?

1. _____ ¡Ahhh, sólo aquí puedo comer una comida tan deliciosa!

2. _____ Debe estar cansada después de preparar esta cena. Yo voy a lavar los platos.

3. _____ No voy a ver una telenovela. Prefiero ver el partido de fútbol.

4. _____ Las abuelas de mis amigos no son como usted.

5. _____ Prefiero el América, ¡el mejor equipo de México!

✳ Las actividades con los amigos

G. Un verano divertido

VOCABULARIO ÚTIL

me divertí	*I had fun*
hiciste/hice	*you did/I did*
chistosa	*funny*
la aficionada	*fan*
¡Increíble!	*Unbelievable!; Incredible!*

Raúl Saucedo está en la cafetería de la Universidad de Texas en San Antonio. Conversa con su amigo Esteban Brown sobre sus actividades del verano.

❖   ❖   ❖

¿Qué actividades hizo Raúl con su abuela durante el verano? Indique si es cierto (**C**) o falso (**F**) lo que expresan los dibujos.

1. _____

2. _____

3. _____

4. _____

5. _____

6. _____

✱ Las presentaciones

H. El nuevo compañero

VOCABULARIO ÚTIL

el bailador	*dancer*
a tus órdenes	*at your service*
con permiso	*excuse me*

Alfredo Gil es un joven uruguayo que estudia
arquitectura en la Universidad Autónoma de México.
Ahora está en una fiesta en casa de Nacho Padilla,
quien también estudia arquitectura.

❖ ❖ ❖

¿A quiénes corresponden estas descripciones? **¡OJO!** Puede haber más de una respuesta y algunas se
usan más de una vez.

1. _____ Estudia arquitectura.

2. _____ Canta y toca la guitarra.

3. _____ Baila muy bien.

4. _____ Es la novia de Nacho.

5. _____ Le presentó sus amigos a Alfredo.

6. _____ Es un nuevo compañero de Uruguay.

7. _____ Le gustaría escuchar las canciones de Maribel.

8. _____ Tiene una fiesta en su casa.

a. Jorge Ávalos
b. Alfredo Gil
c. Carlos Hernández
d. Maribel
e. Silvia Bustamante
f. Nacho Padilla

✱ ¡A repasar!

I. Andrea quiere comprar casa.

VOCABULARIO ÚTIL

se quedó	*stayed*
compartir	*to share*
tienes razón	*you're right*
te advierto	*I'm telling you already*

Lugares mencionados

Satélite y San Ángel	barrios en la Ciudad de México

Los esposos Ruiz, Andrea y Pedro, necesitan una
casa nueva. En este momento Andrea habla con
Pedro. Ella salió ayer a ver varias casas. Él se quedó en casa; está muy ocupado escribiendo su nueva
novela. Andrea le muestra fotos de las casas y los dos comparan una con otra.

❖ ❖ ❖

(Continúa.)

¿Cierto (**C**) o falso (**F**)?

1. _____ La casa de Satélite es más cara que la casa de San Ángel.

2. _____ La casa de San Ángel tiene más dormitorios que la casa de Satélite.

3. _____ Los Ruiz necesitan cinco dormitorios.

4. _____ Pedro está preocupado por el precio de la casa de San Ángel; Andrea no le dice el precio.

5. _____ Andrea realmente no quiere la casa de San Ángel.

Pronunciación y ortografía

✳ Ejercicios de pronunciación

I. PRONUNCIACIÓN: **g** AND **gu**

The letter **g** is usually soft in Spanish, that is, the back of the tongue is near the roof of the mouth, but never completely closes it off, as it does in the pronunciation of English *g*. Remember that the **u** in the combinations **gui** and **gue** is never pronounced.

A. Listen and repeat the following words, concentrating on a soft pronunciation of the letter **g.**

> diga, estómago, abrigo, traigo, amiga, portugués, elegante, lugar, jugar, pregunta, llegar, hamburguesa, regular

When the letter **g** is preceded by the letter **n,** it may be pronounced hard as in the English letter *g* in the word *go*.

B. Listen and repeat the following words with **ng,** concentrating on a hard pronunciation of the letter **g.**

> tengo, pongo, vengo, domingo

C. Listen and then repeat the following sentences, concentrating on the correct pronunciation of the letter **g.**

1. Tengo un estómago muy delicado.
2. El domingo vamos a un lugar muy elegante para comer.
3. Yo me pongo el abrigo cuando hace frío.
4. Mañana traigo mi libro de portugués.
5. A Gustavo le gusta jugar al tenis.
6. Si vas a tocar la guitarra el domingo, no vengo.

II. PRONUNCIACIÓN: s

The letter **s** between vowels is always pronounced with the hissing sound of *s*, never with the buzzing sound of English *z*. Place your finger on your Adam's apple and pronounce *s* and *z* in English. You will feel the difference!

Listen and pronounce the following words. Be sure to avoid the *z* sound.

José, Su̲sana, va̲so, me̲sa, Ro̲sa, Lui̲sa, cami̲sa, pi̲so, espo̲sa

✳ Ejercicios de ortografía

I. THE COMBINATIONS gue AND gui

Remember that the letter **g** is pronounced like **j** before the letters **e** and **i**, as in **gente** and **página**. In order for the letter **g** to retain a hard pronunciation before these vowels, the letter **u** is inserted, as in **portuguesa** and **guitarra**.

Listen and write the following words with **gue** and **gui**.

1. _____   3. _____

2. _____   4. _____

II. SEPARATING DIPHTHONGS

If the ending of a word rhymes with **María** or **frío,** an accent mark must be written on the **i**.

Listen and write the following words with an accent mark on the **i**.

1. _____   5. _____

2. _____   6. _____

3. _____   7. _____

4. _____   8. _____

 ideoteca

✳ Los amigos animados

Vea la sección **Los amigos animados** de las **Actividades auditivas** para hacer la actividad correspondiente.

✳ Escenas culturales

Costa Rica

VOCABULARIO ÚTIL

la paz	*peace*
los ticos	*nickname of Costa Ricans*
la biodiversidad	*biodiversity*
el refugio	*refuge*
la reserva biológica	*biological reserve*
la vida silvestre	*plants and animals of the forest*
la tortuga baula	*leatherback turtle*
el volcán	*volcano*
el bosque	*forest*

Lea estas preguntas y luego vea el video para contestarlas.

1. ¿Cómo son los ticos (costarricenses)?

   _____

2. Costa Rica tiene un sistema de _____ que protegen (*protect*) la naturaleza.

3. ¿Cuáles son los atractivos turísticos de Costa Rica?

   _____

✳ Escenas en contexto

Sinopsis

Juan Carlos habla con una agente de bienes raíces (*real estate*).

VOCABULARIO ÚTIL

el sol   *monetary unit of Peru*
razonable   *reasonable*

Lea estas preguntas y luego vea el video para contestarlas.

A. ¿Cierto (**C**) o falso (**F**)?

1. _____ Juan Carlos quiere alquilar un apartamento.

2. _____ Juan Carlos prefiere vivir cerca de la universidad.

3. _____ Juan Carlos dice que sólo necesita un dormitorio.

4. _____ Juan Carlos prefiere cocina con lavaplatos.

5. _____ Juan Carlos ofrece pagar 1.600 soles por mes.

B. Complete con la información correcta.

1. Juan Carlos prefiere un apartamento con _____,

   _____ y _____.

2. Juan Carlos puede pagar entre _____ y _____ soles al mes.

ecturas

 Habla la gata Manchitas.

> ⋆ **PISTAS PARA LEER**
>
> The Saucedo family has a very special cat. Her name is Manchitas (*Spots*), and she is a very observant animal with strong opinions! As you read, visualize Manchitas's life. If you have a pet, think about what it might observe in similar situations.

VOCABULARIO ÚTIL

las pulgas	*fleas*
los amos	*masters*
los seres humanos	*human beings*
¡Busca ratones!	*Go look for mice!*
ladran	*they bark*
las sobras	*leftovers*
la lengüita	*little tongue*

Estas **pulgas,** ¡estas pulgas! Aquí estoy en el sofá, muy aburrida. Es que mis **amos** casi nunca me prestan atención. Sólo los niños de esta familia, Ernestito y Guillermo, juegan conmigo. Y no siempre me gusta jugar con ellos. A veces me tratan mal, como un juguete. ¡Ay!

Mis amos, Ernesto y Estela, no saben que soy muy observadora. Ellos probablemente piensan que a mí sólo me gusta comer y dormir. ¡Ay! Los **seres humanos** no comprenden a los animales, y mucho menos a nosotros, los felinos.

Todos los días mis amos hacen las mismas cosas. Estela, mi ama, se levanta temprano y va a la cocina para tomar esa bebida negra y caliente que ellos toman todas las mañanas, el «café». Después, mi ama llama a mi amo, pero el señor siempre quiere dormir un poco más. Entonces ella abre las cortinas y en el dormitorio entra mucha luz. «¡Qué horror!», grita mi amo. «¡Es mucha luz! ¡No puedo abrir los ojos, Estela!»

Luego mi ama toca a la puerta de su hija Amanda y la muchacha sale de su cuarto. Amanda siempre saluda a su mamá; le dice «¡Buenos días!» La joven de esta familia no tiene problemas en despertarse. ¡Pero Ernestito y Guillermo sí tienen problemas! Estela va a su dormitorio y los despierta. Ellos también quieren dormir más. «¡Vamos, a la escuela!», dice mi ama. Y los dos niños se levantan poco a poco.

Ernesto se baña, se viste, lee el periódico, toma la bebida negra y dice algunas cosas complicadas que yo no comprendo. Mi ama y la señora Berta (que hace trabajos domésticos y también vive en esta casa) preparan el desayuno de la familia. Todos desayunan juntos casi siempre. (Mmmm. Los seres humanos comen mucho mejor que nosotros los gatos.) Después, Ernesto y sus hijos salen y mi ama se queda en casa.

Estela entonces me lleva afuera, diciendo: «¡Anda, vete, Manchitas! **¡Busca ratones!**» Hace frío por la mañana y no me gusta estar afuera; por eso siempre busco un poquito de sol o salto a la ventana. Desde la ventana puedo mirar a mi ama, que está adentro. Ella se baña, se viste, se maquilla, tiende la cama… ¡todos los días lo mismo! Y luego Berta sacude los muebles y pasa la aspiradora. ¡Miau! ¡No me gusta ese aparato!

Mi ama sale con Berta por la tarde. Creo que van al mercado, porque luego regresan con comida. Y yo me quedo en el patio, muy solita. Para divertirme me subo a la cerca del jardín. En el jardín vive Lobo, el perro de Ernestito. Y en la casa de al lado hay un perro que se llama Sultán. Los dos perros saltan y saltan para llegar adonde estoy yo. ¡Ja! No pueden subir; están muy gordos. ¡Y cómo **ladran**! A Ernestito le gusta Sultán; dice que quiere traerlo a vivir con nosotros. Pero ya tiene perro. ¿Dos perros en esta casa? ¡Miau!

Por las noches mis amos comen y me dan las **sobras.** Después de comer, van a visitar a los vecinos o a caminar por el barrio. Los niños miran el objeto de luz, que ellos llaman la «televisión». ¡Cómo les gusta mirar a otros seres humanos en ese objeto!

Por fin, todos se acuestan. Y yo, pues, me doy un buen baño con mi **lengüita** y me duermo también en el sofá. Y aquí estoy ahora. ¡Miau! ¡Cuánto detesto estas pulgas!

Comprensión

¿A quién se refiere cada oración? Diga si se refiere (**a**) al amo, (**b**) a la ama, (**c**) a Amanda, (**d**) a Ernestito, (**e**) a Guillermo, (**f**) a Berta, (**g**) a Manchitas o (**h**) a toda la familia. **¡OJO!** A veces hay más de una respuesta.

1. _____ Es muy observadora.

2. _____ Le gusta el perro del vecino.

3. _____ Se levanta temprano.

4. _____ Detesta las pulgas.

5. _____ Pasa la aspiradora.

6. _____ Juega con Manchitas.

7. _____ Le es fácil despertarse.

8. _____ Toma la bebida negra.

9. _____ Mira la televisión.

10. _____ Saluda a su mamá todos los días.

11. _____ Visita a los vecinos.

12. _____ Siempre quiere dormir un poco más.

Un paso más… ¡a escribir!

Imagínese que su animal doméstico puede hablar. (Si no tiene mascota, invente una.) ¿Cuál es la opinión del animal sobre su condición doméstica? Hágale las siguientes preguntas y luego escriba un párrafo de 12 a 15 oraciones con sus respuestas.

1. ¿Estás contento/a en tu casa? ¿Por qué?
2. ¿Te gusta la comida? ¿Qué comes con frecuencia? ¿Y qué prefieres comer?
3. ¿Te molestan las pulgas? ¿Qué otras cosas te molestan?
4. ¿Cómo son tus amos?
5. ¿Qué haces para divertirte?

Los amigos hispanos: ¡Nadie es perfecto!

PISTAS PARA LEER

Armando González Yamasaki is a thirteen-year-old Peruvian Japanese boy who lives in Cuzco, Peru, with his mother, brother, and grandparents. In this school composition, he describes his home life. As you read, focus on his opinion about household chores.

VOCABULARIO ÚTIL

no se encarga	*is not in charge*
el huerto	*vegetable garden*
siembra legumbres	*he plants vegetables*
cultivaban	*used to grow*
rastrillar	*to rake*
se enoja	*(she) gets angry*
el hogar	*home*
nos recuerda	*(she) reminds us*
compartimos	*we share*
ensuciamos	*we mess up*

El trabajo de la casa no me gusta mucho, ¡pero tengo que hacerlo! Todos en mi familia debemos ayudar con los quehaceres, como dice mi madre. En mi casa somos cinco: mis abuelos, mi mamá, mi hermano Andrés que tiene nueve años, y yo, que tengo trece. (Mi papá no vive con nosotros porque él y mi mamá están divorciados.) Y cada persona tiene un trabajo asignado.

Mi abuela cocina casi todos los días porque le gusta cocinar, y también lava los platos. Ella es japonesa y prepara cosas ricas del Japón, como arroz y sopas, aunque prepara comida peruana también. Mi mamá no es muy buena cocinera y lo admite. Ella prefiere hacer la limpieza. Mamá limpia la sala, el comedor, la cocina y su cuarto. Pero **no se encarga** del cuarto mío y de mi hermano, porque nuestro dormitorio es nuestra responsabilidad. Esa palabra, *responsabilidad*, es tan larga, ¿no? Pero a mamá le gusta usarla.

Tenemos un **huerto** y un patio grande donde mi hermano y yo jugamos con nuestros amigos. Mi abuelo trabaja en el patio y el huerto; riega las plantas, corta el césped y **siembra legumbres.** Abuelo tiene muchos tipos de papa, porque los peruanos comemos muchas papas. Él dice que los incas, los indígenas peruanos, ¡**cultivaban** 1.000 tipos de papa diferentes! Pero ahora en Perú sólo hay 200 variedades, que también es mucho. Y mi abuelo cultiva sólo cinco variedades de papa, ¡que es muy poco!

Bueno, mi hermano y yo a veces ayudamos a abuelo a regar las plantas y a **rastrillar** el patio. Pero nunca queremos barrer el piso de la cocina ni lavar los platos, porque esos son trabajos de mujer. ¡Cuánto **se enoja** mamá cuando le decimos eso! Siempre responde que en nuestro **hogar** no hay trabajos «de mujer» ni «de hombre», y **nos recuerda** que es ella quien repara los aparatos y los muebles que se rompen. Yo pienso que abuelo debe hacer esas reparaciones, porque él es el hombre de la casa. ¡El problema es que abuelo no sabe reparar nada! A mi madre le molestan las cosas «tradicionales», como dice ella. Pero, bueno, eso es tema para otra composición, creo yo.

Pues… siempre hay mucho que hacer en casa y todos en la familia **compartimos** los quehaceres. No tenemos empleada doméstica porque Mamá quiere enseñarnos a mi hermano y a mí a limpiar lo que **ensuciamos.** Yo trato de mantener mi cuarto en orden. Guardo mis libros después de leerlos, tiendo la cama, limpio mi escritorio y hago varias cosas más. Pero a veces dejo mi ropa por todas partes, los pantalones en la silla, las camisas en el piso, los zapatos en mi escritorio… ¿Qué puedo decir? ¡Nadie es perfecto!

Comprensión

La siguiente información es falsa. Sustituya las palabras incorrectas (que aparecen en letra *cursiva*) por las correctas para así decir la verdad.

MODELO: En la casa de Armando viven *cuatro* personas. →
En la casa de Armando viven *cinco* personas.

1. En la familia de Armando, *nadie ayuda* con los quehaceres domésticos.

   _____

2. A la mamá de Armando *le gustan* las ideas tradicionales.

   _____

3. La abuela de Armando sólo prepara *comida japonesa.*

   _____

4. La madre de Armando se encarga de *limpiar el patio y sembrar legumbres.*

   _____

5. El abuelo de Armando *sabe hacer todo tipo de reparaciones* en la casa.

   _____

6. Armando y su hermano ayudan a *su abuela a cocinar.*

   _____

7. A veces, Armando deja *sus juguetes* en el piso.

   _____

Un paso más… ¡a escribir!

A. Responda a una de las siguientes preguntas en un párrafo de 12 a 15 oraciones.

1. En su opinión, ¿es típica la casa de los Yamasaki? ¿Hay aspectos de ese hogar que son similares a los de la familia de usted? ¿Comparten todos en su casa los quehaceres?

2. Imagínese que usted tiene trece años. ¿Cuáles son sus obligaciones domésticas?

3. ¿Piensa usted que hay trabajos «de mujer» y trabajos «de hombre»? Explique.

B. Imagínese que usted es la madre o el abuelo de Armando. Ahora está conversando con un amigo o una amiga de la familia sobre la conducta del niño. Mencione dos aspectos positivos y dos negativos sobre la actitud de Armando respecto al trabajo doméstico.

(Continúa.)

1. Armando siempre guarda sus libros después de leerlos.

2. _____

3. _____

MALA CONDUCTA

1. A veces Armando deja su ropa en el piso.

2. _____

3. _____

Hablando del pasado

Capítulo 7

Actividades escritas ✏️

✳ **Mis experiencias**

Lea Gramática 7.1–7.2.

A. Imagínese que un compañero / una compañera de su clase de español le pregunta si usted va a hacer las siguientes cosas. Dígale que usted ya las hizo **ayer** (**anteayer, anoche, la semana pasada,** etcétera).

> MODELO: ¿Vas a hacer tu tarea de español esta noche? → *No, ya hice mi tarea ayer.*

1. ¿Vas a estudiar esta noche?

   _____

2. ¿Vas a ver una película mañana en la noche?

   _____

3. ¿Vas a visitar a tus padres este fin de semana?

   _____

4. ¿Vas a hacer ejercicio conmigo ahora? (conmigo → contigo)

   _____

5. ¿Vas a ir de compras el sábado?

   _____

B. Complete el párrafo usando el pretérito de los verbos que aparecen entre paréntesis.

Ayer _____¹ (ser) un día difícil. ____ _____² (Levantarse: Yo) muy

tarde porque no _____³ (oír) el despertador. No ____ _____⁴

(ducharse); ____ _____⁵ (vestirse) rápido y _____⁶ (salir)

para el trabajo… Pero primero _____⁷ (ir) a la gasolinera y _____⁸

(poner) gasolina. Luego _____⁹ (manejar) muy rápido y casi

_____¹⁰ (llegar) a tiempo a mi trabajo… Bueno, _____¹¹

(llegar) un poco tarde, pero solamente cinco minutos. El jefe ____ _____¹²

(ponerse) furioso y me _____¹³ (dar) más trabajo que nunca. _____¹⁴

(Trabajar: Yo) todo el día; no _____¹⁵ (almorzar) ni _____¹⁶

(descansar) en todo el día. _____¹⁷ (Salir) del trabajo a las 6:00 de la tarde…

_____ _____¹⁸ (Tener que) correr para llegar a la universidad, a la

clase de las 7:00 de la noche. Pues… _____¹⁹ (asistir) a clase, pero no

_____²⁰ (oír) nada de lo que _____²¹ (decir) el profesor.

¡_____²² (Dormir) durante las tres horas de la clase! Y ahora el problema es que

el miércoles tengo un examen… ¡Ay! ¿Qué voy a hacer?

C. Escriba una composición de 12 a 15 oraciones sobre el fin de semana pasado. ¿Adónde fue? ¿Con quién(es)? ¿Fue al cine? ¿Visitó a algún amigo? ¿Se divirtió? ¿Tuvo que trabajar? ¿Qué hizo el viernes por la noche? ¿y el sábado por la mañana/tarde/noche? ¿y el domingo por la mañana/tarde/noche?

> MODELO: El viernes por la tarde salí del trabajo a las 6:00 y regresé a casa. A las 8:00 mi novia y yo cenamos en…

✳ Las experiencias con los demás

Lea Gramática 7.3–7.4 y repase 7.1–7.2.

D. Complete el primer párrafo con lo que usted hizo ayer y el segundo con lo que hizo su amigo/a.

Ayer

Yo

_____ [1] al tenis.
(jugar)

Después _____ _____ [2].
(ducharse)

Más tarde, _____ _____ [3]
(ponerse)

ropa limpia para ir al cine y _____ [4]
(ir)

al cine con mi novio/a. _____

_____ [5] mucho y
(divertirse)

_____ _____ [6] muy tarde.
(acostarse)

Mi amigo/a

Él/Ella _____ [7] al básquetbol.
(jugar)

No _____ _____ [8], pero sí.
(ducharse)

_____ _____ [9] ropa limpia.
(ponerse)

Por la tarde _____ [10] a cenar
(salir)

con su novio/a. Él/Ella también _____

_____ [11] mucho, pero _____
(divertirse)

_____ [12] temprano.
(acostarse)

E. Diga qué actividades hicieron las siguientes personas el fin de semana pasado; incluya por lo menos dos actividades para cada persona o grupo: mi hermano/a, mi mejor amigo/a, mis padres/hijos, mis amigos y yo, mi padre y yo, mi esposo/a (novio/a) y yo.

MODELOS: Mi hijo y yo → *Trabajamos en el jardín y después exploramos el Internet.*

Mi papá → *Mi papá jugó al golf con un amigo y por la noche fue al cine con mi mamá.*

1. _____

2. _____

3. _____

4. _____

5. _____

6. _____

F. Supongamos que usted y su esposo/a tuvieron que viajar fuera de la ciudad. Su hijo/a de dieciséis años se quedó solo/a en casa. Son las diez de la noche y usted está preocupado/a. Lo/La llama por teléfono y le hace muchas preguntas. Escriba un diálogo de 12 a 15 oraciones entre usted y su hijo/a sobre lo que él/ella hizo durante el día. Usted debe hacerle preguntas como: **¿Hiciste la tarea para la clase de biología?** Su hijo/a debe contestarlas y hacer otros comentarios: **Sí, mamá. Hice toda la tarea para la clase de biología y también terminé el proyecto para la clase de historia.** Use actividades como **almorzar, asistir a clases, desayunar, hacer la tarea, ir a trabajar, lavar los platos, levantarse, pasar la aspiradora, sacar al perro a pasear, practicar, recoger el periódico, sacar la basura, tender la cama.**

G. Mire los dibujos y escriba una narración de 12 a 15 oraciones sobre lo que hicieron Esteban y Raúl durante las últimas vacaciones, las vacaciones de Semana Santa. No escriba simplemente una lista de actividades; haga una narración con detalles interesantes. (Es posible escribir más de una oración por dibujo.) ¡Sea creativo!

✳ Hablando del pasado

Lea Gramática 7.5.

H. ¿Cuánto tiempo hace que usted…

1. se graduó en la escuela secundaria?

   _____

2. conoció a su profesor(a) de español?

   _____

3. limpió su casa/cuarto?

   _____

4. fue al cine con su novio/a?

   _____

5. se divirtió mucho con sus amigos?

   _____

I. Piense en sus compañeros de clase. ¿Qué actividades hicieron ellos?

   MODELO: hace diez días (que) → *Elena fue a visitar a sus padres hace diez días.* o
   Hace diez días que Elena fue a visitar a sus padres.

1. hace dos días (que)/

   _____

2. hace tres años (que)/

   _____

3. hace diez años (que)/

   _____

4. hace treinta segundos (que)/

   _____

5. hace una semana (que)/

   _____

J. Complete los párrafos con la forma correcta de los verbos entre paréntesis.

1. Colón _____ (llegar) a América en 1492, hace más de 500 años. El primer

   lugar que _____ (ver) _____ (ser) Guanahaní, una hermosa isla. Allí él y sus

   compañeros _____ (encontrar) a muchos indígenas pacíficos y amables pero

   muy tímidos.

2. Hace más o menos doscientos treinta años que los Estados Unidos _____

   (declarar) su independencia de Inglaterra. El primer presidente de este país _____

   (ser) George Washington. El país _____ (empezar) con trece colonias y ahora

   tiene cincuenta estados. En 1861, hace aproximadamente ciento cuarenta y cinco años,

   _____ (empezar) la Guerra Civil entre el Norte y el Sur. Esta guerra

   destructiva _____ (terminar) en 1865.

3. México _____ (declarar) su independencia de España hace más o menos

   ciento noventa y cinco años, en 1810. En 1822, cuando _____ (terminar) la

   guerra de independencia, Agustín de Iturbide se proclamó emperador, con el nombre de

   Agustín I. _____ (Ser) emperador solamente de 1822 a 1823. Durante los años de la

   (Continúa.)

Guerra Civil de los Estados Unidos, México _____ (tener) otro emperador, el emperador Maximiliano de Austria. Maximiliano _____ (ser) emperador de México de 1864 a 1867. En 1867 _____ (regresar) el presidente Benito Juárez del exilio.

Resumen cultural

Complete con la información cultural del **Capítulo 7.**

1. El 5 de mayo de _____ los mexicanos ganaron la _____ contra las tropas francesas de Napoleón III.

2. Nombre tres libertadores de Sudamérica: _____, _____ y _____.

3. _____ fue emperador de México entre 1864 y 1867.

4. ¿Qué es el Camino Inca?

   _____

5. ¿Cómo se llama el español que en 1521 conquistó a los aztecas? _____

6. Los indígenas del imperio incaico son los _____.

7. ¿Qué expresión se usa para decir que es mejor viajar solo/a que con un compañero / una compañera desagradable?

   _____

8. ¿Cuál es otra palabra que se usa para nombrar el idioma español? _____

9. Nombre los seis países sudamericanos por los cuales pasa la cordillera (las montañas) de los Andes.

   _____

   _____

10. ¿Qué países formaban el Virreinato del Río de la Plata? _____,

    _____, _____, _____ y

    _____

11. ¿Cómo se llama la primera mujer elegida presidente de un país latinoamericano?

    _____ ¿De qué nacionalidad es? _____

12. ¿Cómo se llama el librero mexicoamericano que en 2004 recibió el premio de la Fundación MacArthur por sus contribuciones a la comunidad hispana? _____

13. ¿Cómo se llama el poeta salvadoreño que recibió el premio Américas de 2002 para literatura latinoamericana? _____

 ctividades auditivas

Listening Comprehension Strategies

In **Paso A** and in **Capítulo 2** you found guides to help you get the most out of listening comprehension activities. Now that you may be starting your second semester with *Dos mundos,* remember that listening strategies can improve your comprehension without frustration or stress. At this point in your study, you have probably developed many useful strategies for working through the assignments in the **Actividades auditivas.** Those included here are intended to enhance your listening experience.

Some of you may be working with *Dos mundos* for the first time. If so, this section will be especially helpful. You may also want to review the listening guidelines found in the **Actividades auditivas** of **Paso A** and **Capítulo 2.**

Before starting, remember these basic steps.

- First, find a well-lit place in which to work—one where you can listen and write comfortably, without interruptions. Make sure you have the audio controls of the CD/audio player as well as the *Cuaderno* within easy reach. Do not begin listening until you are thoroughly familiar with the mechanism of your CD/audio player and feel comfortable using it.
- Please note that this guide begins with **C. ¡Otra fiesta!,** since segments **A** and **B** are for review purposes.

✳ Los amigos animados

A. **La Compañía Reparatodo**

(*Continúa.*)

Y ahora un anuncio comercial en KSUN, Radio Sol.

¿Sí o no? La Compañía Reparatodo...

1. _____ repara los aparatos eléctricos.

2. _____ hace las reparaciones en su casa.

3. _____ trae comida a su casa.

4. _____ saca la basura después de hacer las reparaciones.

5. _____ limpia el baño de su casa.

6. _____ barre el piso y pasa la aspiradora.

7. _____ repara estufas y hornos de microondas.

B. El vecindario de Guillermo

Ahora Guillermo Saucedo, el hijo de Ernesto y Estela, lee una composición en su clase de lenguaje y escritura.

¿Qué cosas de su vecindario le gustan a Guillermo (**G**) y cuáles no le gustan (**NG**)?

1. _____ el cine

2. _____ el mercado

3. _____ jugar al fútbol

4. _____ ver películas cómicas con la familia

5. _____ ir de compras con su mamá

6. _____ el centro de videojuegos

7. _____ jugar «El mundo atómico»

✳ Mis experiencias

C. ¡Otra fiesta!

- The first step is to look at the accompanying drawing—a young man talking to an older lady. Both seem happy, and the older lady seems to be telling the young man that she went dancing. Make a mental note of this, and then read everything that is printed for the segment. Now you know that the young man is Raúl and that the lady is his grandmother. With this context in mind, listen to the segment to find out about the grandmother's dancing experience.
- Let your mind create scenes that correspond to what you're hearing. Enjoy your exposure to the spoken language. This additional exposure will help you feel confident in real-life situations, especially now that you are beginning to use the past tense.
- Notice that the preterite verb forms are included on top, after the directions. Now listen again to the segment. A good strategy is to number the verbs as you listen, then copy the verbs in the correct blank once you stop the CD/audio player. For instance, in the dialogue, the grandmother says **Anoche fui a una fiesta y bailé mucho.** The answers to question 1 are **fue** and **bailó,** so you should put the number 1 by those two words. The grandmother says **fui, bailé,** but **fue** and **bailó** are the correct answers because we are talking *about* her.
- If the speakers are speaking too quickly for you, try this strategy: While listening a second time, listen only for the answers to questions 2, 4, and 6. Then, listen a third time for the answers to questions 1, 3, and 5. Now, stop the CD/audio player and write the answers in the correct blanks. You may want to listen a fourth time to verify that all your answers are correct.

VOCABULARIO ÚTIL

la libertad	*freedom*
extraño	*I miss*
los chistes	*jokes*
abrazos	*hugs*

Raúl Saucedo está en la Ciudad de México para pasar las vacaciones de Semana Santa con su familia. En este momento llama por teléfono a su abuela para saludarla.

❖   ❖   ❖

Complete correctamente las oraciones según el diálogo. Éstos son los verbos que necesita: **bailó, dijo** (use dos veces), **fue, llamó, pasó, salió** y **volvió.**

1. La abuela _____ a una fiesta anoche y _____ mucho.

2. Raúl _____ varias veces a su abuela ayer.

3. La abuela _____ de su casa a las 7:00 de la noche y

   _____ a las 5:00 de la mañana.

4. Después de la fiesta, la abuela _____ media hora charlando con don Enrique.

5. Raúl _____: —Abuela, ¡cuánto extraño sus chistes!

6. La abuela _____: —Entonces, tienes que venir a verme.

D. ¡Qué fin de semana!

- You know the initial steps: Look at the title and at the drawing, read everything written about the segment, and listen a first time to get the gist of the dialogue. What are these two girls talking about? From the drawing you can already guess that one of them had a terrible day (**¡Tuve muchos problemas!**)
- Now look at the activity: There are five multiple choice questions and for some questions there is more than one answer. A useful strategy here is the most common one: Decide which two questions to answer and listen only for those answers, for example, questions 1 and 3. Since you have already listened once, look at the answers and cross out any that seem completely illogical. Listen again for answers to questions 2 and 4. Listen a third time for the rest of the answers (in this case, question 5). You may even want to listen a fourth time to check your work.

VOCABULARIO ÚTIL

¡Qué fin de semana!	*What a weekend!*
arruinó	*she ruined*
¡Pobre de ti!	*You poor thing!*
tal vez esté celoso	*maybe he's jealous*

Es un domingo en la noche. Amanda está hablando por teléfono con su amiga Graciela.

Escoja la(s) mejor(es) respuesta(s). **¡OJO!** A veces hay más de una respuesta correcta.

1. Amanda está enojada con Guillermo porque…

   a. usó su bicicleta.

   b. gastó su dinero.

   c. usó todo su champú.

   d. llegó tarde de la escuela.

2. Otros problemas de Amanda son que…

   a. no pudo lavarse el pelo.

   b. el gato le arruinó el vestido.

   c. su novio no llegó.

   d. no recibió flores de su novio.

3. Diego…

   a. le escribió una carta a Amanda.

   b. a veces llama a Amanda.

   c. lavó el coche de Amanda.

   d. invitó a Amanda a comer en un restaurante.

4. Amanda cree que tal vez Ramón…

   a. es gordo.

   b. está celoso.

   c. es tímido.

   d. no tiene ganas de ir al cine.

5. Ramón sabe que Diego le escribió a Amanda porque…

   a. habló con él en la escuela.

   b. él encontró la carta.

   c. él leyó la carta.

   d. Diego es hermano de Graciela.

✳ Las experiencias con los demás

E. Estela necesita un médico.

- Follow the same initial steps. Because the answers here are visual, you may have to rely much more on the mental image you create of the dialogue.
- Before listening a second time, select which questions you will focus on and think about what is shown in each of the drawings. For example: Number 1: there are three alternatives for Thursday night's dinner: a. Ernesto cooking and the children happy (**Ernesto cocinó.**); b. Ernesto and the children at a restaurant (**Fueron a un restaurante. / Cenaron en...**); c. Ernesto cooking and the children unhappy (**Ernesto cocinó; a los niños no les gustó.**). As you listen, you will hear several key phrases: ERNESTO: **Preparé yo la cena...** ; ESTELA: ¿ **...los niños pudieron comer lo que cocinaste?...** ; ERNESTITO: **¡No! ¡Ni el perro quiso comer lo que papá cocinó!** From this, you know that drawing **c** is the correct answer.
- Use the same procedure to answer the other questions.

VOCABULARIO ÚTIL

el desastre	*disaster*
el día libre	*day off*
tampoco	*neither*
pelear	*to fight*
tumbaron	*they knocked down*

Estela Saucedo fue a Oaxaca para visitar a una amiga enferma. Pasó tres días con su amiga y regresó a su casa hoy, domingo, por la mañana. Poco después de llegar, Estela entró en la cocina con su esposo y sus dos niños...

¿Cuál es la escena verdadera?

1. _____ El jueves en la noche.

2. _____ El viernes por la mañana.

(Continúa.)

3. _____ El viernes en la tarde.

4. _____ También el viernes en la tarde.

5. _____ El domingo en la mañana.

F.   ¡Una mujer valiente!

- After listening the first time you have made a mental picture: Essentially, two young ladies are talking. One tells the other, who was absent from class, an anecdote told by their teacher.
- The anecdote: On her wedding day, a girl seems to have been stood up. But, she is a brave girl who takes steps to remedy the situation.
- Your task is to order several statements to summarize the anecdote. Read all the statements, and then listen again to firm up your mental image. Listen once or twice more as necessary to verify that you have the correct order.

There are no suggestions for the rest of the segments in this chapter. We feel confident that you will be able to do each one of them successfully by following the preliminary steps outlined here and then mapping out an appropriate strategy. Listen to each segment as many times as you consider necessary. Remember, needing to listen several times to something new, and not in your native language, is quite normal.

VOCABULARIO ÚTIL

valiente	*brave*
Te perdiste	*You missed*
¿Qué pasó?	*What happened?*
Me muero de curiosidad	*I'm dying of curiosity*
tenía	*had*
casarse	*to get married*
el cura	*priest*
Se olvidó	*He forgot*
las piyamas	la pijama (*Mex.*)
los casó	(*he*) *married them*

Amanda no asistió a su clase de lengua hoy. Su amiga Graciela la llama y le cuenta una anécdota divertida que les contó el profesor.

Ponga en orden la anécdota del profesor.

_____ Él abrió la ventana del balcón sorprendido.

_____ El cura casó a los novios; él en pijama y ella de vestido blanco, largo.

_____ La novia esperó una hora en la iglesia, pero el novio no llegó.

_____ Ella tocó a la puerta de la casa del novio.

_____ Ella lo insultó y lo llamó irresponsable.

_____ La novia, sus padres, los invitados y el cura salieron de la iglesia y fueron a casa del novio.

_____ El novio dijo: —¡Olvidé la fecha!

✳ Hablando del pasado

G. Noticias del mundo hispano

VOCABULARIO ÚTIL

las noticias	*news*
la Feria Hispana del Libro	*Hispanic Book Fair*
el huracán	*hurricane*
los heridos	*wounded* (*people*)
los muertos	*casualties*
la campaña	*campaign*
el gobierno	*government*
el narcotráfico	*drug dealing*

(*Continúa.*)

Y ahora en KSUN, Radio Sol, un segmento especial de noticias del mundo.

❖ ❖ ❖

¿Dónde ocurrieron los siguientes eventos, en Miami (**M**), San Juan (**S**) o en Bogotá (**B**)?

1. _____ Hubo un huracán y hubo heridos.

2. _____ Varios escritores participaron en la Feria Hispana del Libro.

3. _____ Muchas casas y edificios fueron destruidos.

4. _____ Comenzó una campaña del gobierno para combatir el tráfico de drogas.

5. _____ Hubo muchos otros eventos culturales.

H. La familia de Armando

VOCABULARIO ÚTIL

eran	*they were*
allegada	*close, near*

Armando González es el hijo mayor de Susana Yamasaki; tiene trece años. Armando necesita escribir una composición sobre su familia, que es de origen japonés, y decide entrevistar a su mamá.

❖ ❖ ❖

Complete la información que falta en la composición de Armando.

Mi familia

Mi mamá nació el _____ ¹. Nació
hace _____ ² así que tiene _____ ³ años. Mis
abuelos llegaron de Japón hace más o menos _____ ⁴.
Regresaron a Japón una vez a _____ ⁵, hace nueve años.
Les gusta mucho Japón, pero aquí _____ ⁶ más
allegada. Mi mamá nunca ha visitado Japón, pero algún día
_____ ⁷ y yo quiero ir con ella.

✳ ¡A repasar!

I. El toque perfecto

VOCABULARIO ÚTIL

el toque	*touch*
¡No me cuentes!	*Don't tell me about it!*
Lo pasamos muy bien	*We had a very good time*
el arroz con pollo	*chicken and rice (typical Caribbean dish)*
la arena	*sand*

Hoy, lunes, Carla Espinosa y Rogelio Varela conversan en la universidad después de una clase.

¿Cierto (**C**) o falso (**F**)? Si la oración es falsa, haga la corrección necesaria.

1. _____ Rogelio se divirtió el sábado en la playa.

2. _____ Carla llamó a Rogelio, pero nadie contestó el teléfono.

3. _____ En la playa Carla y sus amigos tomaron el sol, cantaron, nadaron mucho y jugaron al fútbol.

4. _____ Arturo sabe cocinar porque aprendió de su madre.

5. _____ Rogelio durmió una larga siesta en la biblioteca.

ⓟronunciación y ortografía

✳ Ejercicios de pronunciación

I. PRONUNCIACIÓN: **z, ce, ci**

Most Spanish speakers pronounce the letter **z** and the letter **c** before **e** and **i** exactly as they pronounce the letter **s.**

A. Listen and pronounce the following words. Avoid any use of the sound of the English *z*.

cabeza, brazos, luz, azul, zapatos, tiza, diez, trece, edificio, independencia, recepcionista

In some areas of Spain, the letter **z** and the letter **c** before **e** and **i** are distinguished from the letter **s** by pronouncing **z** and **c** with a sound similar to the English sound for the letters *th* in *thin* and *thick*.

B. Listen to a speaker from Spain pronounce these words.

cabeza, brazos, luz, azul, zapatos, tiza, diez, trece, edificio, independencia, recepcionista

II. PRONUNCIACIÓN: l

In Spanish the letter l is pronounced almost the same as the English *l* in *leaf*, but it is not at all similar to the American English *l* at the end of *call*.

A. Listen and pronounce the following words. Concentrate on the correct pronunciation of the letter **l**.

color, fútbol, tradicional, español, lentes, abril, hospital, fácil, aquel, papeles

B. Listen and pronounce the following sentences. Pay special attention to the correct pronunciation of the letter **l**.

1. ¿Vas a ir al hospital a ver a Miguel?
2. Mi automóvil está al lado de aquel edificio.
3. En abril no hace mal tiempo aquí.
4. ¿Cuál es tu clase favorita, la de español?
5. ¿Quieres comprar papel azul o blanco?
6. Este edificio es muy moderno; aquél es más tradicional.

❋ Ejercicios de ortografía

I. THE LETTERS s AND z; THE COMBINATIONS ce AND ci

The letters **s, z,** and the letter **c** before the letters **e** and **i** are pronounced identically by most speakers of Spanish. When writing, it is necessary to know which of these letters to use.

A. Practice writing the words you hear with the letter **s**.

1. _____
2. _____
3. _____
4. _____
5. _____

B. Practice writing the words you hear with the letter **z**.

1. _____
2. _____
3. _____
4. _____
5. _____

C. Practice writing the words you hear with the letter **c**.

1. _____
2. _____
3. _____
4. _____
5. _____

II. STRESS ON PRETERITE VERB FORMS

Two of the regular preterite verb forms (the **yo** form and the **usted, él/ella** form) carry a written accent mark on the last letter. The accent mark is needed because these forms end in a stressed vowel.

A. Listen to the following preterite verbs and write each correctly with an accent mark.

1. _____   6. _____

2. _____   7. _____

3. _____   8. _____

4. _____   9. _____

5. _____   10. _____

None of the forms of preterite verbs with irregular stems are stressed on the last syllable and consequently they are not written with an accent mark.

B. Listen and write the following preterite verbs.

1. _____   5. _____

2. _____   6. _____

3. _____   7. _____

4. _____

III. ORTHOGRAPHIC CHANGES IN THE PRETERITE

Some verbs have a spelling change in certain preterite forms.

In verbs that end in **-car, c** changes to **qu** in the preterite forms that end in **-e** in order to maintain the **k** sound of the infinitive. Common verbs in which this change occurs are **sacar** (*to take out*), **buscar** (*to look for*), **tocar** (*to touch; to play an instrument*), **comunicar** (*to communicate*), **explicar** (*to explain*), and **secar** (*to dry*). Compare these verb forms.

yo sa**qué**	yo bus**qué**	yo to**qué**	yo se**qué**
él sacó	él buscó	él tocó	él secó

In verbs that end in **-gar, g** changes to **gu** in the preterite forms that end in **-e** in order to maintain the **g** sound of the infinitive. Common verbs in which this change occurs are **entregar** (*to hand in*), **jugar** (*to play*), **llegar** (*to arrive*), **navegar** (*to sail*), **obligar** (*to oblige*), **pagar** (*to pay*), **apagar** (*to turn off*), and **regar** (*to water* [*plants*]). Compare these verb forms.

yo pa**gué**	yo ju**gué**	yo lle**gué**	yo obli**gué**
él pagó	él jugó	él llegó	él obligó

In verbs that end in **-zar, z** changes to **c** before **e.** Common verbs in which this change occurs are **abrazar** (*to embrace*), **almorzar** (*to have lunch*), **comenzar** (*to begin*), **cruzar** (*to cross*), **empezar** (*to begin*), **rechazar** (*to reject*), and **rezar** (*to pray*). Compare these forms.

yo cru**cé**	yo almor**cé**	yo empe**cé**	yo comen**cé**
él cruzó	él almorzó	él empezó	él comenzó

(Continúa.)

Note that in the verb **hacer,** the **c** changes to **z** before **o** in order to maintain the same sound as in the infinitive.

yo hi<u>ce</u>   él hi<u>zo</u>

In verbs that end in **-uir** (but not **-guir**), **i** changes to **y** whenever it is unstressed and between vowels. Common verbs in which this change occurs are **concluir** (*to conclude*), **construir** (*to construct*), **destruir** (*to destroy*), **distribuir** (*to distribute*), **huir** (*to flee*), and **incluir** (*to include*). Compare these verb forms.

yo	construí	concluí	distribuí
él	constru**y**ó	conclu**y**ó	distribu**y**ó
ellos	constru**y**eron	conclu**y**eron	distribu**y**eron

Note the same change in the verbs **caer, creer,** and **leer.**

yo	caí	creí	leí
él	ca**y**ó	cre**y**ó	le**y**ó
ellos	ca**y**eron	cre**y**eron	le**y**eron

A. Listen to the sentences and write them correctly. Pay close attention to the spelling of preterite verbs and to the correct use of accent marks.

1. _____
2. _____
3. _____
4. _____
5. _____
6. _____
7. _____
8. _____
9. _____
10. _____

B. Now listen to a mixture of preterite verbs and write them correctly using a written accent when needed.

1. _____   9. _____
2. _____   10. _____
3. _____   11. _____
4. _____   12. _____
5. _____   13. _____
6. _____   14. _____
7. _____   15. _____
8. _____

 **V**ideoteca

✳ Los amigos animados

Vea la sección **Los amigos animados** de las **Actividades auditivas** para hacer la actividad correspondiente.

✳ Escenas culturales

Argentina

VOCABULARIO ÚTIL

los porteños	personas de Buenos Aires
los bonaerenses	personas de Buenos Aires
ancho/a	*wide*
el bandoneón	*small accordion*
la belleza natural	*natural beauty*
el paraíso	*paradise*
el amante de la naturaleza	*nature lover*

Lea estas preguntas y luego vea el video para contestarlas.

1. Los porteños son descendientes de inmigrantes _____.

2. La influencia de Europa se nota en el _____ y la _____.

3. El baile típico de Argentina es _____.

✳ Escenas en contexto

Sinopsis

Roberto y Martín conversan sobre sus actividades de ayer.

VOCABULARIO ÚTIL

callado/a	*quiet*
¿Saliste bien?	*Did you do well?*
Y a que no sabes…	*I bet you can't guess . . .*
me detuvo	*stopped me*
el exceso de velocidad	*speeding*
fue sin querer	*it wasn't on purpose*
la multa	*fine; ticket*
¡Qué pena!	*That's too bad!*
Lo siento	*I'm sorry*
¡Qué mala onda!	*How awful!*

Lea estas preguntas y luego vea el video para contestarlas.

A. ¿Cierto (**C**) o falso (**F**)?

1. _____ Martín tuvo un examen ayer en su clase de economía.

2. _____ Después de su examen, Martín almorzó en un restaurante chino.

3. _____ La comida estuvo excelente.

4. _____ Martín nunca llegó al trabajo porque un policía le puso una multa.

5. _____ Roberto no trabajó ayer.

B. Complete con la información correcta.

1. Martín tuvo un examen en su clase de _____.

2. Martín salió a almorzar en un restaurante con _____.

3. El jefe de Martín se enojó porque _____.

4. Roberto se levantó tarde, _____, miró la televisión, fue al parque y

   _____.

Lecturas

Novela: «Ana Luisa», por José Emilio Pacheco

Selección de su novela *El principio del placer* (1994)

PISTAS PARA LEER

José Emilio Pacheco (1939) es un famoso escritor mexicano. En esta novela de Pacheco, un joven rico llamado Jorge cuenta su historia en forma de diario. Al comenzar su historia, Jorge conoce a una muchacha pobre en Veracruz. La novela muestra así la primera experiencia romántica de Jorge. ¿Cómo es esa experiencia?

VOCABULARIO ÚTIL

desenvuelto	*confident*
cuando saliera	*when she left*
el tranvía / la parada del tranvía	*streetcar / streetcar stop*
pasará	*will happen*
Me volaron	*I failed*
la boleta	*report card*
Un mordelón nos detuvo	*We were stopped by a cop*
al volante	*behind the wheel*
pedía	*(he) asked for*
el permiso de aprendizaje	*learning permit*
Ni sombra de	*No sign of*
De vuelta	*After returning*
Me lo hubieras dicho	*You should've told me*
No he escrito	*I haven't written*
haberme enamorado	*having fallen in love*
me puse a dar vueltas	*I went for a stroll*
el helado	*ice cream*
Ni te hagas ilusiones	*Don't get your hopes up*
Después de mucho dudarlo	*After much doubt*
Estoy enamorado de ti	*I'm in love with you*
te saludaré	*I will greet you*
que ya no te moleste	*that I don't bother you anymore*
la metida de pata	*blunder*

Hoy conocí a Ana Luisa, una amiga de mis hermanas, hija de la señora que les cose la ropa. Vive más o menos cerca de nosotros, aunque en una zona más pobre, y trabaja en «El paraíso de las telas».[1] Estuve timidísimo. Luego traté de aparecer **desenvuelto** y dije no sé qué estupideces.

Al terminar las clases me quedé en el centro con la esperanza de ver a Ana Luisa **cuando saliera** de la tienda. Me subí al mismo **tranvía** *Villa del Mar por Bravo* que toma para regresar a su casa. Hice mal porque estaba con sus amigas. No me atreví a acercarme, pero la saludé y ella me contestó muy amable. ¿Qué **pasará**? Misterio.

Exámenes trimestrales. **Me volaron** en química y en trigonometría. Por suerte mi mamá aceptó firmar la **boleta** y no decirle nada a mi padre.

Manejé desde Villa del Mar hasta Mocambo. Durán dice que lo hago bastante bien. Me parece buena persona aunque ya tiene como veinticinco años.[2] **Un mordelón nos detuvo** porque me vio muy chico para andar **al volante**. Durán lo dejó hablar mientras el tipo me **pedía** la licencia o el **permiso de aprendizaje**. Luego Durán le dijo quién era mi papá[3] y todo se arregló sin necesidad de dinero.

Ni sombra de Ana Luisa en muchos días. Parece que se tuvo que ir a Jalapa[4] con su familia. Doy vueltas por su casa y siempre está cerrada y a oscuras.

Fui al cine con Durán. A la entrada nos esperaba su novia. Me cayó bien. Es simpática. Está bonita pero un poco gorda y tiene un diente de oro. Se llama Candelaria, trabaja en la farmacia de los portales.[5] La fuimos a dejar a su casa. **De vuelta** le confesé a Durán que estaba fascinado con Ana Luisa. Respondió:
—**Me lo hubieras dicho** antes. Te voy a ayudar. Podemos salir juntos los cuatro.

No he escrito porque no pasa nada importante. Ana Luisa no vuelve todavía. ¿Cómo puedo **haberme enamorado** de ella si no la conozco?

Volvió Ana Luisa. Vino a la casa. La saludé, pero no supe cómo ni de qué hablarle. Después salió con mis hermanas. ¿En qué forma podré acercarme a ella?

Llegué al zócalo a las seis y media. Me encontré a Pablo y a otros de la escuela y **me puse a dar vueltas** con ellos. Al rato apareció Ana Luisa con Maricarmen y la Nena.[6] Las invité a tomar **helados** en el «Yucatán». Hablamos de películas y de Veracruz. Ana Luisa quiere irse a México.[7] Durán vino a buscarnos en el coche grande y fuimos a dejar a Ana Luisa. En cuanto ella se bajó, mis hermanas empezaron a burlarse de mí. Hay veces en que las odio de verdad. Lo peor fue lo que dijo Maricarmen:
—**Ni te hagas ilusiones,** chiquito: Ana Luisa tiene novio, sólo que no está aquí.

Después de mucho dudarlo, por la tarde esperé a Ana Luisa en la **parada del tranvía.** Cuando se bajó con sus amigas la saludé y le dejé en la mano un papelito:
Ana Luisa: **Estoy enamorado de ti.** *Me urge hablar contigo a solas. Mañana* **te saludaré** *como ahora. Déjame tu respuesta en la misma forma. Dime cuándo y dónde podemos vernos, o si prefieres* **que ya no te moleste.**
Luego me pareció una **metida de pata** la última frase, pero ya ni remedio. No me imagino qué va a contestarme…

[1]Es una tienda de ropa. [2]Durán trabaja para el padre de Jorge; es su asistente. [3]Su papá es un militar rico y hombre de influencia. [4]Ciudad en las montañas, capital del estado de Veracruz, México. [5]Se refiere al centro de la ciudad. [6]Maricarmen y la Nena son las hermanas de Jorge. [7]Se refiere a la capital del país, Ciudad de México.

Comprensión

¿Qué hizo Jorge? Marque el orden correcto con números del 1 al 10.

_____ En la parada del tranvía, le dio una nota (un papelito) a Ana Luisa.

_____ Invitó a sus hermanas y a Ana Luisa a tomar helado.

(*Continúa.*)

_____ Conoció a Ana Luisa y se sintió tímido.

_____ Manejó el carro y lo paró un policía.

_____ Conoció a Candelaria, la novia de Durán, en el cine.

_____ Saludó a Ana Luisa en un tranvía.

_____ Dio vueltas por la casa de Ana Luisa y la encontró cerrada y oscura.

_____ Se encontró con varios amigos en el zócalo y dio vueltas con ellos.

_____ Habló de películas y Veracruz con sus hermanas y Ana Luisa.

_____ Tomó los exámenes de química y trigonometría.

Un paso más... ¡a escribir!

Imagínese que usted tiene un nuevo amigo o una nueva amiga. Describa en una página dónde y cómo conoció a esa persona, adónde fueron durante el primer mes de conocerse y qué hicieron. Puede usar la forma de un diario como lo hace José Emilio Pacheco en su novela.

Canción: «Castillos en el aire», por Alberto Cortez

Selección de su libro *Soy un ser humano* (1985)

PISTAS PARA LEER

Alberto Cortez (1940) es un famoso compositor y cantante argentino. Su canción «Castillos en el aire» cuenta la historia de un hombre que quiso volar. Primero, lea la canción en voz alta, notando la rima. Luego léala considerando estas preguntas: **¿Por qué quiso volar el hombre? ¿Cuál fue la reacción de la gente?**

VOCABULARIO ÚTIL

el castillo	*castle*
Quiso	*He tried to*
la gaviota	*seagull*
alzó	*(he) raised, lifted*
ganando altura	*gaining altitude*
guardando cordura	*keeping their sanity*
el algodón	*cotton*
la razón	*reason, logic*
convocó al duende	*he summoned the elf (spirit)*
tienen mucho que ver	*have much to do*
dichoso	*happy*
cundió la alarma	*panic struck*
No vaya a ser que fuera contagioso	*In case it could be contagious*
contundente	*overwhelming*
la chifladura	*craziness*

Castillos en el aire

Quiso volar, igual que las **gaviotas**
libre en el aire, por el aire libre
y los demás dijeron: «Pobre idiota…
no sabe que volar es imposible.»

Mas él **alzó** sus sueños hacia el cielo
y poco a poco, fue **ganando altura**
y los demás, quedaron en el suelo
guardando cordura.

Y construyó castillos en el aire,
a pleno sol, con nubes de **algodón,**
en un lugar, adonde nunca nadie
pudo llegar usando la **razón.**

Y construyó ventanas fabulosas,
llenas de luz, de magia y de color
y **convocó al duende** de las cosas
que **tienen mucho que ver** con el amor.

En los demás, al verlo tan **dichoso,**
cundió la alarma; se dictaron normas.
No vaya a ser que fuera contagioso
tratar de ser feliz de aquella forma…

La conclusión es clara y **contundente,**
lo condenaron, por su **chifladura**
a convivir de nuevo con la gente,
vestido de cordura.

Por construir castillos en el aire,
a pleno sol, con nubes de algodón
en un lugar adonde nunca nadie
pudo llegar usando la razón.

Y por abrir ventanas fabulosas…
llenas de luz, de magia y de color
y convocar al duende de las cosas
que tienen mucho que ver con el amor.

Acaba aquí, la historia del idiota
que por el aire, como el aire libre,
quiso volar igual que las gaviotas…
pero eso es imposible… ¿o no?

Comprensión

Cuente la historia que se narra en esta canción, basándose en los siguientes temas.

1. Lo que quiso y pudo hacer el hombre.

2. Las cosas que construyó.

3. La reacción que tuvieron las otras personas (los demás).

4. El resultado del acto del hombre.

5. La pregunta al final de la canción: «¿o no?»

Un paso más… ¡a escribir!

Imagínese que usted conoce a una persona muy interesante que quiso hacer algo «diferente». Escríbale una canción o un poema a esa persona. ¿Qué quiso hacer él o ella? ¿Pudo hacerlo? ¿Cómo reaccionó la gente? Use «Castillos en el aire» como modelo y, si quiere, invente una melodía para su canción.

MODELO:

Quiso _____, igual que _____

y los demás dijeron: _____

Mas él/ella alzó sus sueños hacia el cielo

y poco a poco _____…

La comida Capítulo 8

Actividades escritas

❋ Las comidas, las bebidas y la nutrición

Lea Gramática 8.1–8.2.

A. Hoy la profesora Martínez va a dar una fiesta en su clase de español. Mónica y Esteban están viendo si ya tienen todo lo que necesitan. Complete las oraciones lógicamente con los pronombres **lo, la, los** o **las.**

MÓNICA: ¡Va a ser una fiesta muy divertida!

ESTEBAN: Sí, y vamos a comer muchas cosas buenas. Mira qué *pastel de chocolate* más rico.

MÓNICA: Sí, ¿quién ___*lo*___[1] trajo?

ESTEBAN: Creo que _____[2] trajo Luis. Mi amigo Raúl trajo *las enchiladas.*

MÓNICA: Sí, están deliciosas. Ya _____[3] probé.

ESTEBAN: ¡Ay, Mónica! Oye, ¿dónde están *los refrescos*?

MÓNICA: No sé; tú _____[4] trajiste. ¿No recuerdas dónde _____[5] pusiste?

ESTEBAN: Yo no _____[6] traje. A mí no me gustan los refrescos.

MÓNICA: ¿Cómo? ¡¡¡¿No hay refrescos porque a ti no te gustan los refrescos?!!! A todos nos gusta beber algo con la comida.

ESTEBAN: No traje refrescos, pero sí traje *horchata.*[a]

MÓNICA: ¡Bromista![b] ¿Dónde _____[7] pusiste?

ESTEBAN: _____[8] puse aquí al lado del flan.

MÓNICA: Hmmm, *flan.* ¡Me gusta mucho! ¿_____[9] preparaste tú?

ESTEBAN: No, yo no _____[10] preparé. El flan tampoco me gusta; además no sé cocinar. Oye, Mónica, ¿tú qué trajiste?

(Continúa.)

---

[a]*refreshing drink made out of rice and water with lemon, sugar, and cinnamon*   [b]*Joker!*

MÓNICA: ¿Yo? Pues *los tacos*. ¿No _____[11] viste?

ESTEBAN: Sí, _____[12] puse al lado de la sandía.

MÓNICA: Ah, pues entonces ya está todo listo.

AMBOS: ¡¡¡¡¡¡MÚSICA!!!!!! ¡¡¡¡¡¡FIESTAAAA!!!!!!

B. Piense en lo que le gustaba comer en su niñez y lo que le gusta comer ahora. Escoja las frases apropiadas para expresar sus gustos.

- Me encantaba(n) (*I used to love them*) y todavía (*still*) me gusta(n) mucho.
- Me encantaba(n), pero ya no (*no longer*) me gusta(n).
- No me gustaba(n), pero ahora sí me gusta(n).
- No me gustaba(n) y todavía no me gusta(n).

1. los dulces y los chocolates: _____

2. la langosta: _____

3. la avena: _____

4. el jugo de toronja: _____

5. el apio: _____

6. el queso: _____

7. los albaricoques: _____

8. ¿ ? _____

 C. Escriba una composición de 10 a 15 oraciones sobre las comidas que le gustan y las comidas que no le gustan. ¿Qué comidas le encantan? ¿Hay platos de países hispanos que le gustan? ¿Hay algunas comidas que no le gustan pero que come porque son saludables? ¿Cuáles detesta y nunca come? Mencione platos, legumbres, frutas, postres y bebidas que le gustan o que no le gustan. ¿Por qué (no) le gustan estas comidas?

✳ La compra y la preparación de la comida

Lea Gramática 8.3–8.4.

D. Escriba las comidas que corresponden a cada sección y marque el precio por libra (lb.), por paquete (pqte.) o por cada una (c/u). Si puede, vaya al supermercado para verificar los precios de cada una.

COMIDAS NUTRITIVAS QUE COMPRO CON FRECUENCIA.	PRECIOS:
_____	$ _____ por _____
_____	$ _____ por _____
_____	$ _____ por _____
_____	$ _____ por _____
COMIDAS NUTRITIVAS QUE NUNCA COMPRO.	PRECIOS:
_____	$ _____ por _____
_____	$ _____ por _____
_____	$ _____ por _____
_____	$ _____ por _____
COMIDAS SIN VALOR NUTRITIVO QUE COMPRO CON FRECUENCIA.	PRECIOS:
_____	$ _____ por _____
_____	$ _____ por _____
_____	$ _____ por _____
_____	$ _____ por _____

E. Conteste las preguntas con información personal. Si es posible, use palabras como **algo/nada, alguien/nadie, alguno/ninguno, siempre/nunca, también/tampoco.**

1. ¿Va usted al supermercado siempre por la noche? ¿Por qué?

   _____

2. ¿Compra mucha carne? ¿Por qué?

   _____

3. ¿Usa cupones? ¿Por qué?

   _____

4. ¿Le gusta preparar postres? ¿Los prepara con frecuencia?

   _____

5. ¿Alguien en su casa come hígado con frecuencia? ¿Y usted?

   _____

6. ¿A alguien en su casa le gusta comer comida japonesa?

   _____

F. Ponga en orden los pasos para la preparación de los chiles rellenos. Aquí tiene algunas palabras útiles que puede usar: **primero, luego, después, finalmente.**

LOS PASOS

- Se baten los huevos.
- Se pelan los chiles.
- Se mojan los chiles en el huevo batido.
- Se asan los chiles.

- Se cortan varias rebanadas de queso.
- Se les quitan las semillas.
- Se pone una rebanada de queso en cada chile.
- Se fríen.

1. _____

2. _____

3. _____

4. _____

5. _____

6. _____

7. _____

8. _____

 G. Use la forma **se** impersonal y explique cómo se preparan tres de las siguientes comidas: **el pastel de chocolate, la sopa de legumbres, la lasaña, las papas fritas, una ensalada de frutas, un sándwich de atún, una quesadilla, un burrito, el arroz con pollo, una tortilla española.** Escriba un mínimo de cuatro oraciones por comida.

MODELO: *la hamburguesa* → Primero se forma una bola de carne molida y luego se aplana. Se calienta la sartén y se fríe la carne. Se cortan varias rebanadas de tomate, lechuga y cebolla. Luego se le pone mostaza, mayonesa y salsa de tomate al pan. Se le agregan la carne, una o dos rebanadas de tomate, una rebanada de cebolla y un poco de lechuga. Se sirve con un refresco frío y se come.

✳ Los restaurantes

Lea Gramática 8.5.

H. Pilar y Ricardo están en un restaurante mexicano en Madrid. Complete el diálogo usando las formas correctas de **pedir** o **servir**.

RICARDO: Pilar, ¿vas a _____ [1] paella?
(pedir)

PILAR: No, aquí no _____ [2] comida española, solamente _____ [3]
(servir: ellos)   (servir)

comida mexicana.

RICARDO: Hmmm… ¿Qué te parece si _____ [4] cervezas para los dos mientras
(pedir)

decidimos?

PILAR: No, no podemos _____ [5] cervezas porque vamos a manejar…
(pedir)

RICARDO: Sí, es verdad. Entonces voy a _____ [6] dos limonadas.
(pedir)

PILAR: No, tampoco _____ [7] limonada aquí.
(servir)

RICARDO: A ver… Entonces, ¿por qué no _____ [8] dos horchatas?
(pedir)

PILAR: Buena idea. Yo siempre _____ [9] café, pero ¡hace tanto calor hoy!
(pedir)

RICARDO: Mesero, dos horchatas, por favor.

PILAR: Bueno, ahora a ver el menú. Mira, tienen enchiladas. La semana pasada las pedí y me

gustaron mucho. Pero no sé… También _____ [10] unos tacos deliciosos
(servir)

aquí.

RICARDO: Pilar, ¿qué te parece si ahora yo _____ [11] las enchiladas y tú
(pedir)

_____ [12] los tacos?
(pedir)

PILAR: ¡Estupendo! Yo _____ [13] tacos y te doy uno. Tú
(pedir)

_____ [14] enchiladas y me das una.
(pedir)

RICARDO: Hmmm. ¿Los meseros _____ [15] pronto aquí? ¡Tengo hambre! ¡Mesero!
(servir)

PILAR: Espera, ¿qué vas a _____ [16] de postre?
(pedir)

I. Supongamos que usted está en estas situaciones. Reaccione de manera apropiada.

1. Tiene un examen dentro de veinte minutos, pero tiene mucha hambre. Entra en la cafetería de la universidad. ¿Qué pide?

_____

_____

_____

_____

2. Hoy es el cumpleaños de su hermano/a mayor. Para celebrar su cumpleaños, usted lo/la invita a un restaurante muy elegante. Ahora usted va a pedir para los/las dos.

_____

_____

_____

_____

3. Su familia va a tener una fiesta de Navidad (Año Nuevo, Día de Acción de Gracias, 4 de julio, ¿ ?). Usted va a preparar la comida (varios platillos). ¿Qué va a preparar? ¿Por qué?

_____

_____

_____

_____

J. Escriba un diálogo de 12 a 16 líneas entre usted, su amigo/a y un mesero / una mesera en un restaurante. Aquí tiene algunas palabras y expresiones útiles: **desear, pedir, querer, recomendar, tráigame (tráiganos); la cuenta, la especialidad, la propina; de postre, en seguida, para beber, para empezar.**

Resumen cultural

Complete con la información cultural del **Capítulo 8.**

1. Nombre tres grupos de indígenas que habitaban el territorio de Honduras y El Salvador antes de

   la llegada de los españoles: _____, _____

   y _____.

2. ¿Qué significan las letras FMLN?

   _____

3. Nombre otras dos palabras para legumbres: _____ y

   _____.

4. Nombre cinco palabras para comida que provienen del náhuatl.

   _____

5. El poeta Francisco X. Alarcón dice que las plantas de tomates son como _____

   _____ en primavera.

   ¿Por qué dice eso? _____

6. ¿En qué país es típica la parrillada? Describa una parrillada.

   _____

7. ¿Qué es el ceviche? ¿De dónde proviene?

   _____

8. ¿Cómo se dice **helado** en México? _____

   Y, ¿cómo se dice **jugo** en España? _____

9. ¿Qué quiere decir la oración: **¡Estoy como agua para chocolate!**?

   _____

10. El tamal tiene diferentes nombres en varios países. En Venezuela y Colombia es una

    _____ y en Ecuador, Perú y Chile es una _____.

11. ¿De qué país son típicas las pupusas? Describa una pupusa.

    _____

12. Uno de los platos típicos de Costa Rica es el _____. Descríbalo.

    _____

Actividades auditivas

✳ **Los amigos animados**

A. El secreto

Silvia Bustamante conversa con Alfredo Gil, su amigo uruguayo, en la librería de la universidad.

¿Con quién asocia usted la siguiente información, con Silvia (**S**), con Alfredo (**A**) o con Angélica (**AN**)?

1. _____ No estuvo en casa ayer.

2. _____ Fue al cine con algunos amigos.

3. _____ Tiene un secreto.

4. _____ Salió con una amiga de Silvia.

5. _____ No habló de Alfredo con su amiga.

6. _____ Se sorprendió cuando oyó que Angélica es amiga de Alfredo.

B. El periódico *La Voz*

En este segmento comercial de KSUN, el escritor Pedro Ruiz habla del periódico mexicano *La Voz*.

¿Por qué recomienda Pedro Ruiz *La Voz*? Complete las oraciones.

Hace más de cincuenta años que *La Voz* comenzó a publicar los artículos más completos sobre

_____[1]. Durante todos esos años, *La Voz* les trajo a sus lectores las últimas

noticias _____[2]. *La Voz* también les ofrece a sus lectores interesantes artículos

sobre _____, _____ y _____[3].

Si a usted le gusta leer y quiere _____[4] bien informado, lea *La Voz*.

✳ Las comidas, las bebidas y la nutrición

C. Anuncio comercial: Queso Sinaloa

VOCABULARIO ÚTIL

pura	*pure*	**Lugar mencionado**
los manantiales	*springs (of water)*	Sinaloa *state on the west coast of Mexico*

Escuchemos un anuncio comercial en su estación favorita, KSUN, Radio Sol de California.

❖   ❖   ❖

¿Con qué asocia usted esta información, con el estado de Sinaloa (**S**) o con el Queso Sinaloa (**Q**)?

1. _____ Tiene el océano más azul y el agua de sus manantiales es muy pura.

2. _____ Es muy rico con frutas o con su postre favorito.

3. _____ Es delicioso y nutritivo.

4. _____ Siempre hay brisa.

5. _____ Se vende en los mercados hispanos.

D. ¡Qué buena manera de celebrar!

VOCABULARIO ÚTIL

llena	*full*
¡Para reventar!	*About to burst!*
las tortas	*type of Mexican sandwich*
me escondo	*I hide*

Restaurante mencionado

La Torta Ahogada

Hoy, lunes, Graciela Herrero conversa con su novio,
Rafael Quesada, en el colegio.

❖ ❖ ❖

¿Cierto (**C**) o falso (**F**)? Si la oración es falsa, escriba una correcta.

1. _____ Graciela no quiere ir a comer con Rafael porque está muy llena.

   _____

2. _____ Ayer fue el cumpleaños de la mamá de Graciela.

   _____

3. _____ Para el desayuno comieron pan, cereal, frijoles, tortillas y otros platillos más.

   _____

4. _____ En el restaurante La Torta Ahogada, Graciela pidió dos tortas de pollo.

   _____

5. _____ La familia de Graciela no comió nada para la cena porque comieron mucho durante el almuerzo en el restaurante.

   _____

6. _____ Rafael quiere celebrar el próximo cumpleaños del padre de Graciela.

   _____

❋ La compra y la preparación de la comida

E. Los supermercados Calimax

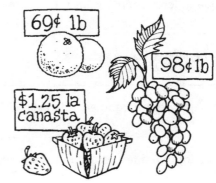

VOCABULARIO ÚTIL

el surtido	*assortment, selection*
la calidad	*quality*
las superofertas	*super specials*
la sección	*section*
la canasta	*basket*

Y ahora, aquí en KSUN, un mensaje importante de los supermercados Calimax.

Escuche el anuncio y escriba los precios al lado izquierdo de cada superoferta de Calimax. **¡OJO!** No todas las cosas de su lista están en superoferta.

_____ leche   _____ 1 lb. manzanas

_____ queso   _____ 1 lb. naranjas

_____ 1 lb. carne molida   _____ 1 lb. uvas

_____ 1 lb. chuletas de puerco   _____ fresas (una canasta)

_____ 1 lb. bistec   _____ ajo (una cabeza)

_____ 1 lb. camarones   _____ azúcar (bolsa de 5 lbs.)

_____ 1 lb. langosta   _____ 1 lb. almejas

F. ¡Es fácil cocinar!

VOCABULARIO ÚTIL

Sigue leyendo	*Keep reading*
Se calienta	*Is heated*
mientras	*while*
¡qué bien huele!	*how good it smells!*

Ernestito está de visita en casa de sus primas Clarisa y Marisa. Las niñas tienen hambre y quieren preparar algo de comer.

Conteste brevemente las preguntas.

1. ¿Qué quieren preparar las niñas y por qué?

    _____

2. ¿Quién lee el libro de recetas?

    _____

3. ¿Por qué no preparan enchiladas o chiles rellenos?

    _____

4. ¿Qué ingredientes necesitan para preparar quesadillas?

    _____

5. ¿Cómo se prepara una quesadilla?

    Se pone _____

    Se pone _____

    Se dobla _____

    Se tapa y _____

✳ Los restaurantes

G. La broma de la abuela

¡Bienvenido a la casa de tu abuela!

VOCABULARIO ÚTIL

la broma	*joke*
¡Dame un abrazo!	*Give me a hug!*
¿De qué se ríe?	*What are you laughing about?*
tomarme el pelo	*to tease me, pull my leg*
Ya	*Already*

Raúl llega a Guanajuato para pasar las vacaciones de Navidad con su abuela.

❖ ❖ ❖

Estas afirmaciones son incorrectas. Corríjalas.

1. La abuela está contenta porque su hijo y sus nietos llegaron a pasar la Navidad con ella.

    _____

    _____

2. A Raúl no le gusta la comida que prepara su abuela; prefiere comer en un restaurante.

    _____

    _____

3. La abuela dice que después de estudiar tanto, Raúl debe divertirse y hacer ejercicio.

_____

_____

4. La abuela dice que preparar los platos favoritos de Raúl es difícil y toma mucho tiempo.

_____

_____

5. Raúl y su abuela van a cenar en un restaurante.

_____

H. ¡No quiero lavar platos!

VOCABULARIO ÚTIL

Dos Equis	*brand of Mexican beer*
en seguida	*right away*
he comido	*I've eaten*

Silvia Bustamante y su novio, Ignacio Padilla, están
cenando en un restaurante en la Ciudad de México.

Escoja la respuesta más lógica según el diálogo.

1. Antes de pedir la comida en el restaurante, Nacho y Silvia…

   a. leen el menú y piden las bebidas. c. salen, pero vuelven en seguida.

   b. dejan una propina. d. comen muy bien.

2. Silvia y Nacho piden… para los dos.

   a. coctel de camarones y langosta c. coctel, langosta y sopa

   b. langosta y ensalada d. sopa y langosta

3. Según Nacho y Silvia…

   a. la comida del restaurante no es muy buena. c. la comida estuvo deliciosa.

   b. la comida cuesta mucho. d. el mesero nunca les trajo la cuenta.

4. Nacho está preocupado porque…

   a. la comida estuvo deliciosa. c. Silvia le dice que ella no quiere pagar.

   b. ve que no tiene suficiente dinero para pagar. d. Silvia le dice que él es muy bromista.

5. Al final sabemos que Silvia y Nacho…

   a. tuvieron que lavar muchos platos. c. salieron del restaurante sin pagar.

   b. llevaban bastante dinero para la propina. d. pagaron con la tarjeta de crédito de Silvia.

✳ ¡A repasar!

I. El restaurante francés

VOCABULARIO ÚTIL

la salsa blanca	*white sauce*
el chef	*chef*
el bife	*steak (Arg.)*

Víctor Ginarte invitó a Adriana Bolini a cenar en un restaurante francés que está en una zona elegante de Buenos Aires.

❖ ❖ ❖

¿Quién dijo estas oraciones, Adriana (**A**), Víctor (**V**) o uno de los empleados (**E**) del restaurante?

1. _____ Este lugar es muy elegante.

2. _____ Es uno de los mejores restaurantes de la ciudad.

3. _____ ¿Desean tomar algo antes de pedir la cena?

4. _____ Tengo un problema con este bistec.

5. _____ Servimos el mejor bistec de toda la ciudad.

6. _____ Mi bife está exquisito. A mí me gusta mucho.

7. _____ No me trajeron cuchillo.

Ⓟronunciación y ortografía

✳ Ejercicios de pronunciación

I. PRONUNCIACIÓN: **d**

The pronunciation of the letter **d** in Spanish is very similar to the soft pronunciation of the letters *th* in English *father*.

A. Listen and repeat the following words with a soft **d.**

> cuaderno, casado, nada, partido, estudiar, nadar, saludar, mediodía, pasado, apellido, mercado, ocupada

In Spanish if the **d** is preceded by **n** or **l,** it is pronounced as a hard **d,** as in English.

B. Listen and then pronounce the following words with a hard **d.**

> grande, atender, segundo, merendar, independencia, andar, mandato, falda, sueldos

If the letter **d** comes at the end of a word, it is pronounced very softly or not at all.

C. Listen and then pronounce the following words with a soft final **d.**

> usted, pared, verdad, especialidad, universidad, ciudad

D. Listen and then pronounce the following sentences. Be sure to concentrate on the correct pronunciation of the letter **d.**

1. ¿Es usted casado?
2. Hoy es el Día de la Independencia.
3. Se vende apartamento grande. ¡Vecindad bonita!
4. Hay dos baños en el segundo piso, ¿verdad?
5. Dora, ¿dónde está el cuaderno de David?
6. ¿Es la residencia del señor Durán?
7. El condominio está cerca del mercado.
8. No me gusta nadar a mediodía.
9. ¿Podemos estudiar en la sala?
10. Se alquila apartamento moderno, alquiler módico.

II. PRONUNCIACIÓN: CONSONANTS WITH **r**

When **r** is preceded by a consonant or followed by a consonant, it is pronounced as a single tap.

A. Listen and then pronounce the following words, in which **r** is preceded by a consonant.

b + r	abra, brazos, hombros, abrigo, septiembre
d + r	padre, ladra, cuadro, madre, drama
g + r	negro, gracias, agregar, grande, grupo
p + r	pregunta, presidente, primavera, programa, prima
t + r	tres, pupitre, metro, trabaja, tren
c + r	cree, escribe, describa, crema, criada
f + r	francés, frase, frío, frecuentemente, fresco

B. Listen and then pronounce the following words, in which **r** is followed by a consonant.

> r + *cons.*   ba<u>r</u>ba, pie<u>r</u>nas, co<u>r</u>to, ve<u>r</u>de, pe<u>r</u>sona, ta<u>r</u>de, á<u>r</u>bol, cato<u>r</u>ce, he<u>r</u>mano, pe<u>r</u>dón, ma<u>r</u>tes, invie<u>r</u>no, a<u>r</u>te

If the **r** is preceded by an **n** or **l,** it is usually trilled.

C. Listen and then pronounce the following words with a trilled **r.**

> n + r   En<u>r</u>ique
> l + r   al<u>r</u>ededor

✳ Ejercicios de ortografía

ACCENT REVIEW (PART 1)

You have learned that the following words must carry a written accent mark:

- interrogatives. Examples: **¿Qué?, ¿Cuándo?**
- words in which stress falls three or more syllables from the end. Example: **plátano**
- words that end in a consonant other than **n** or **s** and are stressed on the next-to-the-last syllable. Example: **difícil**
- words that end in a stressed vowel and those whose last syllable is stressed and ends in **n** or **s.** Examples: **aquí, dirección**
- first- and third-person preterite verb forms. Examples: **tomé, comió, sirvió, pedí**

Listen and then write the following sentences. Check each word to see if it requires a written accent.

1. _____
2. _____
3. _____
4. _____
5. _____
6. _____
7. _____
8. _____
9. _____
10. _____
11. _____
12. _____
13. _____
14. _____

ideoteca

❋ Los amigos animados

Vea la sección **Los amigos animados** de las **Actividades auditivas** para hacer la actividad correspondiente.

❋ Escenas culturales

Honduras

VOCABULARIO ÚTIL

el jaguar	*jaguar*
el mono	*monkey*
el lagarto	*crocodile*
el ave	*bird*

Lea estas preguntas y luego vea el video para contestarlas.

1. La ciudad capital de Honduras es _____.

2. Cerca de la capital están las _____ mayas de Copán.

El Salvador

VOCABULARIO ÚTIL

los comestibles	*foods*
las hierbas medicinales	*medicinal herbs*
la artesanía	*handicrafts*
el chicharrón	*pork rind (El Salvador)*

Lea estas preguntas y luego vea el video para contestarlas.

3. La comida más popular de El Salvador es _____.

4. El Salvador tiene más de _____ volcanes inactivos.

✳ Escenas en contexto

Sinopsis

Mariela habla con un empleado en el supermercado.

VOCABULARIO ÚTIL

causar una impresión	*to make an impression*
primer (segundo) plato	*first (second) course*
muy buen consejo	*that's good advice*
¡Qué flores me echa!	*You always compliment me!*

Lea estas preguntas y luego vea el video para contestarlas.

A. ¿Cierto (**C**) o falso (**F**)?

1. _____ Mariela va a preparar una cena para su jefe.

2. _____ Al novio de Mariela le gusta mucho el pescado frito.

3. _____ El empleado le sugiere preparar ceviche de camarones.

4. _____ Mariela piensa también preparar arroz con pollo.

5. _____ Los espárragos están a 50 colones el kilo.

B. Complete con la información correcta.

1. De primer plato Mariela piensa servir _____ y de segundo plato decide

    preparar _____.

2. Mariela necesita muchas legumbres; ella compra _____ kilo de _____,

    _____ kilo de _____, _____ kilo de _____ y cuatro

    _____.

3. El señor Valderrama dice que donde está la señorita Castillo, siempre _____.

ecturas

 **¡Buen provecho!**

PISTAS PARA LEER

Aquí tiene varios platos típicos y deliciosos de América Latina, México y España. Al leer, enfóquese en las descripciones. ¿Cuáles de estos platos conoce ya? ¿Cuáles no conoce pero le gustaría probar?

VOCABULARIO ÚTIL

¡Buen provecho!	*Enjoy your meal! Bon appetit!*
abarca	*it includes*
refleja	*reflects*
en cambio	*on the other hand*
a la parrilla	*grilled*
precolombinas	*pre-Columbian*
espesa	*thick*
poblano	*from Puebla, Mexico*
los boquerones	*small sardines*
la ensaladilla	*potato salad*

Las ricas enchiladas

La cocina hispana es muy variada, pues **abarca** muchos países, regiones y culturas distintas. El arroz con pollo, por ejemplo, se come especialmente en el Caribe. Este plato, que se hace con trozos de pollo, arroz, tomate y aceitunas, **refleja** la influencia de la comida española en los países caribeños. La cocina argentina, **en cambio,** tiene gran influencia italiana. En Argentina se come una variedad de platos cuyo ingrediente principal es la pasta, desde los ravioles hasta los populares espaguetis. La razón es que durante el siglo diecinueve, llegaron a ese país miles de emigrantes de Italia y otros países europeos. Pero los argentinos también preparan exquisitas parrilladas: varios tipos de carne como cerdo, cordero y ternera cocinada **a la parrilla.**

Gran parte de la cocina de México tiene su origen en las culturas **precolombinas.** El guacamole es un buen ejemplo, pues esta salsa **espesa** de aguacate, cebolla, tomate y chile. La comían los indígenas aztecas. La base de algunos platos mexicanos es la tortilla de maíz o de harina. Los tacos y las enchiladas —dos de los platos más populares en los Estados Unidos— se hacen con tortillas de maíz. Y el mole **poblano,** una salsa que lleva más de veinte ingredientes, incluso chocolate, se sirve con pollo y se come con tortillas.

La comida de España tiene cocinas regionales, cada una con sus propias características. Pero en muchas regiones del país se usan los mismos ingredientes: el aceite de oliva, el ajo, el arroz y los garbanzos. Sin duda, el plato español más conocido es la paella valenciana. La exquisita paella se prepara con arroz, mariscos, pollo, chorizo y verduras. Otra comida típica es la tortilla española, hecha con huevos, cebollas y patatas. La tortilla se come a veces como tapa, con pan y un vaso de vino tinto.

La paella valenciana

Las tapas son pequeñas porciones de comida que se sirven en los bares de España. En algunos países latinoamericanos se conocen como entremeses, y los mexicanos las llaman botanas. Las tapas generalmente se acompañan con vino o cerveza y pueden ser simples —aceitunas, cacahuetes— o elaboradas, como la tortilla. Algunas de las tapas que más se comen en España son los calamares, los **boquerones** fritos y la **ensaladilla.** Una de las actividades favoritas de los españoles es «ir de tapas», de un lugar a otro probando una variedad de platos. Es una oportunidad ideal para pasar tiempo con los amigos.

Como puede ver, la cocina hispana es muy variada. Los platos y la manera de prepararlos varían de país en país. Descubra esta rica comida y… ¡buen provecho!

Comprensión

¿Qué ingredientes llevan estos platos? Algunos ingredientes se usan en más de un plato.

1. _____ la paella
2. _____ la tortilla española
3. _____ las tapas
4. _____ la parrillada
5. _____ el guacamole
6. _____ las enchiladas
7. _____ el mole poblano
8. _____ el arroz con pollo

a. las aceitunas
b. los mariscos
c. el aguacate
d. las verduras
e. las papas/patatas
f. la carne de cerdo
g. el chocolate
h. la carne de ternera
i. el chorizo
j. el pollo
k. la tortilla
l. los huevos
m. los tomates

✎ **Un paso más… ¡a escribir!**

En su clase de español hay una fiesta y usted y su compañero/a van a planear el menú. El cocinero de un restaurante hispano va a preparar todos los platos. ¿Cuáles van a tener ustedes? ¿Por qué? Escríbanle una nota a su profesor(a) explicándole por qué quieren esa comida.

MODELO:

Estimado profesor / Estimada profesora:

Gracias por tener una fiesta en la clase. Mi compañero/a y yo pensamos que el menú debe incluir los

siguientes platos: _____, _____ y _____.

Seleccionamos esta comida porque…

Afectuosamente,

(*su firma*)

Una receta: Los ricos polvorones

PISTAS PARA LEER

¿Cuál es su postre favorito? ¿Hay algún postre hispano que a usted le gusta mucho? ¿Cree que es difícil de cocinar/hornear? Pues aquí tiene una receta mexicana para hacer polvorones, que se comen con café, con té, solos o como postre. Prepárelos y… ¡disfrútelos!

VOCABULARIO ÚTIL

los polvorones	*tea cakes*
las yemas	*yolks*
la pizca	*pinch*
el bicarbonato	*baking powder*
la mezcla cremosa	*cream*
cernida	*sifted*
se aplanan / aplanadas	*flatten/flattened*
la lámina de hornear	*baking sheet*
sin engrasar	*ungreased*
se revuelcan	*roll*
pulverizada	*powdered*
la nuez moscada	*nutmeg*

POLVORONES

Ingredientes

2 tazas de harina
3/4 de taza de manteca vegetal
3/4 de taza de azúcar
*2 **yemas** de huevo*
*una **pizca** de sal*
*1/4 de cucharadita de **bicarbonato***

Para preparar los polvorones, se hace una **mezcla cremosa** con la manteca y el azúcar; se agregan las dos yemas de huevo y se revuelven bien. Después, se agrega la harina **cernida** con el bicarbonato y la sal. Se bate la mezcla hasta formar una pasta suave y seca. Luego se hacen cincuenta o sesenta bolitas y **se aplanan** con dos dedos. Idealmente, ¡todas deben ser del mismo tamaño!

Ahora, se ponen las bolitas **aplanadas** —¡los futuros polvorones!— en una **lámina de hornear sin engrasar.** Se hornean a 350° F por ocho o diez minutos o hasta que los polvorones estén dorados. Se sacan y se ponen en un plato grande. Luego se enfrían y **se revuelcan** en azúcar **pulverizada** con **nuez moscada.** Mmm... ¡ya están listos!

Un paso más… ¡a escribir!

A. Describa los ingredientes de uno de sus platillos favoritos, y luego explique cómo se prepara.

_____

_____

_____

_____

_____

B. Imagínese que usted va a participar en el concurso «Recetas del futuro». Invente un postre y diga los pasos que hay que seguir para prepararlo. Puede agregar otros ingredientes a la lista que incluimos aquí.

> *Medidas:* 1/4 (un cuarto), 1/2 (medio/a), 3/4 (tres cuartos), 1, 2 taza(s), cucharada(s), cucharadita(s), una pizca
> *Ingredientes:* aceite, azúcar, bicarbonato, harina, huevos, sal…

La niñez y la juventud   Capítulo 9

Actividades escritas

✳ La familia y los parientes

Lea Gramática 9.1–9.2.

A. ¿A quién se parece… ? Vea el árbol genealógico de la familia Saucedo. ¿A quién se parecen las siguientes personas?

MODELO: Amanda *se parece un poco a su mamá, Estela.*

1. Paula _____

2. Clarisa _____

3. Ernestito _____

4. Ernesto _____

5. Raúl _____

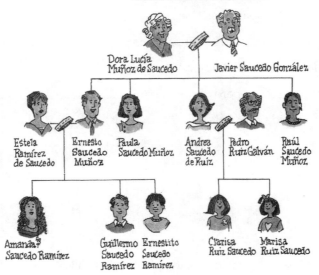

La familia Saucedo

(Continúa.)

Ahora explique quién se parece a quién en su familia e indique en qué se parecen.

MODELO: Mi primo se parece a *su papá* (*mi tío*); los dos tienen los ojos azules.

1. Mi mamá se parece a _____

2. Mi papá _____

3. Mi hermano/a _____

4. Yo me parezco a _____

5. Mi hermano/a y yo _____

6. Mi esposo/a (novio/a) _____

B. Explique si usted se lleva bien o no con estas personas y por qué.

MODELO: su prima → (*Yo*) *No me llevo bien con mi prima porque ella es muy egoísta.*

1. su hermano/a _____

2. su madre (padre) _____

3. sus suegros _____

4. sus cuñados _____

5. su novio/a (esposo/a) _____

C. Hay una reunión familiar en casa de los Saucedo. Dora y sus dos hijas, Paula y Andrea, están preparando la cena. Paula hace muchas preguntas. Haga el papel de Dora y complete sus respuestas con los pronombres **mí, ti, él, ella, nosotros/as, ellos/as, ustedes.**

MODELO: PAULA: Mamá, ¿son para tu nuera los camarones rancheros[1]?
DORA: Sí, son para *ella.* A Estela le gustan mucho.

1. PAULA: ¿Son para mi cuñado los tacos?

   DORA: No, no son para _____, son para _____, Paula, porque son tus favoritos.

2. PAULA: ¿Son para Clarisa y Marisa las enchiladas?

   DORA: Sí, son para tus sobrinas porque a _____ les gustan mucho.

3. PAULA: ¿Son para mí los espárragos?

   DORA: No, no son para _____, son para tus sobrinos, Ernestito y Guillermo.

4. PAULA: ¿Es para los suegros de Andrea la paella?

   DORA: Sí, es para _____, pero también para _____, porque a ti y a mí nos

   encanta la comida española.

_____
[1] Un platillo que se prepara en México con camarones, tomate, cebolla y chiles.

5. PAULA: ¿Para quién es el helado de fresa?

   DORA: Es para _____ y para Andrea porque a ustedes no les gusta el pastel de chocolate.

6. PAULA: ¿Es para papá la horchata?

   DORA: No, no es para _____, es para _____ porque yo no bebo refrescos.

✳ La niñez

Repase Gramática 2.5 y lea Gramática 9.3.

D. ¿Qué quieren estos niños? Mire el dibujo de la juguetería y rellene los espacios en blanco con la forma correcta del adjetivo demostrativo.

1. MARISA: Yo quiero _____ dinosaurio rosado y también _____ oso grande que está cerca de la muñeca del vestido rojo y blanco.

2. ERNESTITO: Yo quiero _____ bate y _____ pelota. Me gusta mucho jugar al béisbol.

3. CLARISA: ¿Y no quieres _____ carro verde? ¡Es muy bonito!

   ERNESTITO: Ah, sí, es muy bonito, pero prefiero _____ coche de bomberos que está aquí a mi derecha.

4. CLARISA: Pues yo quiero _____ muñeca grande de pelo rubio y lacio.

   ERNESTITO: ¿Y no te gusta _____ gato blanco?

   CLARISA: Ay, sí, _____ gato es hermoso.

5. MARISA: Si tú quieres el gato, yo quiero _____ perro color café que está allí.

6. ERNESTITO: ¡Qué lindos son todos los juguetes! Pero… yo creo que mamá va a estar más contenta si pedimos libros. Miren _____ libros debajo del carro verde.

   MARISA: Son interesantes, pero son para niños. Mira, Clarisa. _____ dos libros de cuentos, al lado izquierdo del perro.

   CLARISA: No, yo quiero _____ libros que están al lado izquierdo del oso.

E. Explique si usted hacía estas actividades cuando era niño/a (cuando tenía entre cinco y once años).

MODELO: comer muchos dulces →
No comía muchos dulces porque tenía miedo de ir al dentista.

1. jugar al escondite

_____

2. saltar la cuerda

_____

3. jugar a las muñecas

_____

4. leer cuentos

_____

5. subirse a los árboles

_____

6. nadar

_____

7. jugar con Legos

_____

8. comer helados

_____

9. andar en bicicleta

_____

F. Lea la siguiente descripción que escribe Raúl Saucedo sobre un día típico de su niñez. Luego escriba un párrafo de 15 oraciones o más describiendo un día típico en la niñez de usted.

MODELO: Cuando yo tenía ocho años vivía en Guanajuato. Asistía a la escuela primaria Miguel Hidalgo. Me levantaba a las siete, me lavaba la cara y desayunaba en el comedor con mi papá. Después de desayunar yo me lavaba los dientes y buscaba mis libros y mis cuadernos. Salía para la escuela a eso de las ocho y cuarto. Siempre caminaba a la escuela, algunas veces solo, otras veces con los hijos de los vecinos. Me gustaba caminar con ellos porque siempre charlábamos, jugábamos y corríamos por la calle. En la mañana pasaba tres horas en la escuela de las nueve hasta las doce. Luego volvía a casa para almorzar. Almorzaba con mis padres y mis dos hermanas. Después regresaba a la escuela otra vez. En la tarde tenía clases desde las tres hasta las cinco y media. Después de las clases jugaba un rato con mis compañeros en el patio de recreo de la escuela y luego regresaba a casa. En casa ayudaba un poco a mi mamá: barría el patio y sacaba la basura. Luego hacía la tarea. A las ocho de la noche cenaba y luego me bañaba y me acostaba.

✳ La juventud

Lea Gramática 9.4–9.5.

G. ¿Qué hacía usted cuando tenía entre 15 y 19 años? Complete las siguientes oraciones.

MODELO: Durante las clases yo → *dormía.*

1. Antes de ir a la escuela yo siempre _____.

2. Durante la hora del almuerzo en la escuela mis compañeros y yo _____.

3. En la tarde, después de las clases, generalmente mis amigos y yo _____.

4. En las fiestas yo _____.

5. Los sábados por la noche yo _____.

6. Los domingos por la mañana yo _____.

7. Los viernes en la noche mis amigos y yo _____.

8. Durante las vacaciones del verano mi familia y yo _____.

H. Lea la siguiente descripción que escribe Susana Yamasaki sobre un día típico en la escuela secundaria. Luego escriba un párrafo de 15 oraciones o más comentando sus actividades en la escuela secundaria. ¿Qué es lo que más le gustaba en la escuela secundaria? ¿Qué es lo que menos le gustaba? Mencione algunas de las cosas que hacía en la escuela secundaria y que ahora ya no hace.

MODELO: Mi escuela secundaria estaba muy lejos de mi casa. Era una escuela pequeña y muy vieja. Mi escuela secundaria tenía un programa muy tradicional. Estudiábamos lengua nacional (español), ciencias naturales (química, biología y física), matemáticas (álgebra), historia y lenguas extranjeras (latín, inglés, francés). Yo estudiaba mucho; pasaba mucho tiempo en la biblioteca antes de las clases y durante la hora del almuerzo. También me gustaban mucho los deportes. Después de las clases siempre jugaba al voleibol. En las tardes hacía la tarea en casa. Me gustaba hacer la tarea, pero me gustaba más hablar por teléfono con mis amigos. ¡Pasaba muchas horas hablando! Ahora casi no me gusta hablar por teléfono.

I. Complete cada oración con el verbo indicado. Use el imperfecto en uno de los espacios en blanco y el pretérito en el otro.

1. saber

    —Anoche yo _____ que te casas mañana.

    —¿No lo _____ antes?

2. conocer

    —El mes pasado _____ a mi hermanastro por primera vez.

    —¿No lo _____ antes?

3. poder

    —¡Ay! Por fin _____ correr cinco kilómetros sin descansar.

    —¿Cómo? Nunca me dijiste que no _____ correr una distancia larga sin

    descansar.

(Continúa.)

4. querer

   —Estela, lo siento. Mi esposo no _____ venir a la fiesta.

   —Pero si anoche hablé con él y me dijo que _____ venir, que tenía

   muchas ganas de vernos a todos.

5. tener

   —¿Estás enferma? Me dijo tu hermana que _____ dolor de cabeza.

   —Hoy estoy bien, pero anoche _____ dolor de cabeza y de estómago

   por casi tres horas.

J. A Guillermo no le gusta hacer los quehaceres domésticos. Su padre tiene que recordarle a cada rato lo que debe hacer. Guillermo siempre le contesta: «Iba a… pero… » Haga el papel de Guillermo y reaccione a los comentarios de Ernesto, su papa. Aquí tiene usted algunas posibles excusas: **Amanda ya lo paseó, el vecino tenía la máquina de cortar, estaba lloviendo, mamá me llamó, para ayudarle con otra cosa, no había agua.**

> MODELO: ERNESTO: Guillermo, ¿por qué no barriste el patio? →
> GUILLERMO: *Papá, lo iba a barrer, pero sonó el teléfono.*

1. ERNESTO: Guillermo, ¿ya sacaste la basura?

   GUILLERMO: _____

2. ERNESTO: Hijo, ¿cortaste el césped ayer?

   GUILLERMO: _____

3. ERNESTO: Guillermo, hijo, otra vez se te olvidó pasear al perro.

   GUILLERMO: _____

4. ERNESTO: ¡Ay, hijo! ¿Por qué no recogiste el periódico?

   GUILLERMO: _____

5. ERNESTO: ¡Hijo, nunca me ayudas! Otra vez se te olvidó regar el jardín.

   GUILLERMO: _____

Resumen cultural

Complete con la información cultural del **Capítulo 9.**

1. ¿Qué tema trata el artista boliviano Walter Solón?

   _____

2. ¿Cómo se expresa «*Like father, like son*» en español? _____

3. ¿Cómo se titula el disco compacto de Carlos Santana que recibió el premio Grammy del Disco

   del año? _____

4. ¿Cómo se llama la fundación que crearon Carlos Santana y su esposa? _____

5. ¿Cuál es el objetivo de esa fundación?

   _____

6. ¿Cuál fue el nombre original de Bolivia? _____

7. ¿Cuántos niños desamparados hay en las ciudades de América Latina? _____

8. ¿Qué factores contribuyen a ese número de niños desamparados en América Latina?

   _____

9. ¿Cómo se llama la organización que ayuda a los niños desamparados de Costa Rica?

   _____

10. ¿Qué hicieron los bolivianos en La Paz en 2003?

    _____

11. ¿Dónde se produce la revista *Chicos de la calle* y quién la escribe?

    _____

12. ¿Cómo se llama la novela más importante de Tomás Rivera?

    _____

13. ¿Qué tema trata la novela de Rivera?

    _____

14. ¿Cómo se llama el cantante panameño que es también abogado? _____

Actividades auditivas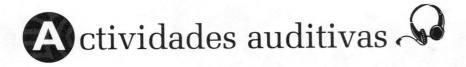

✳ **Los amigos animados**

A. El Restaurante Tres Estrellas

<table>
<tr><td colspan="2">VOCABULARIO ÚTIL</td></tr>
<tr><td>disfrutar</td><td>to enjoy</td></tr>
<tr><td>el conjunto</td><td>(musical) band</td></tr>
<tr><td>saborea</td><td>you savor</td></tr>
<tr><td>inolvidable</td><td>unforgettable</td></tr>
</table>

Desde Acapulco, un mensaje del Restaurante Tres Estrellas, el restaurante que todos preferimos.

Manuel **Rodríguez** y Su Conjunto

Escuche el anuncio de la radio y cambie la información en el anuncio del periódico si es diferente. (¡OJO! Toda la información en letra cursiva es incorrecta.)

El Restaurante Tres Estrellas los invita a distrutar de su comida deliciosa y variada aquí en el centro de Acapulco. Nuestro restaurante les ofrece la hospitalidad de siempre y una vista de *sus hermosos jardines*.[1] *Todos los días de la semana*[2] disfruten de los éxitos musicales del momento con *Roberto García*[3] y su conjunto. Abierto todas las noches desde *las 7:00 hasta las 5:00*[4] de la mañana. Para hacer reservaciones llame al *3-15-21-12*.[5] Recuerde, ¡a comer y a disfrutar en Tres Estrellas!

1. _____

2. _____

3. _____

4. _____

5. _____

B. Algo diferente

Andrea Saucedo y su esposo, Pedro Ruiz, van a salir a cenar con sus hijas Marisa y Clarisa. Ahora están decidiendo qué tipo de comida prefieren comer.

¿Qué comidas o tipos de comida consideran Andrea y Pedro antes de tomar su decisión sobre dónde comer?

a. _____ mexicana   e. _____ italiana   i. _____ hamburguesas

b. _____ francesa   f. _____ huevos fritos j. _____ arroz y frijoles

c. _____ española   g. _____ enchiladas   k. _____ tortas

d. _____ china   h. _____ pizza y espaguetis

✳ La familia y los parientes

C. Una familia como todas

VOCABULARIO ÚTIL

me crié   *I was brought up*
estoy de acuerdo   *I agree*

Carla Espinosa y Rogelio Varela, estudiantes de la Universidad
de Puerto Rico, están en un café hablando de la familia de Rogelio.

❖ ❖ ❖

Conteste estas preguntas.

1. El padre de Rogelio se casó con la
   madre de Rogelio porque…

   a. estaba divorciado.

   b. era viudo.

   c. no tenía hijos y quería tener familia.

2. Eduardo y Pablo son los… de
   Rogelio

   a. primos

   b. hermanastros

   c. medios hermanos

3. Eduardo y Pablo vivieron en casa con
   Rogelio y sus padres hasta que…

   a. se casaron.

   b. salieron para Europa.

   c. empezaron a estudiar en la universidad.

4. Rogelio dice que quiere por lo menos tres
   hijos porque…

   a. sus padres quieren muchos nietos.

   b. le gusta la idea de una familia grande.

   c. es más fácil tener muchos hijos.

Complete el árbol genealógico de Rogelio según la conversación.

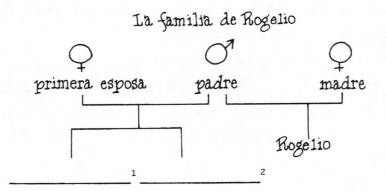

D. La familia de Mónica

estricto   *strict*

Mónica charla con Jessica, su media hermana de 8 años. La niña es muy curiosa y le hace muchas preguntas a Mónica.

¿Cierto (**C**) o falso (**F**)?

1. _____ Mónica y Jessica se parecen a su mamá.

2. _____ Ashley se parece a su mamá también.

3. _____ Mónica se parece mucho a sus hermanastros.

4. _____ Mónica y su padrastro no se llevan bien.

5. _____ Mónica tiene novio en la universidad, pero no tiene amigos.

✳ La niñez

E. Divertilandia

los cuentos	*stories*
los héroes	*heroes*
los personajes	*characters*
mágico	*magic*

Y ahora en KSUN, Radio Sol, unos mensajes de nuestros amigos en Divertilandia.

Llene los espacios en blanco correctamente, según el anuncio de Divertilandia.

Amigos, ¿recuerdan los cuentos que tanto les _____[1] cuando _____[2] niños? ¿Les

gustaría disfrutar otra vez de todos esos cuentos que ustedes _____[3] tantas veces? ¡Vengan

a Divertilandia! En este paraíso de la imaginación les esperan Pinocho, Robin Hood, Blancanieves,

Alicia, la Cenicienta, La Bella y la bestia… Y todos aquellos personajes fantásticos que les

_____[4] pasar horas de alegría en su niñez…

F. Ernesto, el travieso

VOCABULARIO ÚTIL

travieso	*mischievous*
angelito	*little angel*
las historietas	*comic books*
las travesuras	*pranks*
pegaba rabos	*I used to stick tails*
las tachuelas	*tacks*

Ernesto está leyendo el periódico y Estela un libro en la sala de su casa. Guillermo, Ernestito y su perro Lobo entran corriendo…

❖ ❖ ❖

¿Qué cosas hacía Ernesto cuando era niño? En la próxima página, llene los espacios en blanco con la actividad que corresponde. **¡OJO!** Es posible usar algunos verbos más de una vez.

andaba	hacía	nadaba
era	leía	pegaba
hablaba	llamaba	ponía

1. Ernesto _____ en bicicleta todas las mañanas con sus hermanos y por la

   noche _____ historietas.

2. Ernesto _____ travieso. A sus maestros les _____

   rabos en la ropa.

3. También les _____ tachuelas en la silla a sus maestros. ¡Ernesto

   _____ muy malo!

4. Cuando se aburría, _____ por teléfono a las tiendas de la vecindad y les

   _____ muchas preguntas tontas.

5. Por la tarde, Ernesto _____ en la alberca del gimnasio con sus hermanos.

✳ La juventud

G. ¡Qué tiempos aquéllos!

VOCABULARIO ÚTIL

¡Qué tiempos aquéllos!	*Those were the days!*
¡Qué banquetes!	*What feasts!*

Lugares mencionados

Cumaná   *town on the Caribbean coast*

Ricardo Sícora, el joven venezolano que ahora estudia derecho en España, le habla a su amiga Pilar de los veranos que pasaba en Venezuela.

❖ ❖ ❖

Escoja la(s) respuesta(s) más lógica(s).

1. Cumaná…

   a. es la capital de Venezuela.   c. es un pueblo de la costa.

   b. está en Caracas.   d. tiene playas.

2. En Cumaná, durante el verano, Ricardo…

   a. tomaba el sol.   c. nunca se divertía.

   b. escuchaba música.   d. nadaba y buceaba.

3. Por las tardes Ricardo…

   a. iba a casa de un amigo.

   b. no tenía tiempo para dormir la siesta.

   c. charlaba y escuchaba discos con sus amigos.

   d. almorzaba mientras escuchaba discos viejos.

4. Los fines de semana en Cumaná eran muy especiales porque…

   a. hacían lo mismo todos los sábados y domingos.

   b. solamente iban a la playa por la mañana.

   c. tenían grandes fiestas.

   d. a veces acampaban en las montañas.

H. Cuando don Eduardo era joven

VOCABULARIO ÚTIL

me alegro de estar vivo   *I'm happy to be alive*

Persona mencionada

Cri–Cri   *well-known singer of children's
music in the 1940s*

Es una hermosa mañana de domingo en la Ciudad de México. Don Eduardo está en el parque conversando con Andrea Saucedo de Ruiz y sus hijas, Marisa y Clarisa.

¿Cierto (**C**) o falso (**F**)? Si la oración es falsa, haga la corrección necesaria.

1. _____ Clarisa es una niña curiosa.

   _____

2. _____ Don Eduardo piensa que es malo ser viejo.

   _____

3. _____ Cuando era niño, a don Eduardo le gustaba sentarse en el parque.

   _____

4. _____ Cuando era joven, don Eduardo tenía el pelo negro y era alto, delgado y guapo.

   _____

5. _____ Don Eduardo y sus hermanos veían mucho la televisión.

   _____

✳ ¡A repasar!

I. Esteban no comprende la lección.

VOCABULARIO ÚTIL

jalaba	*I used to pull*
las trenzas	*braids, pigtails*

Esteban está en la oficina de la profesora Martínez.
Quiere hablar con ella sobre la lección de ayer.

¿Quién dice estas cosas, Esteban (**E**) o la profesora Martínez (**M**)?

1. _____ Hice los ejercicios, pero tengo un problema.

2. _____ Yo sí peleaba con mis amiguitos en la escuela.

3. _____ Todos los domingos iba al parque y jugaba.

4. _____ Les jalaba las trenzas a las niñas.

5. _____ Vivía en San Antonio.

6. _____ Ahora usted comprende la lección perfectamente.

Pronunciación y ortografía

✳ **Ejercicios de pronunciación**

PRONUNCIACIÓN: **b, v, d, g**

We have already seen that the letters **b, v, d,** and **g** in the combinations **ga, go,** and **gu** are normally pronounced soft, not hard as in English. In the case of **b** and **v,** the lips do not completely close; in the case of **d,** the tip of the tongue is on the back of the upper teeth but does not completely stop the air; and in the case of **g,** the back of the tongue against the roof of the mouth does not completely close off the air.

A. Listen and then pronounce the following words and phrases with soft **b, v, d,** and **g.**

1. Mucho gusto.
2. Es divertido.
3. Mi amigo dice que no va a venir.

4. Abuela, por favor, abra la ventana.
5. Tiene ganas de nadar.

Note that if the letters **b, v, d,** and **g** begin a word within a phrase or sentence, they usually are pronounced soft.

B. Listen and then pronounce a soft **b, v, d,** and **g** in the following words.

la boca, la vida, la discoteca, la gasolinera

The letters **b, v, d,** and **g** may be pronounced hard if the speaker pauses before a word that begins with one of these letters, as at the beginning of a sentence or phrase.

C. Listen and then pronounce the following sentences, all of which begin with **b, v, d,** or **g.**

1. ¡Vamos a bailar!
2. ¡Ganamos el partido!
3. Voy mañana.

4. Bailan muy bien.
5. Debo estudiar.

The letters **b, v, d,** and **g** are also pronounced hard if preceded by **m** or **n.**

D. Listen and then pronounce the following words and phrases with hard **b, v, d,** and **g.**

1. ¿Por qué no me invitaste a andar en bicicleta?
2. Cambió el tiempo.
3. ¡Tengo hambre!

4. ¡Es tan bonito tu coche!
5. Tengo un gato grande.

In addition, the letter **d** is pronounced hard when preceded by the letter **l.**

E. Listen and then pronounce the following words and phrases with a hard **d.**

el día, Aldo, el departamento, el disco

❋ Ejercicios de ortografía

I. THE LETTERS **b, v, d, g**

Listen to the words and write them correctly using **b, v, d,** or **g.**

Reminder: The letters **b** and **v** are pronounced the same in Spanish. Since it is impossible to tell by the sound of a word if it is written with **b** or **v,** you must simply learn the spelling.

1. _____   9. _____

2. _____   10. _____

3. _____   11. _____

4. _____   12. _____

5. _____   13. _____

6. _____   14. _____

7. _____   15. _____

8. _____

II. ACCENTS ON IMPERFECT VERB FORMS

Many verb forms in the imperfect tense must be written with an accent mark. This includes forms that rhyme with the word **María,** that is, all forms of **-er** and **-ir** verbs (examples: **comía, salíamos, entendían**) and forms that are stressed three syllables from the last, that is, **nosotros/as** forms of **-ar** verbs (examples: **estudiábamos, explorábamos, participábamos**).

Listen and write the following imperfect verb forms. Include an accent mark where necessary.

1. _____   6. _____

2. _____   7. _____

3. _____   8. _____

4. _____   9. _____

5. _____   10. _____

ideoteca 📼

✳ Los amigos animados

Vea la sección **Los amigos animados** de las **Actividades auditivas** para hacer la actividad correspondiente.

✳ Escenas culturales

Bolivia

VOCABULARIO ÚTIL	
el altiplano	*highlands*
el valor	*value*
la creencia	*belief*
el quechua	*Quechua language*
el aimará	*Aymara language*

Lea estas preguntas y luego vea el video para contestarlas.

1. En Bolivia muchas personas son de ascendencia (*ancestry*) _____.

2. Nombre tres idiomas que se hablan en Bolivia: _____,

   _____ y _____.

3. La capital de Bolivia, La Paz, es la ciudad más _____ del mundo.

✴ **Escenas en contexto**

Sinopsis
Lupe, Antonio y Diego hablan de su niñez.

VOCABULARIO ÚTIL

cuéntanos	*tell us*
la época	*epoch; period of time*
el campesino	*field worker*
la cosecha	*harvest, crop*
la finca	*farm*
nos mudamos	*we moved*
¿Te criaste... ?	*Did you grow up . . . ?*
de vez en cuando	*once in a while*
rodeado de	*surrounded by*
me crié	*I grew up*
volar un papalote	*to fly a kite*

Lea estas preguntas y luego vea el video para contestarlas.

A. Marque las oraciones que describen a Diego (**D**) y las que describen a Antonio (**A**).

1. _____ Sus padres se conocieron en la universidad.

2. _____ El tío de su padre tenía una fábrica.

3. _____ Sus antepasados eran campesinos.

4. _____ De joven, vivía en el campo.

5. _____ Jugaba al fútbol y al básquetbol.

6. _____ Sus padres son los primeros de la familia que viven en la ciudad.

7. _____ Jugaba al escondite y al gato.

8. _____ Jugaba en los parques y en las calles.

B. Complete con la información correcta.

1. Los _____ de Diego llegaron a California cuando su padre tenía

   _____ años.

2. Los antepasados de Antonio llegaron a _____ en el siglo

   _____.

3. Diego se crió en Los Ángeles, donde jugaba en la _____, los

   _____ y en los patios de recreo.

4. Los _____ vivían con la familia de Antonio.

5. Ahora los parientes de Diego se ven sólo en _____.

ecturas

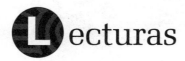 **Rubén Blades y su familia musical**

PISTAS PARA LEER

Rubén Blades es un músico y actor famoso de Panamá. ¿Conoce su música? ¿sus películas? Al leer, apunte las ideas importantes de cada párrafo. Por ejemplo, en el primero se describe el talento, los estudios y el trabajo de Blades. ¿Qué adjetivo describe bien a este gran artista? ¿Qué más diría usted de Rubén Blades?

VOCABULARIO ÚTIL

el papel	*role*
el grado en derecho	*law degree*
se postuló	*he ran (for office)*
el conguero	*conga player*
mientras	*while*
las letras	*song lyrics*
grabó	*recorded*
el cantautor	*singer-songwriter*
amplios	*broad*
los valores	*values*

Rubén Blades es un hombre de muchos talentos; es compositor, cantante, actor, abogado y político. Ha actuado en películas de gran éxito, como *The Milagro Bean Field War* (1988) del director Robert Redford, y *The Cradle Will Rock* (1999), en la cual Blades hace el **papel** de Diego Rivera, el famoso artista y muralista mexicano. Rubén Blades tiene un **grado en derecho** internacional y **se postuló** para presidente de su país natal, Panamá, en 1994. Pero sin duda este versátil artista panameño pasará a la historia por su contribución al mundo de la música.

La música estuvo muy presente en el hogar de Blades desde su nacimiento el 16 de julio de 1948. De hecho, sus padres se conocieron en un club nocturno donde los dos actuaban. Su madre trabajaba de cantante y su padre era **conguero.** Rubén creció escuchando las canciones de sus padres, pero también disfrutando de la música norteamericana de Elvis Presley y el rock británico de los Beatles. Desde muy pronto, Rubén mostró interés en la carrera de músico. Pero su padre le pidió que estudiara derecho. Luego, **mientras** Rubén estudiaba para sus clases en la universidad, cantaba con varios grupos porque la música era su pasión y su verdadera vocación.

Blades viajó a la ciudad de Nueva York en 1974 y allí transformó el género de música tropical que hoy conocemos como la *salsa*. Durante los años setenta, escribió canciones de ritmo alegre y bailable, pero con **letras** que describían cuestiones sociales y políticas de Panamá y otros países latinoamericanos. Blades **grabó** *Buscando América* (1984) en Nueva York, disco que lo hizo famoso y con el cual les abrió el camino a otros cantantes y compositores de salsa, como el puertorriqueño Marc Anthony.

Hoy los admiradores de Rubén Blades lo consideran un **cantautor** brillante y visionario. Su disco *Tiempos*, por ejemplo, es una «suite» de 70 minutos al estilo clásico pero con ritmos latinos. La revista *Rolling Stone* describió esta producción como «el mejor album de música latina de 1999». Luego Blades grabó el compacto *Mundo* en 2002, que le ganó el premio Grammy en la categoría de World Music y además un Grammy Latino como álbum de música tropical. Estos premios demuestran que el repertorio y el público de Blades son muy **amplios.** Es evidente que para este gran músico lo importante es seguir su impulso creativo sin sacrificar sus **valores** y su visión artística. Es evidente que lo importante para él es tocar buena música.

Comprensión

Las siguientes oraciones son falsas. Escriba oraciones correctas.

> MODELO: Rubén Blades es un ingeniero y músico venezolano. →
> *Rubén Blades es un abogado y músico panameño.*

1. El disco *Tiempos* es un álbum de música salsa con baladas románticas.

   _____

2. Para Rubén Blades, lo importante es grabar discos comerciales que ganen mucho dinero.

   _____

3. En Nueva York, Rubén Blades trabajó de abogado.

   _____

4. Cuando Rubén nació, su padre trabajaba de cantante en un club.

   _____

5. Rubén Blades es un músico muy popular, pero no quiere actuar en películas.

   _____

6. En la película *The Milagro Bean Field War*, Blades hace el papel de Diego Rivera.

   _____

Un paso más... ¡a escribir!

Imagínese que usted es periodista y trabaja para la revista *Música Latina*. Su próximo artículo es una entrevista con Rubén Blades. Basándose en la información de esta **Lectura,** hágale cinco preguntas a este músico panameño y escriba sus respuestas.

Retratos de familia

PISTAS PARA LEER

Todos estos retratos de familia tienen varias características en común; por ejemplo, las familias son unidas. Al leer, anote otras características. ¿Hay una típica familia hispana? ¿Cómo es? Piense en su propia familia: ¿Es típica de su cultura? ¿Cómo son sus relaciones con sus padres, sus hermanos y otros parientes?

VOCABULARIO ÚTIL

el retrato	*portrait, portrayal*
estrecha	*close*
la gira	*tour*
recurro	*I turn, go to*
el cariño	*affection*
extraño	*I miss*
la dicha	*joy*
quisiera	*I would like*
criarlo	*to raise him*
añora	*(he) longs for*

Lety Guerrero Romero, doctora mexicana de 29 años

Mi familia vive en la Ciudad de México. Es una familia bastante grande; están mis padres, tres hermanas mayores que yo, sus esposos (dos están casadas) y mis primos. Luego también incluyo a mi esposo y mis tres hijos, claro. Y no debo olvidar a mis abuelos. A veces, los domingos, nos vamos todos al Parque de Chapultepec a merendar. ¡Cuánto nos divertimos juntos!

Paula Ledesma, actriz colombiana de 38 años

Tengo una relación **estrecha** y sincera con mis padres. Cuando estoy de viaje o en alguna **gira,** los llamo por teléfono mucho. Siempre **recurro** a ellos cuando necesito algún consejo. Ellos tienen sus ideas, por supuesto. Les preocupa que no esté casada, pero sé que aceptan mi estilo de vida y mis deseos. Quizá algún día me case, pero por el momento quiero dedicarme a mi carrera.

Ilia Rolón, estudiante puertorriqueña de 21 años

Soy de San Juan, Puerto Rico, donde viven mis padres. Pero ahora resido con mis tíos y mis primos en la Ciudad de Nueva York. Es que quiero aprender inglés y estoy estudiando en la Universidad de Columbia. Les tengo mucho **cariño** a mis tíos, pero la verdad es que **extraño** a mi mamá y a mi papá. Espero ansiosamente el verano para regresar a San Juan y poder verlos.

Gregorio Merino Díaz, profesor chileno de 32 años

En mi familia somos muy unidos. Cuando tengo problemas personales, prefiero hablar con mi padre, mi madre o con uno de mis hermanos, antes que hablar con un amigo. ¿La razón? Bueno, es que un amigo puede tratar de ayudarnos, nos escucha, nos aconseja. Pero nadie puede entendernos tan bien como un miembro de la familia.

Lucía Mendoza, periodista venezolana de 25 años

Tengo un hijo de ocho años. Se llama Daniel y los dos vivimos con mis padres en Caracas. Danielito para mí es una **dicha,** lo mejor que ha ocurrido en mi vida. Pero la verdad es, a veces, **quisiera** un compañero que me ayudara a **criarlo.** ¡Daniel es muy travieso! Por suerte papá y mamá me ayudan con su crianza. Son unos abuelos maravillosos. Mi niño vive en un hogar donde hay amor, seguridad y donde todos nos llevamos bien.

Antonio Galván, ingeniero salvadoreño de 40 años

Mi familia en los Estados Unidos es pequeña: mi esposa, mis padres y yo. Lamentablemente, estoy separado de los otros miembros de mi familia. Vivo en Takoma Park, Maryland, y tengo un hermano, dos sobrinos y varios primos en San Salvador. De vez en cuando me comunico con ellos, pero quisiera tenerlos cerca, poder verlos. Extraño sobre todo a mis sobrinos. Uno de mis sueños es reunir a toda la familia aquí en Estados Unidos algún día.

Estas personas ofrecen una imagen realista de la familia hispana, la cual, como la de Lety, es grande. Paula, Ilia y Lucía tienen una relación estrecha y especial con sus padres. Gregorio recurre a un pariente cuando tiene conflictos personales. Y Antonio explica que su familia inmediata es pequeña, pero **añora** tener a su familia a su lado. En los países hispanos, como en todo el mundo, hay muchos tipos de familia; no todas tradicionales. Hay hogares donde el padre o la madre está ausente, donde los abuelos crían a los nietos. Hay hogares de padres solteros o divorciados. Pero sea cual sea el caso, la familia es una de las instituciones más fuertes y vitales de la sociedad hispana.

Comprensión

A. ¿Quién habla aquí, Antonio (**A**), Ilia (**I**), Lety (**L**), Paula (**P**), Gregorio (**G**) o Lucía (**LU**)?

1. _____ Mis padres son mis mejores amigos.

2. _____ Normalmente, veo a mis padres durante los veranos.

3. _____ Nos gusta ir al parque los domingos.

4. _____ Tengo una familia muy unida.

5. _____ Cuando tengo un problema, hablo con mis padres.

6. _____ Extraño mucho a mis sobrinos.

7. _____ Mis padres me ayudan con la crianza de mi hijo.

8. _____ Los llamo por teléfono.

9. _____ Mi familia es muy grande.

10. _____ Mis tíos y yo nos llevamos bien.

B. ¿Cierto (**C**) o falso (**F**)? Si la oración es falsa, haga las correcciones necesarias para decir la verdad.

1. _____ La familia hispana es pequeña; normalmente la forman los padres y los hijos.

   _____

2. _____ La familia es muy importante en la sociedad hispana.

   _____

3. _____ Muchos hispanos prefieren discutir sus problemas personales con un amigo.

   _____

4. _____ En el mundo hispano sólo existen familias tradicionales.

   _____

Un paso más... ¡a escribir!

Pregúnteles a cuatro o cinco compañeros de clase qué opina cada uno de su propia familia. Luego escriba una composición de una página titulada «Retratos de familia en la clase de español». Y no se olvide de escribir una conclusión.

Nuestro planeta

Capítulo 10

ctividades escritas ✏

✳ La geografía y el clima

Lea Gramática 10.1–10.2.

A. ¿Qué ha hecho usted en estos sitios?

     MODELOS: en el centro de una ciudad → (Yo) *He ido de compras.*

               en el campo → (Yo) *He merendado con mi familia.*

1. en un bosque

   _____

2. en un lago o en un río

   _____

3. en un arrecife

   _____

4. en la nieve

   _____

5. en una bahía

   _____

6. en un desierto

   _____

Ahora piense en cuatro actividades que nunca ha hecho y diga por qué no las ha hecho.

MODELO: *Nunca he escalado una montaña porque es peligroso y tengo miedo.*

1. _____
   _____

2. _____
   _____

3. _____
   _____

4. _____
   _____

B. Usted está hablando con algunos amigos de sus viajes. Exprese su reacción al pensar en cada uno de los siguientes lugares.

MODELO: una isla en el Caribe → *¡Qué isla tan tranquila!*

1. el río Amazonas

   _____

2. una montaña de los Andes

   _____

3. una isla de Hawai

   _____

4. el desierto en el norte de México

   _____

5. una playa en Puerto Rico

   _____

6. una selva en Perú

   _____

7. la arena en una playa del Caribe

   _____

8. la vista desde una pirámide en Guatemala

   _____

C. Invente un lugar ideal… su propio paraíso en la tierra. Descríbalo en una composición de 15 oraciones o más (2 ó 3 párrafos). Hable de la geografía, el clima, los medios de transporte, etcétera. Use estas preguntas como guía: ¿Cómo se llama este lugar? ¿Es una isla? ¿Dónde está? ¿Cómo es? Diga si tiene playas, lagos, montañas, colinas o valles. ¿Tiene selvas o desiertos? ¿Cómo es el clima? ¿Hace buen tiempo todo el año? ¿Llueve? ¿Nieva? ¿Hay tormentas, tornados o huracanes? ¿Cómo son las casas? ¿Cómo es el centro? ¿Es un lugar industrializado? ¿Qué medios de transporte hay? ¿Hay contaminación? ¿Por qué? ¿Qué le gusta hacer allí a usted?

✳ Los medios de transporte

Lea Gramática 10.3–10.4.

D. Escoja dos medios de transporte por los cuales usted ha viajado y compárelos. Diga qué le gusta y qué no le gusta de cada uno. Posibilidades: el autobús, el automóvil, el avión, el barco, el tranvía, el tren.

MEDIO DE TRANSPORTE: _____	MEDIO DE TRANSPORTE: _____
LO QUE ME GUSTA	LO QUE ME GUSTA
1. _____	1. _____
2. _____	2. _____
3. _____	3. _____
LO QUE NO ME GUSTA	LO QUE NO ME GUSTA
1. _____	1. _____
2. _____	2. _____
3. _____	3. _____

E. Usted ha vivido y trabajado en Madrid y Buenos Aires y le impresionó el sistema de transporte público en estas ciudades, tanto el metro como los autobuses. Ahora usted vive en Los Ángeles donde muy poca gente utiliza el transporte público. Escríbale una carta al editor de un periódico hispano de su ciudad. Explíquele por qué usted cree que los angelinos no usan el transporte público y dígale cómo motivarlos a que lo hagan. Hable de los beneficios de ir en metro o autobús y hable de los problemas causados por el uso excesivo de los automóviles. Escriba una carta de 15 oraciones o más (2 ó 3 párrafos).

> MODELO: 14 de septiembre, 2005
> Muy Estimado Editor:
> Yo viví en Madrid y Buenos Aires durante más de 10 años, pero ahora vivo y trabajo en Los Ángeles. El problema que yo veo es que…
>
> <div align="right">Atentamente,
(<i>su firma</i>)</div>

✳ La ecología y el medio ambiente

Lea Gramática 10.5.

F. Escoja cinco de los problemas de la columna a la derecha. Luego, busque en la columna de la izquierda una frase adecuada para expresar su opinión. Escriba la oración completa en los espacios en blanco.

MODELO: Me dan miedo los camiones que transportan desperdicios nucleares.

me da(n) rabia[1]	la destrucción de las selvas tropicales
me da(n) miedo	la eliminación de algunas especies de animales
me encanta(n)	reciclar papel, plástico, aluminio, etcétera
me fascina(n)	el agujero en la capa de ozono
(no) me importa(n)	la contaminación de los ríos, lagos y océanos
(no) me interesa(n)	la contaminación del ambiente
(no) me molesta(n)	el consumo excesivo de petróleo
(no) me llama(n) la atención	el uso excesivo de productos plásticos no biodegradables
(no) me parece(n) serio/a(s)	los desperdicios nucleares
(no) me preocupa(n)	la contaminación del aire

1. _____

2. _____

3. _____

4. _____

5. _____

G. Al lado de cada uno de los problemas ecológicos en la siguiente lista, escriba los números de todas las soluciones útiles para resolverlo.

PROBLEMAS ECOLÓGICOS...

_____ la contaminación ambiental en las ciudades grandes

_____ las causas de las inundaciones

_____ la destrucción del hábitat de algunas especies animales

_____ la contaminación de los lagos y océanos

_____ el agujero en la capa de ozono

_____ el peligro de transportar y almacenar desperdicios nucleares

SOLUCIONES

1. no permitir ni el transporte ni el almacenaje (*storage*) de esos desperdicios en nuestro país.

2. Controlar las emisiones de bióxido de carbono.

3. No permitir que se continúe talando (*cutting down*) los bosques.

4. Imponerles fuertes multas a las industrias que contaminan.

5. Impulsar la creación de fuentes de energía solar y eólica (del viento).

6. Mejorar el transporte público y hacerlo accesible a todos los obreros.

7. No permitir la circulación de los autos por el centro.

8. Eliminar la producción de carburos fluorados.

9. ¿ ? _____

---

[1]me... *it makes me angry*

H. Imagínese que usted es miembro de Greenpeace u otra organización ecológica. Usted y sus colegas están preocupados por el medio ambiente y quieren despertar el interés de la gente en su ciudad y conseguir su participación. Escriba un plan de acción de 15 oraciones o más. Si quiere, puede incluir un pequeño cartel con la información más importante de su plan. Use las siguientes preguntas como guía: ¿Por qué es necesario participar en un programa de protección del planeta? ¿Cuáles son, en su opinión, los cinco problemas más serios en su ciudad? ¿Qué es lo que su organización desea hacer para resolver estos problemas? ¿Qué día, a qué hora y dónde van a reunirse? ¿Adónde deben llamar para obtener más información?

Resumen cultural

Complete con la información cultural del **Capítulo 10.**

1. ¿Cómo se llama el país hispano que no tiene ejército? _____

2. ¿Dónde está la Biósfera de Sian Ka'an y cuál es su propósito (*purpose*)?

   _____

3. ¿Cómo se llama el poeta y ensayista mexicano que ganó el Premio Nobel de la Literatura en

   1990? Y, ¿cómo se titula el libro que escribió él sobre el pueblo mexicano? _____

   _____

4. ¿Cuántas especies de animales se extinguen diariamente en el Amazonas?

   _____

5. ¿Cómo se dice **autobús** en Puerto Rico y Cuba? _____ ¿y en Argentina y

   Uruguay? _____ ¿y en México? _____

6. ¿Quién gobernó la República Dominicana de 1916 a 1924?

   _____

7. ¿En qué año se les otorgó (*granted*) la ciudadanía a los habitantes de Puerto Rico?

   _____

   ¿Cuál es la situación oficial de Puerto Rico? _____

8. ¿Cuál es el nombre indígena para la isla de Puerto Rico?

9. Nombre tres animales en peligro de extinción que habitan regiones de América Latina.

   _____

10. ¿Dónde está Monteverde y por qué es famoso?

    _____

11. Mencione cuatro zonas de selva tropical en países hispanos.

_____

12. ¿Cómo se llamaban los mensajeros del antiguo Imperio Inca?_____

Y, ¿cómo transportaban los «documentos» (la información)? _____

Actividades auditivas

✳ **Los amigos animados**

A. La familia de Carla

Carla y Rogelio conversan sobre la familia de
Carla.

❖ ❖ ❖

Complete el árbol genealógico de la familia de Carla, según lo que le cuenta a Rogelio. Escriba el nombre
apropiado de cada pariente.

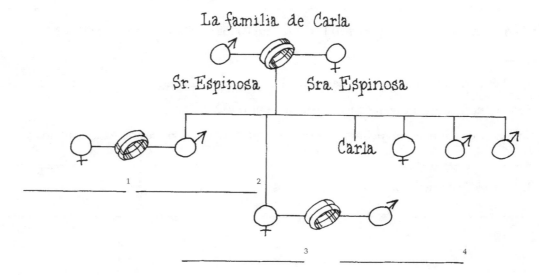

B. Los recuerdos de doña María

Cuando Esteban y Raúl visitaron a doña María en Guanajuato, la abuela de Raúl le contó un poco de su vida a Esteban. Ésta es su historia.

❖ ❖ ❖

Llene los espacios en blanco con la información sobre la vida de doña María.

Doña María tiene _____¹ años. Ella tiene _____² hijos casados y tiene muchos

_____³. Su hijo Javier tiene cuatro _____⁴, que son Ernesto, las gemelas (Paula y

Andrea) y Raúl. Su otra hija, Leticia, tiene cinco hijos y vive en Guanajuato con su _____⁵

y sus _____⁶. A doña María le gusta mucho tenerlos tan cerca.

   Javier y su familia visitan a doña María los días de fiesta: siempre en _____⁷ y a veces

para su _____⁸. Antes, cuando Javier y sus hijos vivían en Guanajuato, la visitaban los

sábados. Ella les _____⁹ una gran comida y después de comer, los adultos se sentaban a

conversar mientras los niños _____¹⁰ afuera.

❋ La geografía y el clima

C. Un lugar perfecto

VOCABULARIO ÚTIL

llenas	*full*
me cansa	*it tires me*
tibia	*warm*
de vez en cuando	*once in a while*

Amanda Saucedo está conversando por teléfono con su amiga Graciela.

❖ ❖ ❖

Estas oraciones son falsas; corríjalas.

1. Hizo muy buen tiempo en la Ciudad de México hoy.

   _____

2. Mucha gente prefirió quedarse en casa hoy.

   _____

3. El paraíso que Amanda se imagina es una ciudad muy moderna que tiene todo lo necesario para vivir cómodamente.

   _____

4. Graciela piensa que la isla de Amanda es un lugar perfecto.

   _____

5. Amanda quiere vivir en la isla con sus padres y sus hermanos.

   _____

D. La clase de geografía

VOCABULARIO ÚTIL

nombre	*name, proper*
propio	*noun*
altura	*height*
¡Ya sé!	*I (already)*
	know . . .
repasar	*to review*

La profesora Martínez está estudiando geografía con su clase. Ella está sorprendida y contenta porque sus estudiantes saben mucho.

Empareje según lo que dicen los estudiantes de la profesora Martínez.

1. _____ la cordillera que va de norte a sur por toda la América del Sur

2. _____ el lago más alto de Sudamérica

3. _____ unas cataratas más grandes que las cataratas del Niágara

4. _____ dos islas del Caribe

5. _____ una península en Europa donde se hablan dos idiomas

a. Bolivia
b. Puerto Rico
c. Cuba
d. Ibérica
e. Perú
f. Iguazú
g. Portugal
h. los Andes
i. España
j. Titicaca

✳ Los medios de transporte

E.   Transportes Máximo… ¡mejor que viajar por avión!

VOCABULARIO ÚTIL

la manera	*manner*
la salida	*departure*
los asientos	*seats*
la terminal	*terminal, depot*
cómodos	*comfortable*

Lugares mencionados

Guadalajara	ciudad principal en el oeste de México
Querétaro	ciudad al norte de México, D.F.
la avenida Insurgentes	avenida principal en México, D.F.

Ahora en KSUN, Radio Sol, un anuncio de Transportes Máximo en la Ciudad de México, para quienes desean viajar por el hermoso país mexicano.

❖   ❖   ❖

Complete los espacios en blanco con la información que falta.

1. Viaje en Transportes Máximo, la manera más _____ y

   _____ de viajar.

2. Usted tiene _____ salidas diarias y _____ los

   _____, sábados y _____.

3. Salimos de la _____ en la avenida Insurgentes.

4. Llame al teléfono _____.

F.   ¡Queremos viajar por tren!

VOCABULARIO ÚTIL

estar sentado	*sitting*
el paisaje	*landscape*
el pasaje	*fare*

Varios estudiantes de la profesora Martínez quieren hacer un viaje de Texas a Florida. Carmen y Luis quieren convencer a sus compañeros que viajar por tren tiene más ventajas que viajar por avión.

❖   ❖   ❖

Llene el cuadro que aparece aquí con dos ventajas y dos desventajas para cada uno de los dos medios de transporte.

AVIÓN		TREN	
VENTAJAS	_____ _____	**VENTAJAS**	_____ _____
DESVENTAJAS	_____ _____	**DESVENTAJAS**	_____ _____

✳ La ecología y el medio ambiente

G. Entrevista en KSUN: El medio ambiente

VOCABULARIO ÚTIL

han aumentado	*have increased*
la cuestión	*issue; problem*
repoblar	*to repopulate, replenish*
la flora y la fauna	*plant and animal life*
desapareciendo	*disappearing*

Escuchemos un programa especial sobre el medio ambiente en KSUN, Radio Sol.

Complete la siguiente tabla con la información correcta sobre el medio ambiente.

PREOCUPACIONES	BUENAS NOTICIAS
1. _____ _____	3. _____ _____
2. _____ _____	4. _____ _____

H. El tesoro del Planeta Azul

VOCABULARIO ÚTIL

el tesoro	*treasure*
la superficie	*surface*
el agua dulce	*drinking water*
escasa /	*scarse, limited /*
la escasez	*scarcity,*
	lack of
el agua potable	*safe drinking*
segura	*water*
ahorrar	*to save*
dejar correr	*to let run*

Mayín Durán presenta otro momento de interés público. Ahora habla sobre el agua con el doctor Misael Rivas López, un prestigiado doctor en bioquímica y ecología.

❖ ❖ ❖

Complete las oraciones correctamente usando la información que da el doctor Misael Rivas López.

1. _____ es la tierra porque el 70 por ciento está cubierto de agua. Pero de todo el agua que existe, sólo el _____ por ciento es agua dulce (buena para beber). El resto son océanos.

2. _____ está distribuida desigualmente por el globo. Hay lugares que sufren mucho por su escasez.

3. Para las personas en Kuwait —ahora— sólo hay _____ litros de agua al día, ¡pero nosotros usamos por lo menos _____ litros para ducharnos y _____ litros para lavarnos los dientes!

4. Si no usamos el lavaplatos y lavamos los platos a mano, podemos ahorrar _____ litros de agua.

5. También podemos ahorrar agua si no la dejamos correr cuando _____ y _____.

✳ ¡A repasar!

I.   ¡En bicicleta!

VOCABULARIO ÚTIL

no sirve de nada	*it does no good*
destruyendo	*destroying*
de costumbre	*usually, normally*

Es un hermoso día de primavera en la Ciudad de México. La familia Ruiz está merendando en el Parque de Chapultepec.

¿Con quién(es) se asocian los siguientes comentarios, con Andrea (**A**), con Pedro (**P**) o con los dos (**LD**)?

1. _____ El cielo está azul y el aire está limpio.

2. _____ Yo quisiera vivir en otro planeta.

3. _____ Es imposible vivir en el D.F. ahora porque hay mucho tráfico y esmog.

4. _____ Me preocupa el futuro de nuestras hijas.

5. _____ En casa reciclamos el papel y el plástico, no desperdiciamos el agua y tratamos de usar poca electricidad.

6. _____ ¡Este planeta es un desastre! Estamos destruyendo la capa de ozono, los ríos y los bosques.

7. _____ Lo mejor que podemos hacer por las niñas es quererlas mucho.

Pronunciación y ortografía

✳ Ejercicios de pronunciación

PRONUNCIACIÓN: **s**

The pronunciation of the letter **s** when followed by a consonant varies from country to country. In the interior highlands of Mexico, Colombia, Ecuador, Peru, and Bolivia, it is pronounced as an **s** if the following consonant is **p, t, c, qu, f, j,** or **g** (+ **e** or **i**). If, however, the following consonant is **b, v, d, g,** (+ **a, o,** or **u**), **y, l, r, m,** or **n,** then the letter **s** is pronounced much like the *z* sound in English.

A. Listen to a Mexican speaker pronounce the following words and phrases.

[s] está, es poco, espero, contestar, escoba, espalda, castaño, es feo, semestre, descansar, tienes tiempo, gusto, esquiar, escribir, escuchar, esposa, estado, estómago, es joven

[z] es verde, béisbol, es de aquí, es más, es grande, es bueno, es nuevo, es de México, es lacio, es romántico, tus libros

In other areas, especially the coastal areas of Mexico, Colombia, Ecuador, Peru, the lowlands of Bolivia, and the countries of the Caribbean—such as Puerto Rico, Cuba, the Dominican Republic, Panama, and Venezuela—as well as Paraguay, Uruguay, and Argentina, the letter **s** is pronounced as an aspiration (much like a soft *h* of English), or even dropped altogether, especially if followed by a consonant. This very common practice is called "eating s's" (**comerse las eses**) in Spanish.

B. Listen to some of the same words and phrases as pronounced by a Cuban speaker.

[h] está, es poco, espero, contestar, tienes tiempo, gusto, desde, escribir, béisbol, escuchar, esposo, es más, es grande, es joven

✳ Ejercicios de ortografía

I. MEDIAL r AND rr

Single **r** (r) and double **r** (rr) between vowels (in medial position) must be carefully distinguished in speaking and writing. Remember that **r** between vowels is pronounced as a single tap, while **rr** is a trill.

Write the words you hear with **r** and **rr**.

1. _____   6. _____

2. _____   7. _____

3. _____   8. _____

4. _____   9. _____

5. _____   10. _____

II. EXCLAMATIONS

Remember that interrogative words are written with an accent mark. These include **¿Cómo?, ¿Dónde?, ¿Cuánto?, ¿Cuál?, ¿Por qué?, ¿Quién?, ¿Cuándo?,** and **¿Qué? Qué** and **cuánto** are also written with an accent mark if they are used in exclamations. For example: **¡Qué bonita está María esta noche!**

Write the sentences you hear and place the accent marks correctly.

1. _____

2. _____

3. _____

4. _____

5. _____

6. _____

ideoteca

✳ Los amigos animados

Vea la sección **Los amigos animados** de las **Actividades auditivas** para hacer la actividad correspondiente.

✳ Escenas culturales

la República Dominicana

VOCABULARIO ÚTIL

se fundó	*was founded*
la catedral	*cathedral*
el Patrimonio Cultural de la Humanidad	*World Heritage Site*
la sangre taína	*Taino blood*

Lea estas preguntas y luego vea el video para contestarlas.

1. La primera ciudad que se fundó en el Nuevo Mundo fue _____.

2. En Santo Domingo están la primera _____, el primer

   _____ y la primera _____ de las Américas.

Puerto Rico

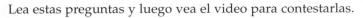

VOCABULARIO ÚTIL

Borinquen	nombre indígena para la isla
los boricuas	puertorriqueños
la edificación	*construction*
el fuerte	*fort*
el castillo	*castle*
el palacio	*palace*

Lea estas preguntas y luego vea el video para contestarlas.

3. Otro nombre para Puerto Rico es _____.

4. Algunas edificaciones famosas son el _____ de San Felipe del Morro, el

   _____ de San Cristóbal y el _____ de la Fortaleza.

✳ Escenas en contexto

Sinopsis

Juan Carlos habla con una vendedora para comprar un billete de tren.

VOCABULARIO ÚTIL

el billete	*ticket; bill (of money)*
Tarma	*Andean city in Central Peru*
atrasado/a	*delayed*
Chincheros	*Andean city north of Cusco*
la guía turística	*tourist guide (book)*
asiento de ventanilla	*window seat*
el pasillo	*aisle, hall*
el andén	*train platform*

Lea estas preguntas y luego vea el video para contestarlas.

A. ¿Cierto (**C**) o falso (**F**)?

1. _____ Primero Juan Carlos quiere comprar un pasaje para ir a la ciudad de Tarma.

2. _____ El tren para Tarma sale a las 2:15 de la tarde.

3. _____ Luego, Juan Carlos decide tomar un tren a Chincheros.

4. _____ Juan Carlos piensa visitar a su hermana en Chincheros.

5. _____ El tren sale del andén número 15.

B. Complete con la información correcta.

1. El tren para Tarma tiene un problema _____ y no va a salir hasta las

   _____.

2. Juan Carlos escribe _____.

3. ¿Qué tipo de asiento prefiere Juan Carlos? _____

4. ¿Qué clase de equipaje trae Juan Carlos? _____

Lecturas

 **LECTURA** «**La creación del mundo**»

Selección del *Popol Vuh*, libro **sagrado** de los mayas

PISTAS PARA LEER

El *Popol Vuh* es una obra importante de la cultura maya. En este libro se describe la creación del mundo: primero la tierra y los animales, luego el ser humano, que fue creado con maíz. Tepeu y Gucumatz son los **dioses** creadores. En el siguiente pasaje del *Popol Vuh*, los dioses crean la tierra y los animales.

VOCABULARIO ÚTIL

sagrado	*sacred*
el dios	*god*
la relación	narración, historia
se pusieron de acuerdo	*they agreed*
el arroyo	*stream, brook*
el cerro	*hill*
fecundaron	*made fertile, fruitful*
se hallaba	estaba
el genio	*spirit*
el venado	*deer*
la culebra	*snake*
el cantil	*large snake (Guatemala)*
el bejuco	*reeds*

Esta es la primera **relación,** el primer discurso. No había todavía un hombre, ni un animal, pájaros, peces, cangrejos, árboles, piedras, cuevas, barrancas, hierbas ni bosques: sólo el cielo existía…

Llegó aquí entonces la palabra, vinieron juntos Tepeu y Gucumatz. Hablaron, pues, consultando entre sí y meditando; **se pusieron de acuerdo,** juntaron sus palabras y su pensamiento…

Primero se formaron la tierra, las montañas y los valles; se dividieron las corrientes de agua, los **arroyos** se fueron corriendo libremente entre los **cerros,** y las aguas quedaron separadas cuando aparecieron las altas montañas.

Así fue la creación de la tierra, cuando fue formada por el Corazón del Cielo, el Corazón de la Tierra, que así son llamados los que primero la **fecundaron,** cuando el cielo estaba en suspenso y la tierra **se hallaba** sumergida dentro del agua.

De esta manera se perfeccionó la obra, cuando la ejecutaron después de pensar y meditar sobre su feliz terminación. Luego hicieron a los animales pequeños del monte, los guardianes de todos los bosques, los **genios** de la montaña, los **venados,** los pájaros, leones, tigres, serpientes, **culebras, cantiles,** guardianes de los **bejucos…**

Comprensión

Complete las siguientes oraciones con la(s) respuesta(s) apropiada(s).

1. Antes de la primera relación, sólo existía…

   a. la tierra
   b. el mar

   c. el cielo
   d. el hombre

2. Para crear el mundo, Tepeu y Gucumatz…

   a. se separaron
   b. unieron sus ideas

   c. consultaron las leyendas mayas
   d. meditaron juntos

3. Los dioses mayas formaron primero…

   a. los océanos y los ríos
   b. las nubes y las tormentas

   c. la tierra y las montañas
   d. los árboles y las flores

4. Entre los primeros animales creados, en el *Popol Vuh* se mencionan…

   a. las ranas
   b. los pájaros

   c. las jirafas
   d. las serpientes

Un paso más… ¡a escribir!

Imagínese que usted quiere describirles el comienzo del mundo a sus hijos, sobrinos o nietos pequeños. Cuente su historia de la creación del mundo en una página. Si quiere, agregue algún detalle imaginativo o algún elemento fantástico inventado por usted.

LECTURA # El huracán tropical

PISTAS PARA LEER

Al leer sobre los huracanes tropicales, considere estas preguntas: ¿Qué elementos naturales afectan la región donde usted vive? ¿Hay huracanes? ¿terremotos? ¿ciclones? ¿Cómo se protegen usted y su familia de esos elementos? ¿Qué hacen?

VOCABULARIO ÚTIL

el daño	*damage*
atravesó	*crossed*
había sufrido	*had suffered*
el leñador	*lumberjack*
arrancó	*uprooted*
aplastó	*flattened*
el derrumbe	*landslide*
el intercambio	*exchange*
enterradas	*buried*
la esperanza	*hope*
los damnificados	*victims (of a natural catastrophe)*
sobrevivir	*survive*
lo logran	*they manage, succeed*
dejarse vencer	*to be defeated*

En la zona del Caribe y América Central ocurre periódicamente un fenómeno natural muy destructivo, el huracán tropical. El impacto del huracán se siente por años y en muchos casos los países afectados nunca se recuperan del todo. En 1995, por ejemplo, el huracán Opal causó grandes **daños** en Guatemala, la Península de Yucatán y el estado de Florida. Y en 1996 el Caribe sufrió el terrible impacto de Dolly en agosto, Hortensia en septiembre y Lili en octubre.

La temporada de huracanes de 2004 fue una de las más desastrosas en la historia del Caribe. ¡Los países de esa región sufrieron seis tormentas tropicales y cinco huracanes ese año! Los más feroces fueron Charley, Frances e Iván. Frances impactó las Bahamas. Iván afectó la costa venezolana y la provincia de Pinar del Río en Cuba. Y Charley **atravesó** la península de la Florida a 145 millas por hora, el día 13 de agosto, causando daños catastróficos.

En Cuba, Charley fue devastador. La Habana **había sufrido** ya el huracán Michelle recientemente, en 2001, dejando a 200.000 cubanos sin hogar. Luego Charley destruyó más de 74.000 casas en La Habana. Los cubanos le dieron a este huracán el sobrenombre de «**leñador**», porque en la capital cubana **arrancó** más de 8.000 árboles. Además, **aplastó** 23.000 hectáreas (56.800 acres) de plantaciones de banana y otras frutas en las provincias.

Pero en la historia de los huracanes, el más destructivo hasta la fecha ha sido Mitch, que nació el 24 de octubre de 1998 en el Océano Atlántico. Mitch tuvo un impacto terrible en Honduras, Nicaragua, Guatemala, El Salvador y Costa Rica. Descargó lluvias torrenciales, creando inundaciones y **derrumbes.** ¡Los vientos de Mitch iban a 180 millas por hora! El huracán afectó la economía centroamericana, especialmente la agricultura. Al destruir caminos y puentes, Mitch paralizó el **intercambio** comercial entre los países de América Central.

Los países que más sintieron el impacto de Mitch fueron Honduras y Nicaragua. En Honduras murieron 17.000 personas y se perdieron 70.000 casas. Fueron destruidos los territorios de la costa norte, y de esa región viene el 70 por ciento de la producción agrícola hondureña: plantaciones de plátano, café, arroz y cereales. En Nicaragua la catástrofe fue tan grande como en Honduras. En el noroeste de este país, por ejemplo, hubo un enorme derrumbe que dejó a miles de personas **enterradas** en cuestión de minutos.

Las consecuencias de una tragedia como ésta son inmediatas. El progreso económico de años desaparece y la gente tiene que empezar de nuevo con mala salud, sin mucha **esperanza.** Los **damnificados** reciben ayuda del gobierno y de agencias internacionales, pero aún así es difícil para ellos **sobrevivir.** Por suerte muchos **lo logran.** Reconstruyen sus hogares y sus vidas y muestran así el poder del ser humano: su fuerza para no **dejarse vencer.**

El huracán Charley en La Habana, Cuba

Comprensión

Usted es periodista y debe escribir un breve informe sobre el huracán Mitch. Prepare un formulario que incluya la siguiente información.

1. Lugar y fecha en que nació el huracán:

   _____

2. Características de Mitch:

   _____

3. Países que sufrieron el impacto del huracán:

   _____

4. Daños específicos:

   _____

5. Industrias más afectadas:

   _____

Un paso más... ¡a escribir!

Imagínese que usted es miembro del comité «Ayuda a los damnificados de Mitch». Su misión es ayudar a una de las víctimas: un campesino y su familia. Escriba un informe de una página en el que explica su plan de ayuda. ¿Cuáles son las necesidades más urgentes de esta familia? ¿Qué servicios le va a ofrecer usted?

De viaje

Capítulo 11

Actividades escritas ✎

✳ Los viajes en automóvil

A. ¿Para qué se usan estas partes del carro?

> MODELO: el volante → *El volante se usa para manejar el carro.*

1. los frenos

_____

2. el parabrisas

_____

3. el cinturón de seguridad

_____

4. los cambios

_____

5. el espejo retrovisor

_____

B. Escoja uno de estos temas para escribir una composición de 15 oraciones o más (2 ó 3 párrafos).

1. MI COCHE IDEAL
   Describa su coche ideal. ¿De qué marca es? ¿De qué modelo y de qué año es? ¿Cuál es su color? ¿Es grande o pequeño? Describa el motor: ¿es potente? ¿Cuántos caballos de fuerza tiene? ¿Qué tipo de combustible requiere? ¿gasolina o gasóleo (*diesel fuel*)? ¿Es un motor híbrido? Describa el interior: los asientos, el volante, los cambios, el sistema de sonido (tiene radio, aparato compact disc, televisor), etcétera. Mencione todos los detalles importantes y diga por qué es el coche ideal para usted. Si quiere, incluya una foto de su carro ideal de una revista o del Internet.

2. UN VIAJE EN AUTOMÓVIL
   Describa un viaje que usted hizo en su automóvil. Use estas preguntas como guía: ¿Adónde fue? ¿Fue con amigos o fue solo/a? ¿Cómo se preparó para el viaje? ¿Qué hizo y qué vio en el viaje? ¿Salió todo bien o tuvo problemas? ¿Qué clase de problemas? ¿Tuvo alguna falla (*defect*) mecánica el carro? ¿Resolvió el problema usted solo/a o le ayudó alguien? ¿Se divirtió en su viaje?

✳ En busca de sitios

Lea Gramática 11.1.

C. Usted está en la Ciudad de México. Escriba instrucciones para ir de un lugar a otro según el plano. Use mandatos formales como **vaya, camine, siga, doble, cruce,** etcétera.

1. Del Hotel el Presidente al Museo de Arte Moderno

   _____

   _____

   _____

2. Del Monumento a los Niños Héroes al Hotel del Ángel

   _____

   _____

   _____

3. Del Centro de Deportes Chapultepec al Monumento a la Independencia

   _____

   _____

   _____

4. Del Centro de Deportes Chapultepec al Hotel el Romano Diana

   _____

   _____

   _____

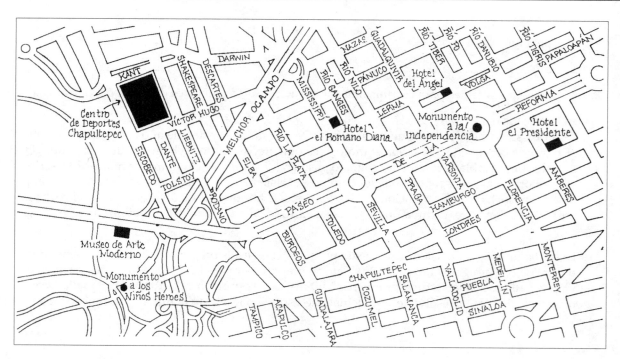

✳ Los planes de viaje

Lea Gramática 11.2–11.3.

D. Imagínese que usted es guía de una excursión a España. Está a cargo de un grupo de veinte turistas. Hágales sugerencias usando **(No) Quiero que** y la forma correcta de cinco de estos verbos: **comprar, hacer, ir, poner, salir, tener, traer, venir, ver.**

MODELO: Quiero que *hagan* con cuidado todo lo que les voy a decir.

1. _____

2. _____

3. _____

4. _____

5. _____

E. Ernesto, Estela y sus hijos fueron a Acapulco de vacaciones. Hoy regresan a México. Los niños les hacen muchas preguntas a sus padres. Haga el papel de Ernesto o Estela y termine sus respuestas.

1. Mamá, ¿cuándo van a limpiar el baño?

   Lo van a limpiar cuando _____

2. ¿Cuándo vamos a bajar al comedor?

   Vamos a bajar cuando _____

3. ¿Ya vas a cerrar las maletas, papá?

   No, hija, las voy a cerrar cuando _____

4. Mamá, ¿vas a mandar el traje de papá a la tintorería (*dry cleaners*) ahora?

   No, hijo, lo voy a mandar cuando _____

5. ¿Llamamos ya al botones, papá?

   No, chicos, yo lo voy a llamar cuando _____

F. Usted necesita hacer reservaciones. Escoja uno de los siguientes temas y escriba un diálogo de 15 líneas o más entre usted y el empleado.

1. UN VUELO A SANTIAGO, CHILE
   Llame a LAN Chile, la aerolínea nacional chilena, y pida información al / a la agente acerca del vuelo: el costo, las horas de salida y llegada, el tiempo que dura el vuelo, si es un vuelo directo o sin escala (*non-stop*), etcétera. Pague con su tarjeta de crédito.

2. UN HOTEL EN COSTA RICA
   Usted quisiera ver el bosque nuboso (*cloud* [*rain*] *forest*) de Costa Rica y va a pasar tres noches en el pueblo de Santa Elena. Llame al hotel el Sapo Dorado para hacer las reservaciones. Pida la siguiente información: el costo de las habitaciones, las comodidades (¿tiene baño privado, cocina, piscina, terraza, restaurante?), las horas de servicio del restaurante y los servicios para los turistas. Pague con su tarjeta de crédito.

✳ Los sitios turísticos

Lea Gramática 11.4–11.5.

G. ¿Qué estaban haciendo estas personas ayer a las once de la mañana?

MODELO: Adriana y Víctor estaban en París. → Probablemente *estaban subiendo a la Torre Eiffel.*

1. Pedro y Andrea Ruiz estaban en Mazatlán.

   Probablemente _____

2. Guillermo y Amanda Saucedo estaban solos en su casa.

   Probablemente _____

3. Clara Martin estaba en la costa en el sur de España.

   Probablemente _____

4. Carla y Rogelio estaban en la selva amazónica.

   Probablemente _____

5. Ricardo Sícora estaba en el Museo del Prado.

   Probablemente _____

H. Complete las oraciones con algo que a usted le sucedió alguna vez o con algo muy cómico.

MODELO: Rogelio nadaba en el Amazonas cuando… →
Rogelio nadaba en el Amazonas cuando *vio un cocodrilo.*

1. Los turistas subían al avión cuando…

   _____

2. Los turistas dormían en el barco cuando…

   _____

3. Los turistas cambiaban dinero en el banco cuando…

   _____

4. Los turistas llegaban al hotel cuando…

   _____

5. Los turistas miraban los cuadros en el museo cuando…

   _____

6. Los turistas tomaban el sol en la playa cuando…

   _____

I. Escoja uno de los siguientes temas y escriba una composición de 15 oraciones o más.

    1. UNA CIUDAD O UN LUGAR QUE VISITÓ Y QUÉ LE GUSTÓ

        ¿Cómo se llama la ciudad / el lugar? ¿Cuándo fue? ¿Fue solo/a o con amigos? ¿Cómo es la ciudad / el lugar? ¿grande, antiguo/a, colonial, moderno/a, pintoresco/a (*picturesque*)? ¿Qué atractivos turísticos tiene? ¿Qué le gustó más de la ciudad / del lugar? ¿Por qué? ¿Conoció a algunas personas simpáticas? ¿Qué hizo/hicieron allí? ¿Qué otras cosas divertidas se pueden hacer allí?

    2. UN VIAJE QUE USTED HIZO Y QUE NO LE GUSTÓ MUCHO

        ¿Adónde fue? ¿Con quién(es)? ¿Qué medios de transporte usó/usaron? ¿Cómo era el lugar adonde fue/fueron? Descríbalo. ¿Tuvo/Tuvieron alguna experiencia desagradable en el camino? ¿O tuvo/tuvieron una experiencia desagradable en el hotel / el restaurante / un sitio turístico? ¿Qué pasó?

Resumen cultural

Complete con la información cultural del **Capítulo 11.**

1. ¿Qué país hispano tiene la mayor diversidad biológica de todo el Caribe?

    _____

2. Nombre cuatro formas musicales de la danza negra de Perú.

    _____

3. ¿Qué nombre tiene el grupo indígena que vive en el norte de México en la Sierra Madre

    Occidental? _____

4. ¿Qué nombre tiene el jugo de la caña de azúcar? _____

5. ¿Cómo se llama la reserva biológica más grande de Cuba y qué animal alberga (*does it shelter*)?

    _____

6. ¿Cómo se llama el tambor que se usa en la música de danza negra peruana?

    _____

7. Nombre dos partidos políticos de Uruguay.

    _____

8. Nombre dos ritmos dominicanos que Juan Luis Guerra incorpora en sus canciones.

    _____

9. ¿Cuáles son las dos canciones más famosas de Juan Luis Guerra?

    _____

10. ¿Cuál es el objetivo de la fundación que creó Juan Luis Guerra?

_____

11. ¿Dónde está situada la ciudad venezolana de Mérida?

_____

12. ¿Cómo se llama la guerra en la cual participaron Argentina, Brasil, Uruguay, Perú, Chile y EU

contra Paraguay? _____

¿Por qué se declaró esta guerra? _____

13. ¿Dónde está el teleférico más alto del mundo y hasta qué montaña sube?

_____

14. Nombre tres artistas famosos de danza negra peruana.

_____

Actividades auditivas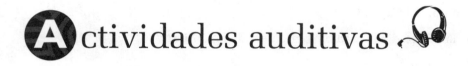

✳ **Los amigos animados**

A. Anuncio comercial: AMTRAINS

Ahora en KSUN, Radio Sol, escuchemos un mensaje comercial de AMTRAINS, la compañía de trenes.

Llene esta hoja de información comercial.

AMTRAINS

LAS VENTAJAS DE AMTRAINS:

- los trenes van a _____

  a bajo _____ y con la mayor _____

LOS TRENES:

- tienen modernos _____
- los asientos son amplios y _____
- tienen grandes _____
- llegan _____

B. El viaje de Pilar

Pilar Álvarez está conversando con
Ricardo Sícora sobre el viaje que ella
hizo a Venezuela.

Según la conversación entre Pilar y Ricardo, ¿qué sabemos?

1. Pilar estuvo en _____.

2. Ella dice que Caracas es una ciudad muy _____ que tiene muchas

   _____ y muchos coches.

3. Pilar también fue a la _____ Cumaná.

4. Ricardo pasaba mucho tiempo en el mismo lugar cuando era más joven y dice que el

   _____ es muy azul y la _____ muy fina.

5. Pilar piensa que Ricardo parece un _____.

✳ Los viajes en automóvil

C. ¡Este coche habla!

VOCABULARIO ÚTIL

felicitarla	*to congratulate you*
alquilado/alquilaste	*rented / you rented*
el coche deportivo	*sports car*
¡Abróchese el cinturón!	*Put on your seat belt!*

Raúl Saucedo está en México para celebrar el cumpleaños de su abuela.
Ahora la llama por teléfono.

❖ ❖ ❖

Ponga los dibujos en orden para formar un resumen lógico de lo que pasa entre Raúl y su abuela.

a. _____

b. _____

c. _____

d. _____

D. ¡El sueño de los ecologistas!

VOCABULARIO ÚTIL

los diseñadores	*designers*
los tapetes	*mats*
la puerta trasera	*back door*
reforzada	*reinforced*
los adelantos	*advances*
advierte	*warns*

En KSUN, Radio Sol, Mayín Durán informa
al público sobre un coche biodegradable.

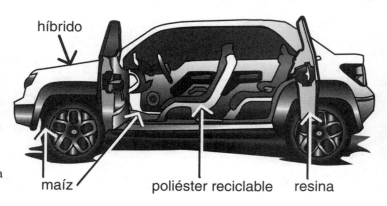

híbrido

maíz   poliéster reciclable   resina

❖ ❖ ❖

Complete correctamente la información que da Mayín sobre el coche biodegradable.

Un equipo de investigadores de la Compañía Ford _____¹ el sueño de los

ecologistas: un vehículo _____². Queridos radioescuchas, ésta es la parte más

sorprendente: los componentes principales de este coche están fabricados con maíz, soya y semillas

de girasol… La idea es que el coche sea bueno para usted y para _____³.

Los _____⁴ y el _____⁵ están hechos de un poliéster que

puede ser _____⁶ una y otra vez. Las _____⁷ y los tapetes

son de maíz; y la _____⁸ trasera es de resina reforzada con fibra de vidrio. Este

coche tiene un motor híbrido, de hidrógeno y _____⁹. Pero… ¡no crean que es

un coche primitivo! El Ford Modelo U tiene todos los adelantos de la tecnología

_____¹⁰…

✳ **En busca de sitios**

E. Esteban en México

VOCABULARIO ÚTIL

ir a pie	*to go on foot, walk*
me confunde	*it confuses me*
la esquina	*corner*
el letrero de neón	*neon sign*

Lugares mencionados

Acapulco	ciudad en la costa del Pacífico de México
la avenida Juárez	avenida principal en México, D.F.
la avenida Madero	avenida principal en México, D.F.
el monumento al General Zaragoza	monumento dedicado al general mexicano Ignacio Zaragoza (1829–1862)
la avenida Hamburgo	avenida principal en México, D.F.

Esteban está de visita en México y quiere hacer un corto viaje a Acapulco. Pero la Ciudad de México es tan grande que Esteban se pierde fácilmente. Ahora le pide ayuda a una señora.

¿Cierto (**C**) o falso (**F**)?

1. ____ Esteban pide instrucciones para llegar al aeropuerto.

2. ____ La compañía de autobuses Tres Estrellas de Oro ofrece viajes entre la Ciudad de México y Acapulco.

3. ____ Según las instrucciones, lo primero que Esteban tiene que hacer es caminar hacia el norte por la misma calle.

4. ____ Esteban debe doblar a la izquierda en la avenida Juárez.

5. ____ La terminal tiene un enorme letrero de neón con cinco estrellas.

6. ____ La terminal queda en la esquina con la avenida Madero y la avenida Zaragoza.

F. Un paseo por Buenos Aires

VOCABULARIO ÚTIL

el dedo	*finger*
marcada	*marked*

Usted está en Buenos Aires con un grupo de estudiantes. Va a pasar un semestre estudiando allí. Su profesora les dice que quiere prepararlos a ustedes para pasear solos por la ciudad. Les da un plano de Buenos Aires y les dice que van a dar un paseo virtual. Siga las instrucciones con el dedo en el plano y luego diga a dónde llegó usted.

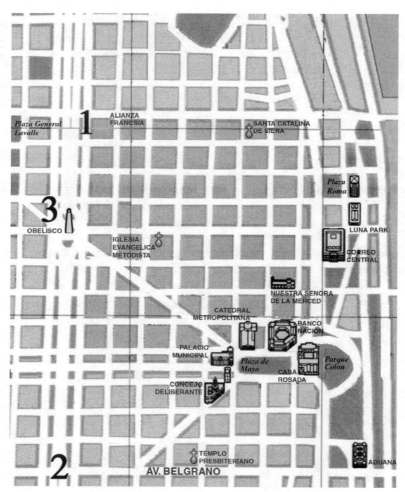

1. Estoy en _____

2. El lugar se llama _____

3. Llegué a _____

✳ Los planes de viaje

G. ¡Realice su viaje ideal!

VOCABULARIO ÚTIL

realice   *make (something) come true*
fundada   *founded, established*
el itinerario   *itinerary*

Aquí en KSUN, Radio Sol, un breve anuncio comercial de nuestros amigos en la agencia de viajes Españatours.

¿Sí o no? Españatours…

	SÍ	NO	
1.	☐	☐	es una agencia fundada por españoles.
2.	☐	☐	sirve solamente a los hispanos en California.
3.	☐	☐	tiene viajes ideales para sus clientes.
4.	☐	☐	consigue solamente los pasajes de avión.
5.	☐	☐	muestra una variedad de itinerarios y el cliente selecciona el mejor.
6.	☐	☐	sirve café en la agencia.
7.	☐	☐	hace las reservas en hoteles de cuatro o cinco estrellas.
8.	☐	☐	ayuda en la preparación del pasaporte, el visado y el menú para la comida en el avión.

H. Una segunda luna de miel

VOCABULARIO ÚTIL

la luna de miel	*honeymoon*
les conviene	*it suits you*
el folleto	*brochure*

Lugares mencionados

las Antillas	grupo de islas en el Caribe
Santo Domingo	ciudad capital de la República Dominicana
Puerto Príncipe	ciudad capital de Haití
San Juan	ciudad capital de Puerto Rico
Santo Tomás	isla cerca de Puerto Rico

Ramiro y Rosita Silva quieren hacer un viaje. Ahora están en la agencia de viajes donde trabaja su vecina, Paula Saucedo, y conversan con ella.

Después de visitar la agencia de viajes donde trabaja Paula, los Silva decidieron comparar la excursión que escogieron con otra, de la agencia Giramundo, que apareció anunciada en el periódico. Escriba las diferencias entre las excursiones de la agencia de Paula y la agencia Giramundo.

AGENCIA DE VIAJES GIRAMUNDO
lo invita... ¡al Caribe!

Puertos:	Santo Domingo, Puerto Príncipe, San Juan
Duración:	14 días
Precio:	11.500 pesos
Incluye:	• pasajes aéreos de ida y vuelta
	• hoteles de lujo
	• desayuno americano, almuerzo y cena
	• una excursión pagada en cada lugar
	• trámite[1] de visas

En la agencia de Paula:

1. Puertos: _____

2. Duración: _____

3. Precio: _____

4. Incluye: _____

---

[1] *visa arrangements*

❋ Los sitios turísticos

I. ¡Cambia tu rutina!

VOCABULARIO ÚTIL

el cambio de guardia	*changing of the guard*
las ruinas	*ruins*
las ofertas	*the deals*
el carnaval	*Carnival (Mardi Gras)*

Lugares mencionados

Madrid	*capital of Spain*
el Museo del Prado	*Spain's most famous museum*
el restaurante Casa Botín	*popular restaurant in Madrid*
la Plaza Mayor	*main square in Madrid*
la Torre Eiffel	*Eiffel Tower*
el Palacio Real	*Royal Palace (London)*
Machu Picchu	*"lost city" of the Incas*
Cancún	*resort town in the Yucatan Peninsula (Mexico)*
Chichén Itzá	*location of famous Mayan ruins*
Río de Janeiro	*Brazilian city famous for its Carnival celebration*

Y ahora un anuncio de su agencia de viajes favorita, Españatours.

❖   ❖   ❖

Conteste según el anuncio.

1. Según este anuncio, necesitas viajar si...

   a. estás cansado de la _____ diaria.

   b. estás _____ de estar en casa.

2. ¿Qué puedes ver en...

   a. Madrid? _____

   b. París? _____

   c. Londres? _____

   d. Perú? _____

   e. Río de Janeiro? _____

J. El viaje de Silvia a Puerto Rico

VOCABULARIO ÚTIL

extrañar	*to miss (a person)*
pasarlo bien	*to have a good time*
reflejan	*they reflect*
plateado	*silvery*
el fuerte	*fort*

Lugares mencionados

el Yunque	bosque tropical cerca de San Juan, Puerto Rico
la Bahía Fosforescente	bahía donde el agua es de un color plateado por la noche
el Viejo San Juan	la parte colonial de San Juan
el Morro	fuerte antiguo en la entrada de la bahía en San Juan

Silvia Bustamante va a viajar a San Juan, Puerto Rico, para visitar a su amiga Marta Guerrero. Ahora conversa con su novio Nacho sobre el viaje.

Llene los espacios en blanco según la conversación.

1. Silvia está muy _____ con los planes para su viaje.

2. El vuelo de Silvia sale a las _____. Ella quiere salir para el aeropuerto a _____.

3. A Silvia le gusta la idea de una luna de miel en _____.

4. Marta tiene muchos _____ para la visita de Silvia. Por ejemplo, van a ver un _____ que se llama el Yunque, los animalitos que reflejan un color plateado en la Bahía Fosforescente y la parte colonial de la ciudad, que se llama el _____.

5. Nacho no puede ir con Silvia a Puerto Rico porque tiene que _____.

✳ ¡A repasar!

K. Ernesto, agente de viajes

VOCABULARIO ÚTIL

el jefe	*boss, supervisor*
el camión	*bus (Mex.)*
lo acompaño	*I'll go with you*
a propósito	*by the way*

Lugares mencionados

la Terminal de Autobuses para Oriente   estación de autobuses en México, D.F.
el Paseo de la Reforma   avenida principal en México, D.F.
la avenida Ignacio Zaragoza   avenida principal en México, D.F.

Ernesto Saucedo trabaja en una compañía de seguros. Hoy tiene una reunión importante con su jefe. Ahora está preparándose para ir al trabajo.

Escoja la(s) respuesta(s) más lógica(s).

1. Ernesto usa el transporte público porque…

    a. no tiene coche.

    b. no quiere usar su coche.

    c. es más rápido que manejar.

    d. solamente tarda veinticinco minutos en llegar al trabajo.

2. El turista…

    a. no sabe dónde está el Parque de Chapultepec.

    b. quiere llegar a la Terminal de Autobuses para Oriente.

    c. le pide ayuda a Ernesto.

    d. no quiere conversar con Ernesto en el camión.

3. Para llegar a la terminal, el turista…

    a. necesita tomar el camión 56 y luego el 122.

    b. debe caminar dos cuadras.

    c. necesita llamar a la terminal por teléfono.

    d. debe bajarse en la avenida Ignacio Zaragoza.

4. Ernesto no quiere atender al turista porque…

    a. tiene prisa.

    b. quiere prepararse para su reunión en el trabajo.

    c. no le gusta el turista.

    d. su camión llegó.

5. El turista pide más información sobre…

    a. restaurantes en México.

    b. alojamiento.

    c. museos.

    d. lugares turísticos.

Pronunciación y ortografía

✳ Ejercicios de ortografía

I. ACCENT MARKS ON AFFIRMATIVE COMMANDS

When a pronoun (**me, te, le, nos, les, se**) is added to an affirmative command, the command form must be written with an accent. For example: **lávese las manos, acuéstese, tráigame el libro, dígale la verdad.**

🎧 Listen and write the following sentences with affirmative commands and pronouns. Write each command form correctly with an accent mark.

1. _____

2. _____

3. _____

4. _____

5. _____

II. ACCENT MARK EXCEPTIONS: WORD PAIRS

🎧 There are pairs of words in Spanish that are distinguished in writing by an accent mark. The most common are the following.

él	*he*		el	*the*
mí	*me*		mi	*my*
tú	*you*		tu	*your*
sí	*yes*		si	*if*
sé	*I know*		se	*self*
dé	*give* (*command*)		de	*of, from*
té	*tea*		te	*you, yourself*

Listen to the following sentences and write the missing word. Decide from the meaning if it needs an accent mark.

1. _____ papá es médico. ¿Es abogado _____ papá?

2. ¿_____ gusta el _____ inglés?

3. _____, voy contigo… _____ me invitas, claro.

4. ¿_____ quién es este sombrero?

5. Yo no _____ _____ Javier _____ casó en marzo o en mayo.

III. ORTHOGRAPHIC CHANGES IN THE SUBJUNCTIVE

Several types of verbs have spelling changes in certain subjunctive forms in order to preserve the sound of the infinitive.

		INFINITIVE	INDICATIVE	SUBJUNCTIVE
1. **g** to **j**	before **a, o**	proteger	protejo[1]	proteja
2. **gu** to **g**	before **a, o**	seguir	sigo[1]	siga
3. **c** to **z**	before **a, o**	convencer	convenzo[1]	convenza
4. **c** to **zc**[2]	before **a, o**	conocer	conozco[2]	conozca
5. **c** to **qu**	before **e**	buscar	busco	busque
6. **g** to **gu**	before **e**	pagar	pago	pague
7. **z** to **c**	before **e**	cruzar	cruzo	cruce

The most common verbs in each class are the following:

1. **coger** (*to take; to catch*), **dirigir** (*to direct*), **elegir** (*to elect*), **escoger** (*to choose*), **proteger** (*to protect*), **recoger** (*to pick up*)

2. **conseguir** (*to get, attain*), **perseguir** (*to pursue*), **seguir** (*to follow; to continue*)

3. **convencer** (*to convince*), **torcer** (*to twist*), **vencer** (*to defeat*)

4. **agradecer** (*to be grateful for*), **conducir** (*to drive; to conduct*), **conocer** (*to know*), **favorecer** (*to favor*), **ofrecer** (*to offer*), **parecer** (*to seem*), **producir** (*to produce*), **traducir** (*to translate*)

5. **acercarse** (*to get close to*), **buscar** (*to look for*), **chocar** (*to crash*), **criticar** (*to criticize*), **equivocarse** (*to be mistaken*), **explicar** (*to explain*), **indicar** (*to indicate*), **pescar** (*to fish*), **practicar** (*to practice*), **rascar** (*to scratch*), **sacar** (*to take out*), **secar** (*to dry*), **tocar** (*to play; to touch*)

6. **entregar** (*to hand in*), **jugar** (*to play*), **llegar** (*to arrive*), **negar** (*to deny*), **obligar** (*to oblige*), **pagar** (*to pay [for]*), **pegar** (*to hit; to glue*), **regar** (*to water*)

7. **abrazar** (*to embrace*), **almorzar** (*to have lunch*), **comenzar** (*to begin*), **cruzar** (*to cross*), **empezar** (*to begin*), **rechazar** (*to reject*), **rezar** (*to pray*)

---

[1] The first-person singular (**yo**) form of the indicative has the same orthographic change, for the same purpose.
[2] In addition, a **k** sound is inserted in these forms; thus the full change is **c** (s) to **zc** (sk).

Listen and write the sentences you hear. Pay particular attention to subjunctive verb forms and their spelling.

1. _____
_____

2. _____
_____

3. _____
_____

4. _____
_____

Videoteca

✳ Los amigos animados

Vea la sección **Los amigos animados** de las **Actividades auditivas** para hacer la actividad correspondiente.

✳ Escenas culturales

Uruguay

VOCABULARIO ÚTIL

el estuario	*estuary*
pintoresco/a	*picturesque*
los gauchos	*vaqueros argentinos y uruguayos*
la ganadería	*cattle ranching*

Lugares mencionados

Montevideo
Río de la Plata
la Ciudad Vieja
las pampas

Lea estas preguntas y luego vea el video para contestarlas.

1. Montevideo está al lado del estuario del _____.

2. En _____ hay varios edificios y monumentos de interés histórico.

3. Los gauchos de Uruguay viven en _____.

Paraguay

VOCABULARIO ÚTIL

la represa hidroeléctrica	*hydroelectric dam*
jesuita	*Jesuit*
majestuoso/a	*majestic*

Lugares mencionados

Asunción
el Chaco
el Río Paraguay
el Río Paraná
Itaipú
Iguazú

Lea estas preguntas y luego vea el video para contestarlas.

3. ¿Cuáles son los dos ríos más importantes de Paraguay?

_____

4. La represa de _____ es la más grande del mundo.

5. En Iguazú están las _____ majestuosas.

✳ Escenas en contexto

Sinopsis

Roberto está perdido y le pide instrucciones a un señor.

VOCABULARIO ÚTIL

perdido/a	*lost*
Perdone la molestia.	*I'm sorry to bother you.*
queda	*está*
No hay de qué.	*You're very welcome.*
Que le vaya bien.	*All the best to you.*

Lea estas preguntas y luego vea el video para contestarlas.

A. ¿Cierto (**C**) o falso (**F**)?

1. _____ Roberto busca la biblioteca pública.

2. _____ El señor dice que el bar está cerca (no está lejos).

3. _____ Roberto debe doblar a la derecha en la calle Martín Gómez.

4. _____ Roberto debe doblar a la izquierda en la calle Santiago de Chile.

5. _____ El bar está a la derecha en la calle Santiago de Chile.

B. Complete con la información correcta.

1. Roberto busca un bar de nombre _____.

2. El señor le dice que doble a la _____ en la calle _____

   y que camine _____ antes de doblar a la _____ en la

   Avenida _____.

3. Luego, el señor dice que camine una cuadra y que doble a la _____ en la

   calle _____. A unos _____ metros está el bar, a la

   _____.

ecturas

 **El misterio de las ciudades mayas**

 PISTAS PARA LEER

Considere esta pregunta: ¿Cuál es el misterio de las ciudades mayas? Y recuerde que los cognados facilitan la comprensión. Muchos se distinguen por su terminación: **-ado/ido** (*-ed, -ate*), **-mente** (*-ly*), **-ción** (*-tion*). En esta **Lectura** hay varios ejemplos: **conquistados, desaparición.** ¿Qué otros cognados ve usted?

VOCABULARIO ÚTIL

surgieron	*came into being*
se destacan	*stand out*
el sacerdote	*priest*
la comunidad agrícola	*farming community*
los griegos	*Greeks*
quemaban	*burned*
la sombra	*shadow*
la guerra	*war*
Sea cual sea	*Whatever might be*
el antepasado	*ancestor*

Las hermosas ciudades mayas **surgieron** en los bosques tropicales de lo que hoy es el sureste de México y en los países que hoy conocemos como Belice, Guatemala, El Salvador y Honduras. Entre todas las ruinas de las ciudades mayas —Palenque, Tikal, Tulum, Chichén Itzá, Copán y Uxmal— **se destacan** Chichén Itzá en México y Tikal en Guatemala. Chichén Itzá era el centro religioso y político de Yucatán. Tikal era la ciudad más grande de la América precolombina.

Al estar en Tikal, uno puede imaginarse la belleza del mundo prehispánico. En su momento de prosperidad, Tikal tenía una población de 50.000 habitantes. Hoy el área central de las ruinas todavía contiene tres mil construcciones distintas: templos, palacios, cinco pirámides. En el palacio ceremonial hay más de doscientos monumentos de piedra, altares y figuras.

Tikal y Chichén Itzá, como las otras ciudades, eran principalmente sitios ceremoniales donde vivían los **sacerdotes.** El resto de la población vivía en **comunidades agrícolas.** Los sacerdotes se ocupaban de todos los rituales religiosos, como los sacrificios. En la sociedad maya gobernaban el rey y los nobles. Su organización política era similar a la de los **griegos,** basada en ciudades estados. Cada estado tenía una comunidad rural de campesinos que cultivaban la tierra y grandes centros urbanos para las ceremonias. Toda la gente —nobles, campesinos— se reunía en la ciudad para participar en festivales y ceremonias.

Los mayas tenían maravillosas obras de arquitectura, escultura, pintura y conocimientos de astronomía. Inventaron sistemas de numeración que incluían el cero, calendarios y una escritura que aún no se ha podido interpretar totalmente. Se sostenían con la agricultura, sembrando maíz, frijoles y otras legumbres. No era un trabajo fácil. Su terreno de cultivo era de densa vegetación. Cortaban los árboles y los **quemaban** para fertilizar la tierra.

Las ceremonias religiosas formaban una parte esencial de la cultura maya, que era muy rica. En Chichén Itzá, todavía hoy se celebra el equinoccio primaveral cada 21 de marzo. Llegan miles de indígenas y turistas para ver la **sombra** de una serpiente que aparece en las escaleras de la pirámide principal a mediodía.

Los antiguos mayas, creadores de Tikal y Chichén Itzá, abandonaron estas ciudades mucho antes de la llegada de los españoles. La razón es un misterio. Los estudiosos ofrecen varias posibles explicaciones: epidemias, cambios en el clima, **guerras,** superpoblación. Hay quienes dicen que los mayas no pudieron sobrevivir dedicándose a la agricultura en los bosques tropicales. Se dice también que el cambio más significativo fue la desaparición de la clase religiosa, es decir, los sacerdotes.

Sea cual sea la explicación del misterio, lo cierto es que durante los años 900 D.C.,* la gente maya empezó a alejarse gradualmente de Tikal y las otras ciudades. Pero afortunadamente la civilización maya no desapareció. Cuando los españoles colonizaron la península de Yucatán entre 1524 y 1546, varios grupos de mayas hicieron resistencia. Hoy en día hay siete millones de personas que descienden de esos sobrevivientes. Estos mayas se dedican a la agricultura, como sus **antepasados,** y mantienen vivas sus tradiciones. En su cultura vive también el recuerdo de sus antiguas y hermosas ciudades.

---

*Año que representa el final del período maya clásico. Tikal fue construida durante este período (50–800 D.C.).
Nota: A.C. (antes de Cristo) significa lo mismo que *B.C.* en inglés; D.C. (después de Cristo) es lo mismo que *A.D.*

Comprensión

A. Ponga las siguientes palabras bajo la categoría apropiada. Algunas pueden incluirse bajo más de una categoría.

aldeas agrícolas	calendarios	palacios	sacrificios
altares	centros urbanos	península	sistema de escritura
arquitectura	ciudades estados	pintura	sistema numérico
astronomía	escultura	pirámides	templos
bosques	monumentos de piedra	rituales religiosos	vegetación

MODELO:

Categorías: CONSTRUCCIÓN   GEOGRAFÍA   CIENCIA   CULTURA

arquitectura   *bosques*

B. Hay varias causas por las cuales los mayas abandonaron sus hermosas ciudades. En la **Lectura** se mencionan seis causas posibles. ¿Cuáles son?

1. _____

2. _____

3. _____

4. _____

5. _____

6. _____

Un paso más… ¡a escribir!

Usted es arqueólogo/a y ha descubierto la razón por la cual los habitantes de Tikal y Chichén Itzá abandonaron estas ciudades. Explique en una página lo que pasó. Use algunas de estas preguntas como guía.

1. ¿Hubo una epidemia? ¿De qué?

2. ¿Hubo un cambio drástico en el clima? ¿Cómo lo sabe? ¿Qué pasó?

3. ¿Tuvieron que irse los mayas porque destruyeron los bosques?

4. ¿Hubo alguna guerra? ¿Contra quién(es)?

5. ¿Qué documentos o pruebas ha encontrado usted?

LECTURA

Los amigos hispanos:
De visita en México

PISTAS PARA LEER

Paula Saucedo Muñoz tiene 27 años y es agente de viajes en la Ciudad de México. Aquí le escribe a Pilar Álvarez, su amiga española. Recuerde que la visualización es una buena práctica de lectura. Visualice los lugares que Paula menciona: el Parque de Chapultepec, por ejemplo. ¿Qué ve usted allí? ¿Qué hace?

VOCABULARIO ÚTIL

broncearte	*to get a tan*
la senda frondosa	*shaded path*
el castillo	*castle*
gratis	*free of charge*
la obra	*art work*
el mármol	*marble*
el dramaturgo	*playwright*
la conferencia	*lecture*

Pilar Álvarez
Calle Almendras 481
Madrid, España

Querida Pilar:

¡Por fin vamos a conocernos! Sé que te va a gustar México. Estoy preparando un itinerario para tu visita. Aquí te envío algunas fotos muy bonitas y unos panfletos turísticos, para darte una idea. Pero también me gustaría hablarte un poquito de mi país, al que quiero mucho.

Ya sabes que la Ciudad de México es la capital más grande del mundo hispano. Los mexicanos la llamamos «el D.F.» por el Distrito Federal. Las otras ciudades grandes del país son Guadalajara, Monterrey y Tijuana. También hay muchas ciudades hermosas que debes conocer, como Veracruz, un puerto en el Golfo de México. Y hay otras que conservan el aspecto colonial por su arquitectura, como Taxco, San Miguel de Allende y Guanajuato. Pero si lo que buscas es clima tropical, tienes que ir a Acapulco y Puerto Vallarta, dos sitios turísticos en la costa del Pacífico donde es puro verano el año entero. Si quieres **broncearte** y nadar, debes ir a esas dos ciudades. ¡Y yo muy feliz te acompaño!

La linda ciudad colonial de Taxco

Uno de los lugares adonde pienso llevarte en la capital es el Parque de Chapultepec. En este parque hay dos zoológicos y muchas **sendas frondosas** por donde caminar. Uno puede ver allí, además, el Museo de Antropología y un **castillo** famoso que data de los tiempos coloniales. Los domingos por la tarde hay conciertos **gratis** al aire libre en el Parque de Chapultepec.

El centro y corazón de la capital es el Zócalo. Creo que el Zócalo es comparable a la Plaza Mayor en España, ¿no? Allí está la catedral, que también data de los tiempos de la colonia, y el Palacio Nacional. En éste hay varios murales impresionantes de Diego Rivera (1886–1957). Como ya sabes, este pintor mexicano es famoso por sus grandes murales que narran la historia de México. Sé que te va a gustar su **obra.**

Aquí, en el D.F., vamos a visitar también el Palacio de Bellas Artes. Éste es un edificio de **mármol** blanco donde se presentan conciertos, óperas, obras de los más famosos **dramaturgos** del mundo, espectáculos de danza y **conferencias.**

El Palacio de Bellas Artes

Bueno, amiga mía, creo que esta carta se está haciendo demasiado larga. Antes de concluir, sólo te quiero mencionar las pirámides de Teotihuacán, que están al nordeste de la capital. Estas pirámides son una muestra importante de la cultura indígena. ¡Las verás!

Las pirámides de Teotihuacán

Todos en mi familia estamos ansiosos por verte y recibirte en nuestra casa. Avísame cuando tengas tu viaje confirmado.

Con mucho cariño,
Paula

Comprensión

Busque la definición correcta.

1. _____ el Palacio de Bellas Artes
2. _____ el Zócalo
3. _____ el Palacio Nacional
4. _____ Guanajuato
5. _____ Teotihuacán
6. _____ el Parque de Chapultepec
7. _____ la Ciudad de México
8. _____ Puerto Vallarta
9. _____ Veracruz
10. _____ Monterrey

a. zona en el centro de la ciudad
b. ciudad grande que también se conoce como el Distrito Federal
c. lugar al nordeste del D.F. donde hay pirámides
d. una de las ciudades grandes en el norte del país
e. sitio turístico en la costa del Océano Pacífico
f. edificio donde se hacen presentaciones culturales
g. ciudad y puerto en el Golfo de México
h. parque donde se ofrecen conciertos los domingos
i. ciudad que conserva su aspecto colonial
j. edificio donde se encuentran los murales de Diego Rivera
k. ciudad situada en la península de Yucatán

 Un paso más… ¡a escribir!

Escriba una composición de una página sobre uno de los siguientes temas.

1. Usted tiene un amigo hispano o una amiga hispana que va a venir de visita a los Estados Unidos por primera vez. Descríbale en una carta los lugares que puede visitar.
2. Usted y su familia van a estar de vacaciones en México por dos semanas. Descríbale a su familia las ciudades y los lugares que van a visitar. ¿Qué actividades pueden hacer en cada lugar?

Expansión gramatical

This **Expansión gramatical** is intended to help expand your knowledge of Spanish grammar at a more advanced level. These topics are often encountered during a second-year course, but you may want to explore some of them on your own. Your instructor may also want to cover these areas after finishing *Dos mundos.* Answers to the exercises in this section are included in the Answer Key at the back of this *Cuaderno.*

The grammar that you have studied in *Dos mundos* is by no means all the grammar that you will need to know in order to read, write, and speak native-sounding Spanish, but don't be discouraged. You can already communicate with native speakers on a wide array of topics, and your ability to understand spoken and written material will allow you to interact comfortably with the Spanish-speaking world. Much of your knowledge of advanced grammar will come not from rules and exercises but from interacting with native speakers, reading, listening to the radio, and watching TV. All of these activities are powerful ways to acquire grammar in a meaningful context. Many nonnative speakers of Spanish become lifelong learners, continually adding to their repertoire of vocabulary and grammatical knowledge, all the while enjoying their contact with the Spanish-speaking world. **¡Buen viaje!**

1. Indicating to Whom Something Belongs: Possessive Pronouns

A. When a possessive adjective (**mi, tu, nuestro/a, vuestro/a, su**) functions as a noun, it is called a possessive pronoun (**mío/a, tuyo/a, nuestro/a, vuestro/a, suyo/a**).

—¿De quién son estos pantalones?	—*Whose pants are these?*
—Son **míos.**	—*They're mine.*
—¿Son de Alberto estas corbatas?	—*Do these ties belong to Alberto?*
—Sí, creo que son **suyas.**	—*Yes, I think they're his.*

B. Note that possessive pronouns change their form to show gender and number. Except after the verb **ser** (as in the preceding examples), they are accompanied by a definite article (**el, la, los, las**).

	SINGULAR		PLURAL	
(yo)	el mío	la mía	los míos	las mías
(tú)	el tuyo	la tuya	los tuyos	las tuyas
(usted, él/ella)	el suyo	la suya	los suyos	las suyas
(nosotros/as)	el nuestro	la nuestra	los nuestros	las nuestras
(vosotros/as)	el vuestro	la vuestra	los vuestros	las vuestras
(ustedes, ellos/as)	el suyo	la suya	los suyos	las suyas

—¿Dónde están los coches?
—**El mío** está aquí, pero **el tuyo** no.

—Where are the cars?
—Mine is here, but not yours.

—¿Dónde están las calculadoras?
—**La mía** está en casa. ¿Dónde está **la tuya**?

—Where are the calculators?
—Mine is at home. Where is yours?

—¿Es suyo ese coche pequeño?
—No, **el nuestro** es el grande que está allí.

—Is that small car yours?
—No, ours is the big one that is over there.

C. In Spanish one possessive pronoun (**el suyo**) corresponds to the English possessive pronouns *yours* (singular or plural), *his, hers,* and *theirs.* Therefore, out of context, the sentence **El suyo no ha llegado** could correspond to all of the following English meanings: *His/Hers/Theirs/Yours (sing., pl.) hasn't arrived.* Normally, in conversation, context will tell you to what and to whom **suyo/a/os/as** refers.

—¿Es ésta la bicicleta de Mónica?
—No, es **mía. La suya** está en casa.

—Is this Monica's bicycle?
—No, it's mine. Hers is at home.

As an alternative to **suyo,** you may use the article followed directly by **de** plus the name of the person.

—¿Es de Alberto esta patineta amarilla?
—No, **la de Alberto** es roja.

—Does this yellow skateboard belong to Albert?
—No, Albert's is red.

Ejercicio 1

Carmen encuentra (*finds*) varias cosas en el salón de clase. Ella le pregunta (*asks*) a Alberto de quién son. Dé las respuestas de Alberto según el modelo (*according to the model*).

MODELO: ¿De quién son estas plumas? ¿Son de los estudiantes? →
Sí, son *suyas.* (No, no son *suyas,* son de la profesora Martínez.)

1. ¿De quién es este abrigo? ¿Es tuyo? _____

2. ¿De quién son estas mochilas? ¿Son de Pablo y Lan? _____

3. ¿De quién es este cuaderno? ¿Es mío? _____

4. ¿De quién son estas calculadoras?¿Son de Mónica y Nora? _____

5. ¿De quién es este reloj? ¿Es de Luis? _____

6. ¿De quién es este diccionario? ¿Es nuestro? _____

7. ¿De quién son estas rosas? ¿Son de la profesora Martínez? _____

8. ¿De quién es esta patineta? ¿Es de Esteban? _____

9. ¿De quién es este disco compacto? ¿Es tuyo? _____

10. ¿De quién son estos papeles? ¿Son míos? _____

2. Asking and Answering Questions: Patterns in the Preterite

A. Four common question-and-answer patterns in the preterite include **yo** or **nosotros/as** verb forms in the answer. If the question refers to *you,* then your answer will use the **yo** form of the verb. If the question refers to *you and others,* then your answer will use the **nosostros/as** form of the verb.

INFORMAL SINGULAR

—*Did you . . . ?*
—*Yes, I did. / No, I didn't.*

QUESTION	ANSWER	EXAMPLE
¿ -aste?	-é.	—¿Terminaste? —Sí, terminé.
¿ -iste?	-í.	—¿Comiste? —No, no comí.

POLITE SINGULAR

—*Did you . . . ?*
—*Yes, I did. / No, I didn't.*

QUESTION	ANSWER	EXAMPLE
¿ -ó usted?	-é.	—¿Terminó usted? —Sí, terminé.
¿ -ió usted?	-í.	—¿Comió usted? —No, no comí.

INFORMAL AND POLITE PLURAL (Latin America); POLITE PLURAL (Spain)

—*Did you . . . ?*
—*Yes, we did. / No, we didn't.*

QUESTION	ANSWER	EXAMPLE
¿ -aron ustedes?	-amos.	—¿Terminaron ustedes? —Sí, terminamos.
¿ -ieron ustedes?	-imos.	—¿Comieron ustedes? —No, no comimos.

INFORMAL PLURAL (Spain)

—*Did you . . . ?*
—*Yes, we did. / No, we didn't.*

QUESTION	ANSWER	EXAMPLE
¿ -asteis vosotros/as?	-amos.	—¿Terminasteis vosotros/as? —Sí, terminamos.
¿ -isteis vosotros/as?	-imos.	—¿Comisteis vosotros/as? —No, no comimos.

B. If the question refers to others, the verb form in the question and answer will usually be the same.

—¿**Llegó** tu hermano a las ocho?   —*Did your brother arrive at eight?*
—No, **llegó** más tarde.   —*No, he arrived later.*

—¿**Viajaron** tus padres a Europa?   —*Did your parents travel to Europe?*
—Sí, **viajaron** a España y Portugal.   —*Yes, they traveled to Spain and Portugal.*

Ejercicio 2

Conteste sí o no.

MODELO: ¿Te lavaste el pelo? → Sí, *me lavé* el pelo. (No, no *me lavé* el pelo.)

Ayer,…

1. ¿fuiste a un concierto? _____

2. ¿cenaste con tus abuelos? _____

3. ¿escribiste un mensaje electrónico? _____

4. ¿compraste un auto? _____

5. ¿leíste un poema? _____

La semana pasada, ¿tú y tus amigos…

6. hicieron un viaje? _____

7. vieron una película buena? _____

8. ganaron dinero en la lotería? _____

9. dieron una fiesta? _____

10. sacaron muchas fotografías? _____

3. Using Regional Pronouns: *vos* and *vosotros/as* Forms

A. The pronouns **tú** and **usted(es)** are used by the majority of Spanish speakers and are recognized by everyone. However, as you know, Spanish has two other pronouns that are equivalent to English *you:* **vos** (*inf. sing.*) and **vosotros/as** (*inf. pl.*).

In some countries, particularly Argentina, Uruguay, Paraguay, and most of Central America, speakers prefer to use the pronoun **vos** and its verb forms when speaking with friends and family. **Vos** is also used by many speakers in parts of Colombia, Chile, and Ecuador. If you travel to areas where **vos** is used, everyone will accept that you use **tú** and **usted** because you are a foreigner, but if you stay in one of those countries for any length of time, you will probably find yourself using **vos** and its verb forms with your friends.

Like **tú,** the plural pronoun **ustedes** is recognized and used by all speakers of Spanish. However, in the northern and central areas of Spain, including Madrid, speakers distinguish between informal and formal *you* in the plural. They use **vosotros/as** as an informal plural pronoun and **ustedes** as a formal plural pronoun.

B. Except for the present indicative and subjunctive (and some forms you have not yet learned), the **vos** verb forms are almost identical to the **tú** verb forms. In the present tense, use the endings **-ás** for **-ar**

verbs, **-és** for **-er** verbs, and **-ís** for **-ir** verbs. Stem vowels do not change: **querés, podés, dormís.** Note in the examples that follow that, unlike the pronoun **tú,** the pronoun **vos** is commonly used in place of someone's name.

¿Qué **querés** comer **vos**?	*What do you want to eat?*

The **vos** commands are formed with the infinitive minus its **-r: terminá, comé, escribí.**

Vení con nosotros.	*Come with us.*

Most other tenses use the same forms as **tú.**

¿Adónde **fuiste** ayer **vos**?	*Where did you go yesterday?*
Y **vos,** ¿dónde **vivías** de joven?	*And you, where did you live in your youth?*
¿Qué **estás** haciendo **vos**?	*What are you doing?*
¿**Has** terminado **vos**?	*Have you finished?*

The subject pronoun **vos** is also used after a preposition. All other pronouns, as well as the possessive adjectives, are the same as the **tú** forms.

Este regalo es para **vos.**	*This gift is for you.*
Vos, ¿cómo es el clima en **tu** ciudad?	*What's the weather like in your city?*
¿En qué hotel **te quedaste vos**?	*At which hotel did you stay?*
No **te** vi ayer, **vos.** ¿Dónde **estabas**?	*I didn't see you yesterday. Where were you?*
Te voy a contar un buen chiste, **vos.**	*I'm going to tell you a good joke.*

C. Here is a review of the **vosotros/as** endings for the tenses you have learned so far. Like the pronoun **tú,** the pronoun **vosotros/as** is usually dropped.

PRESENT: habláis, coméis, recibís
PAST: hablasteis, comisteis, recibisteis
IMPERFECT: hablabais, comíais, recibíais
PRESENT PROGRESSIVE: estáis + hablando/comiendo/recibiendo
PRESENT PERFECT: habéis + hablado/comido/recibido
COMMANDS: hablad, comed, recibid

¿Qué **queréis** comer?	*What do you want to eat?*
¿Adónde **fuisteis**?	*Where did you go?*
Y **vosotros,** ¿dónde **vivíais** cuando **estabais** en Madrid?	*And you, where did you live when you were in Madrid?*
¿Qué **estáis** haciendo?	*What are you doing?*
¿**Habéis** terminado?	*Have you finished?*

The pronouns are **vosotros/as** (subject, object of preposition), **vuestro/a/os/as** (possessive), and **os** (all other object pronouns).

Soy de Madrid. ¿De dónde sois **vosotros**?	*I'm from Madrid. Where are you from?*
Estos billetes son para **vosotras.**	*These tickets are for you.*
¿Cómo es el clima en **vuestro** país en el invierno?	*What's the weather like in your country in the winter?*
No **os** vi ayer. ¿Dónde estabais?	*I didn't see you yesterday. Where were you?*
Os voy a contar una historia interesante.	*I'm going to tell you an interesting story.*
¿En qué hotel **os** hospedasteis?	*At which hotel did you stay?*

Ejercicio 3

Aquí tiene usted una conversación entre dos amigos en Argentina. Imagínese que el diálogo ahora tiene lugar en Cuba, y haga los cambios necesarios para cambiar **vos** a favor de **tú.**

—¿Vas a quedarte en casa esta noche vos? _____ 1

—No, pienso salir al cine. ¿Y vos? _____ 2

—No sé.

—¿Por qué no venís conmigo vos? _____ 3

—¿Qué pensás hacer después del cine? _____ 4

—Dar una vuelta por el centro. ¿Querés? _____ 5

—¿Tenés coche? _____ 6

—Claro que sí. ¿Qué decís? _____ 7

—De acuerdo. ¿A qué hora pasás a buscarme? _____ 8

—A las ocho.

Ejercicio 4

Esta conversación tuvo lugar en Madrid, pero vamos a suponer que estamos ahora en Santiago de Chile. Escriba el diálogo, haciendo todos los cambios necesarios para usar **ustedes** en vez de **vosotros/as.**

CHICA 1: ¿Qué pensáis hacer esta noche? _____ 1

CHICA 2: No sé. ¿Qué queréis hacer vosotros? _____ 2

CHICO: ¿Qué os parece ir al cine? Hay una nueva película francesa que tengo ganas de ver.

_____

_____ 3

CHICA 1: A vosotros os gustan las películas francesas, pero a mí no. Me aburren. ¿No os gustaría salir a

bailar un rato? _____

_____ 4

CHICO: Pero si vosotras sabéis que soy el peor bailador de Madrid. ¡No, gracias! ¿Qué tal si hacemos

una fiesta en casa? _____

_____ 5

CHICA 2: ¡Excelente idea! Vosotros dos invitáis a vuestros amigos y yo invito a los míos. ¿A qué hora?

_____

_____ 6

CHICA 1: ¿Qué os parece si empezamos a las diez?

_____

_____ 7

4. The Passive Voice

A. The passive voice in Spanish, as in English, is constructed with the verb **ser** followed by a past participle. Most tenses of **ser** may be used, but the past tense is most common.

Los criminales **fueron arrestados** por la policía.	*The criminals were arrested by the police.*

The agent that performs the action is expressed in a phrase beginning with **por.**

La fiesta fue organizada **por** los estudiantes.	*The party was organized by the students.*

B. Note that the past participle in these constructions must agree in number and gender with the subject of the sentence.

El **cuento** fue **escrito** por un escritor famoso.	*The short story was written by a famous writer.*
La **novela** fue **escrita** por Carlos Fuentes.	*The novel was written by Carlos Fuentes.*

Ejercicio 5

Cambie las oraciones de la voz pasiva a una declaración directa.

MODELO: La motocicleta fue reparada por Nacho. → Nacho *reparó* la motocicleta.

1.   El pastel fue horneado por Estela. _____

2.   Las cartas son escritas por Pedro. _____

3.   Los libros son pagados por los estudiantes cada semestre.

_____

4.   La Batalla de Puebla fue ganada por los mexicanos en 1862.

_____

5.   El incendio fue apagado por los bomberos.

_____

6.   Nora y Pablo fueron atacados por un loco.

_____

7.   El edificio fue diseñado por el arquitecto.

_____

8.   La tarea es asignada por el profesor. _____

9.   La pregunta fue contestada por Esteban. _____

10.   Los exámenes fueron calificados por la profesora Martínez.

_____

5. Narrating Past Experiences: The Present Perfect and the Pluperfect

GRAMÁTICA ILUSTRADA

> No he asistido a la escuela; he estado aquí en el hospital toda la semana.

> Hemos venido a verte todos los días.

> Te hemos traído muchos globos y muchas flores.

Como el médico no había llegado, la enfermera le puso la inyección al paciente.

Cuando el médico llegó, la enfermera ya le había puesto la inyección al paciente.

The present perfect (see **Gramática 10.1**) refers to events that did occur or did not yet occur at some unspecified point in relation to the here and now. Both Spanish and English use the present tense of the auxiliary verb (**haber** and *to have*) and a past participle to express this idea. Remember that regular past participles end in **-ado** or **-ido;** see page 364 of the textbook for a list of irregular past participles.

—¿**Has comido** el ceviche?
—Sí, pero nunca **he probado** los calamares.

—*Have you eaten ceviche (before)?*
—*Yes, but I have never tried squid.*

—El doctor Rosas y yo ya **hemos visto** al paciente.
—Y, ¿**han hablado** con su esposa también?

—*Doctor Rosas and I have already seen the patient.*
—*And have you spoken with his wife, too?*

Another perfect tense that you may often hear is the pluperfect (past perfect or **pluscuamperfecto**) for actions that precede preterite events. This tense uses the imperfect tense of the auxiliary verb **haber.** *

---

*For more on the perfect tense see **Expansión gramatical 9.**

PLUPERFECT		
(yo)	había	
(tú)	habías	
(usted, él/ella)	había	-ado
(nosotros/as)	habíamos	+
(vosotros/as)	habíais	-ido
(ustedes, ellos/as)	habían	

PRESENT PERFECT: Ellos no **han vuelto**.   *They have not returned.*

PLUPERFECT: Ellos todavía no **habían vuelto** cuando yo llegué.   *They had not returned yet when I arrived.*

PRESENT PERFECT: **Hemos visto** las pirámides aztecas tres veces.   *We have seen the Aztec pyramids three times.*

PLUPERFECT: Como no **habíamos visto** las pirámides mayas, decidimos hacer un viaje a Guatemala.   *Since we had not seen the Mayan pyramids, we decided to take a trip to Guatemala.*

Remember that all pronouns must be placed before the auxiliary verb **haber.**

No **nos hemos acostado** todavía.   *We haven't gone to bed yet.*

¿Ya **te habías bañado** cuando tus amigos llegaron para la fiesta?   *Had you already taken a bath when your friends arrived for the party?*

Ejercicio 6

Marque todas las respuestas lógicas.

1. A los 7 años yo ya…

    a. había terminado la escuela primaria.

    b. había asistido al kínder.

    c. había aprendido a caminar.

    d. había visitado el consultorio de un médico.

2. A los 9 años yo ya…

    a. había manejado un camión.

    b. había viajado por avión.

    c. había tenido gripe varias veces.

    d. había estudiado en la universidad.

3. Hoy, cuando llegamos a clase, mis compañeros y yo ya…

    a. habíamos escrito la composición.

    b. habíamos desayunado.

    c. nos habíamos peinado.

    d. habíamos hablado con el presidente de Chile.

(Continúa.)

4. Cuando mi amigo llegó a la universidad hoy, todavía no...

    a. había hecho la tarea.

    b. había respirado.

    c. se había vestido.

    d. había leído la lección para hoy.

5. A los 8 años mis hermanitas ya...

    a. habían tenido varicela.

    b. habían escalado varias montañas.

    c. habían ganado un millón de dólares.

    d. habían estado resfriadas varias veces.

Ejercicio 7

Escriba la forma correcta de **haber** en el presente (**he, has, ha, hemos, habéis, han**) o en el imperfecto (**había, habías, había, habíamos, habíais, habían**), seguido del participio pasado.

1. Cuando mis padres llegaron, mis amigos y yo ya _____ la casa. (limpiar)

2. Como Estela y Ernesto nunca _____ a la Torre Eiffel, decidieron ir de vacaciones a París. (subir)

3. Andrea nunca _____ el acueducto en Segovia; algún día le gustaría ir a España. (ver)

4. A los 20 años Pedro Ruiz ya _____ varios artículos para el periódico *La Voz.* (escribir)

5. Son las diez de la noche y Guillermo todavía no _____ su tarea. (hacer)

6. Antes de acostarse, Amanda _____, pero se le olvidó lavarse los dientes. (ducharse)

7. Paula todavía no _____ a China. Espera hacer un viaje allí el año que viene. (viajar)

8. Cuando Estela y Ernesto regresaron del concierto, los niños ya _____. (acostarse)

6. *Por/Para:* Summary

You'll recall that **por** and **para** have a variety of meanings and correspond to English prepositions such as *for, by, through,* and *in order to.* Here are some additional meanings of **por** and **para.**

A. **Por** is used with **aquí** and **allí** to mean *around* or *in a general area.*

—¿Hay una gasolinera **por aquí**?

—Sí, hay una cerca, pero tenemos que bajar **por allí.**

—*Is there a gas station somewhere around here?*

—*Yes, there's one nearby, but we have to go down over there.*

Para is often used with **acá** and **allá,** instead of **aquí** and **allí,** to indicate destination.

> —¿Quién es el muchacho que viene **para acá**?
> —Es Alberto.

> —*Who's the guy coming this way?*
> —*That's Alberto.*

B. **Por** used with **trabajar** (and similar verbs) means *in place of.* **Para** used with **trabajar** refers to an employer or means *for someone's benefit.*

> Puedo trabajar **por** ti el viernes, pero no el sábado.
> Daniel trabaja ahora **para** la compañía Mexicana de Aviación.

> *I can work for you (in your place) Friday, but not Saturday.*
> *Daniel is working for Mexicana Airlines now.*

Here is a summary of the most common meanings of **por** and **para.**

por (*for, by, through*)

Substitution for:	Mientras el presidente estuvo en el hospital, el vicepresidente tomó varias decisiones **por** él.
	While the president was in the hospital, the vice president made several decisions for him.
In exchange for / Paying:	¡Pagué más de cien dólares **por** mi libro de química!
	I paid more than a hundred dollars for my chemistry book!
Movement by, through, or along a place:	Cuando manejamos a Acapulco, pasamos **por** muchos pueblos pequeños.
	When we drove to Acapulco, we passed through many small towns.
Length of time (may be omitted):	Anoche estudié la gramática (**por**) dos horas.
	Last night I studied grammar for two hours.
General time or area:	**por** la mañana, **por** la tarde, **por** la noche; **por** la playa, **por** el parque, **por** la ciudad, **por** aquí
	in the morning, in the afternoon, at night; by (on) the beach, around (through) the park, around the city, around here
Transportation:	Yo nunca he viajado **por** tren; siempre he viajado **por** avión.
	I have never traveled by train; I have always traveled by plane.

para (*for; in order to*)

Recipient:	Aquí hay un regalo **para** ti.
	Here is a gift for you.
Employer:	Me gustaría trabajar **para** las Naciones Unidas.
	I would like to work for the United Nations.
Destination:	El presidente de Colombia salió ayer **para** Madrid.
	The president of Colombia left for Madrid yesterday.
Telling time:	Son diez **para** las ocho.
	It's ten to eight.
Deadline:	Tenemos que terminar el trabajo **para** el miércoles.
	We have to finish the work by Wednesday.
Purpose:	Es necesario estudiar **para** sacar buenas notas.
	It is necessary to study in order to get good grades.

Ejercicio 8

Complete las oraciones con **por** y **para,** siguiendo las reglas a continuación. Luego apunte la regla que usted siguió. (Puede decirlo en inglés; vea el modelo.)

POR	PARA
1. substitution for	7. recipient
2. in exchange for / paying	8. employer
3. movement by, through, or along a place	9. destination
4. length of time (may be omitted)	10. telling time
5. general time or area	11. deadline
6. transportation	12. purpose

MODELO: Me encanta salir a pasear *por* la tarde. No salgo *por* la noche porque tengo miedo.

[_5_] [_5_]

1. ¿Cuándo sales _____ Machu Picchu? [_____]

2. ¿Qué es mejor, viajar _____ tren o viajar _____ avión? [_____] [_____]

3. Me encanta caminar _____ la playa, pero mis hermanos prefieren caminar

   _____ el bosque o la selva. [_____] [_____]

4. ¿Necesitas manejar _____ ir al supermercado que está cerca de tu casa? [_____]

5. Viajé _____ toda España porque estuve allí _____ dos meses. [_____] [_____]

6. ¿Es _____ el próximo lunes el informe sobre la selva amazónica? [_____]

7. ¡Ay, es tarde! Ya son veinte _____ las dos. [_____]

8. Mi tío es programador y trabaja _____ la compañía Microsoft de Chile. [_____]

9. Hoy es el cumpleaños de Estela. Ernesto compró un collar de perlas _____ ella. [_____]

10. El ladrón escapó _____ la ventana. [_____]

11. Regresé a la tienda y cambié el suéter _____ un saco de seda. [_____]

12. ¿Cuánto pagaste _____ ese (teléfono) celular? [_____]

13. ¿_____ quién son estos anillos? [_____]

14. Salimos hoy _____ Argentina. Tenemos que estar en Buenos Aires _____

    el 9 de julio. [_____] [_____]

15. Me gustaría sacar muy buenas notas en todas mis clases; esta noche debo estudiar

    _____ seis horas. [_____]

16. No te preocupes. Si te enfermas, yo puedo trabajar _____ ti. [_____]

7. Pronoun Placement: Summary

GRAMÁTICA ILUSTRADA _____

Amanda **le regala** una playera a Guillermo.

Ernestito **les pide** dinero a sus padres.

¿Las plantas? Guillermo **está regándolas** ahora.

(Guillermo **las está regando** ahora.)

¿El carro? Amanda va a **lavárnoslo** hoy.

(Amanda **nos lo va a lavar** hoy.)

¿Las legumbres? **Cómetelas** ahorita o no te voy a servir el postre.

¿La ropa? **No la lave** hoy, mejor mañana.

A single set of rules governs the placement of reflexive (**me, te, se, nos, os, se**), indirect (**me, te, le, nos, os, les**), and direct (**me, te, lo/la, nos, os, los/las**) object pronouns.*

_____

*Recognition: **os** is the reflexive, direct, and indirect object pronoun that corresponds to the subject pronoun **vosostros; te** is the reflexive, direct, and indirect object pronoun that corresponds to the subject pronoun **vos.**

A. Object pronouns directly precede a conjugated verb (a verb with endings in any tense).

—¿Cuándo **te diviertes** más?
—Cuando mi novio **me lleva** a bailar.

—*When do you have the most fun?*
—*When my boyfriend takes me dancing.*

—¿Qué **te dijo** Carmen?
—**Me dijo** que tenía prisa.

—*What did Carmen tell you?*
—*She told me that she was in a hurry.*

—¿Has visto a Alberto hoy?
—No, no **lo he visto** todavía.

—*Have you seen Alberto today?*
—*No, I haven't seen him yet.*

—Por lo general, ¿cuándo **se acuestan** ustedes?
—**Nos acostamos** muy tarde, a la una o a las dos de la madrugada.

—*What time do you usually go to bed?*
—*We go to bed very late, at one or two in the morning.*

B. When a conjugated verb is followed by an infinitive or a present participle, object pronouns can either precede the conjugated verb or follow and be attached to the infinitive or the present participle.

—¿Qué ibas a **decirme**? *o*
—¿Qué **me ibas a decir**?
—**Quería decirte** que te quiero. *o*
—**Te quería decir** que te quiero.

—*What were you going to tell me?*

—*I wanted to tell you that I love you.*

—¿Ya llamaste a Alberto y a Esteban?
—No, pero **estoy llamándolos** ahora. *o*
—No, pero **los estoy llamando** ahora.

—*Did you already call Alberto and Esteban?*
—*No, but I am calling them now.*

—¿Ya terminaste la tarea?
—No, pero **estoy terminándola** ahora. *o*
—No, pero **la estoy terminando** ahora.

—*Did you already finish the homework?*
—*No, but I'm finishing it now.*

C. These same pronouns follow and are attached to affirmative commands but precede negative ones.

—**Tráigame** el café después de la cena.
—No **me traiga** el café ahora.

—*Bring me the coffee after dinner.*
—*Don't bring the coffee to me now.*

—¡**Hazlo** ahora!
—¡No **lo hagas** mañana!

—*Do it now!*
—*Don't do it tomorrow!*

D. Double pronoun sequences such as **me lo** (*it to me*) and **se los** (*them to her/him/you/them*) also follow the rules previously described.

—¡**Démelos**!
—¡No **me los dé**!

—*Give them to me!*
—*Don't give them to me!*

—¿**Te preparo** la cena ahora?
—Sí, **prepáramela**, por favor.

—*Shall I fix dinner for you now?*
—*Yes, fix it for me, please.*

—¿Tienes el libro?
—No, Carmen no **me lo ha dado** todavía.

—*Do you have the book?*
—*No, Carmen hasn't given it to me yet.*

—¿Cuándo vas a **llevarle** los documentos a la señorita Saucedo?
—Ya **se los llevé** ayer.

—*When are you going to take the documents to Miss Saucedo?*
—*I already took them to her yesterday.*

E. Note that it is necessary to add an accent on the verb under the following circumstances.

1. Present participles with one or two pronouns (**bañándome**)
2. Affirmative commands with one or two pronouns (**lléveselo**)
   (Exceptions include one syllable commands that have only one pronoun attached: **hazme, ponle, dinos**)
3. Infinitives with two pronouns (**vendérmelo**)

These accents are necessary to preserve the original stress on the verb form.

Ejercicio 9

Los Ruiz están de vacaciones en Acapulco. Acaban de regresar de la playa y Clarisa le pide muchas cosas a su madre. Dé la forma correcta de los mandatos de Clarisa, usando el mandato informal y el pronombre **me.**

MODELO: traer / refresco → Mamá, *tráeme* un refresco, por favor.

1. hacer / un sándwich _____
2. lavar / el traje de baño _____
3. poner / música _____
4. comprar / una playera _____
5. dar / la loción _____

Ejercicio 10

Guillermo le hace preguntas a Amanda y ella siempre contesta que no. ¿Qué dice Amanda? Conteste con **me lo** o **me la** y el mandato.

MODELO: ¿Te traigo el libro? → No, *no me lo traigas.*

1. ¿Te arreglo el radio? _____
2. ¿Te abro la puerta? _____
3. ¿Te presto el dinero? _____
4. ¿Te preparo el sándwich? _____
5. ¿Te enciendo el televisor? _____
6. ¿Te digo la verdad? _____

Ejercicio 11

El secretario de Paula le hace algunas preguntas. Ella siempre contesta que sí. Dé las contestaciones de Paula usando mandatos formales y dos pronombres.

MODELO: ¿Le doy los cuadernos a la señora González? → Sí, *déselos.*

1. ¿Le pido los documentos a la señora Vargas ahora? _____
2. ¿Le leo el mensaje del señor Ruiz? _____
3. ¿Le presto el dinero a la recepcionista? _____
4. ¿Le escribo las cartas a máquina? _____
5. ¿Le cuento las noticias al señor Ochoa? _____

Ejercicio 12

Es Nochebuena en casa de los Saucedo. Los regalos están en la sala pero sin etiquetas. Todos quieren saber quién les hizo esos regalos. Amanda y Guillermo contestan.

> MODELO: DORA: ¿Quién me regaló esta magnífica licuadora? (papá) →
> AMANDA Y GUILLERMO: *Te la* regaló papá.

1. ANDREA: ¿Quién me dio esta bata tan fina? (nosotros)

   _____

2. DORA Y JAVIER: ¿Quién nos dio estas herramientas tan útiles? (Raúl)

   _____

3. RAÚL: ¿Quién me regaló este magnífico reloj? (papá y mamá)

   _____

4. JAVIER: ¿Quién me ha comprado estas lindísimas corbatas? (la abuela)

   _____

5. DORA: ¿Y quién me regaló esta sartén tan moderna? (Estela)

   _____

6. AMANDA: Oye, Guillermo, ¿quién nos trajo estas playeras tan hermosas? (Raúl)

   _____

8. Hypothesizing about the Past: *si hubiera* _____ *-do... habría* _____ *-do*

In both English and Spanish hypothetical sentences in the past consist of two clauses: an *if* clause and a *then* clause. *If I had done something (but I didn't), then I would have . . .* In English the verb in the *if* clause is in the past perfect (*had done*) and the verb in the *then* clause is in the conditional perfect (*would have*).

> *If the president had resigned, the country would have been better off.*

In Spanish, the verb in the *if* clause is in the past perfect subjunctive: the past subjunctive form of **haber** (**hubiera, hubieras, hubiera, hubiéramos, hubierais, hubieran**), plus a past participle. The verb in the conclusion or *then* clause is in the conditional perfect: the conditional form of **haber** (**habría, habrías, habría, habríamos, habríais, habrían**), plus a past participle.

> *if* clause = past subjunctive of **haber** + past participle
>
> *then* clause = conditional of **haber** + past participle

Si **hubiera ganado** las elecciones, el candidato **habría hecho** varios cambios para mejorar la situación económica.	*If he had won the election, the candidate would have made various changes to improve the economic situation.*

> Si el gobierno **hubiera protegido** la selva tropical, **se habrían salvado** varias especies de pájaros.

> *If the government had protected the rain forest, several species of birds would have been saved.*

These forms are not frequently heard in everyday conversation, but they are quite common in writing and more formal speech.

Ejercicio 13

Aquí tiene usted las opiniones de varios ciudadanos. Escriba la forma correcta del verbo **haber.**

> MODELO: UNA AMA DE CASA: Si *hubiera* ganado el candidato popular, no *habríamos* tenido tantos problemas políticos.

1. UNA AMA DE CASA: Si _____ conservado la electricidad, no _____ subido los precios.

2. UN HISTORIADOR: Si la tasa de la natalidad mundial no _____ aumentado tanto en el último siglo, no _____ habido tantas guerras.

3. UN INGENIERO: Si se _____ construido este puente de cemento reforzado, no se _____ caído durante el terremoto.

4. UNA TRABAJADORA SOCIAL: Menos jóvenes se _____ metido en pandillas si el gobierno _____ gastado más en la educación.

5. UN POLICÍA: Si se _____ legalizado la cocaína, muchas personas se _____ hecho drogadictos.

6. UNA ECOLOGISTA: Nosotros no _____ sufrido una crisis de energía si el gobierno _____ proporcionado más fondos para la energía renovable (energía «verde»).

7. UNA MADRE ORGULLOSA: Si mi hijo no _____ estudiado tanto, nunca se _____ graduado de la Facultad de Medicina.

8. UNA MAESTRA: Si nosotros _____ gastado menos en el presupuesto militar, _____ ahorrado lo suficiente para pagarles la educación universitaria a muchos jóvenes pobres.

9. The Perfect Tenses

The perfect tenses in both Spanish and English are formed with the auxiliary verb **haber** (*to have*) and a past participle. (See **Gramática 10.1** for the forms of **haber** with past participles.) You have already studied one of these tenses, the present perfect, which is roughly equivalent to the English *have* + participle: *I have eaten, you have finished,* and so forth.

> Nunca **he viajado** a Brasil.

> *I have never traveled to Brazil.*

There are also other forms of the perfect tenses, each related to the tense (present, preterite, future, and so forth) and mood (indicative, subjunctive) in which the auxiliary verb **haber** is conjugated.

INDICATIVE		
Past Perfect	había hablado	I had spoken
Future Perfect	habré hablado	I will have spoken
Conditional Perfect	habría hablado	I would have spoken

¡Perdimos el vuelo! Cuando llegamos al aeropuerto, el avión ya **había salido.**

We missed the flight! When we arrived at the airport, the plane had already left.

SUBJUNCTIVE		
Present Perfect	...que haya hablado	. . . that I have spoken
Past Perfect	...que hubiera hablado	. . . that I had spoken

¡Qué bueno que el partido conservador no **haya ganado** las elecciones!

I am glad that the conservative party has not won (did not win) the election!

It is generally easy to determine the meaning of these verb forms in context, although in Spanish, just as in English, there are some irregular past participles. (See Appendix 1 of the main text for the past participles of many verbs.) Paying particular attention to the past participle will give you the base meaning of the verb.

10. The Subjunctive Mood

As you learned in **Gramática 11.2** and **11.3,** the subjunctive is used in dependent clauses when the verb in the main clause implies certain conditions. You already know how to form the present subjunctive; the forms are the same as the **usted** command forms plus the person/number endings: **hablar** → **hable** + **-s, -mos, -éis,* -n.** Remember that there are many verbs with irregular subjunctive forms; see Appendix 1 of the main text.

INFINITIVE	**usted** COMMAND FORM	PRESENT SUBJUNCTIVE FORMS			
hablar	hable	(yo)	hable	(nosotros/as)	hablemos
		(tú)	hables	(vosotros/as)	habléis
		(usted, él, ella)	hable	(ustedes, ellos/as)	hablen
comer	coma	(yo)	coma	(nosotros/as)	comamos
		(tú)	comas	(vosotrs/as)	comáis
		(usted, él, ella)	coma	(ustedes, ellos/as)	comen
vivir	viva	(yo)	viva	(nosotros/as)	vivamos
		(tú)	vivas	(vosotros/as)	viváis
		(usted, él, ella)	viva	(ustedes, ellos/as)	vivan

There are also other forms and uses of the subjunctive that are not covered in *Dos mundos: En breve.* Following is a brief overview of them.

---

*Note that the **vosotros/as** form drops the **-e** of the **usted** command form.

The Imperfect Subjunctive

These forms are used for situations that require the subjunctive, but the verb in the main clause is expressed in a past tense.

> Quería que tú **llegaras** a tiempo.   *I wanted you to arrive on time.*

Perfect Forms of the Subjunctive

See Section 3: The Perfect Tenses for information regarding these compound subjunctive forms.

Summary of Subjunctive Uses

Here is a summary of the most common occurrences of the subjective in Spanish.

TO EXPRESS WISHES, DESIRES, AND REQUESTS

> Lan, no quiero que **salgas** con ese hombre.
>
> *Lan, I don't want you to go out with that man.*
>
> Te aconsejo que no **tengas** pistolas en la casa. ¡Es peligroso!
>
> *I advise you not to have guns in your house. It's dangerous!*

TO EXPRESS REACTIONS OR OPINIONS

> Dudo que se **pueda** erradicar el crimen en las ciudades grandes.
>
> *I doubt that we can eradicate crime in large cities.*
>
> Es importante que todos los niños **tengan** la oportunidad de asistir a la escuela.
>
> *It's important that all children have the opportunity to go to school.*
>
> Me molesta que la gente no se **haga** responsable de sus actos.
>
> *It bothers me that people don't take responsibility for their actions.*

WITH *let/have* COMMANDS AND WITH *let's*

> No quiero barrer el piso. ¡Que lo **barra** Amanda!
>
> *I don't want to sweep the floor. Let Amanda sweep it!*
>
> **Pongamos** guarderías infantiles en las iglesias.
>
> *Let's put the child-care centers in churches.*

IN TIME CLAUSES, TO EXPRESS A FUTURE POSSIBILITY, AND IN PURPOSE CLAUSES

> Tendremos problemas de superpoblación hasta que **logremos** controlar la tasa de la natalidad.
>
> *We will have overpopulation problems until we manage to control the birthrate.*
>
> La fiesta empezará cuando tú **llegues.**
>
> *The party will start when you arrive.*
>
> Hablemos con nuestros hijos sobre los peligros de las drogas para que **estén** bien informados.
>
> *Let's speak with our children about the dangers of drugs so that they will be well informed.*

IN ADJECTIVE CLAUSES, TO DESCRIBE SOMETHING NONSPECIFIC, UNKNOWN, OR NONEXISTENT

> En las guarderías infantiles necesitamos personal que **sepa** educar a los niños.
>
> *In child-care centers we need personnel who know how to educate children.*

IN *if* CLAUSES, TO STATE SOMETHING THAT IS CONTRARY TO FACT EXPRESSED IN THE PAST

Si **cuidáramos** más el agua, no habría escasez.

If we were more careful with water, there wouldn't be a shortage.

Si **hubieran instalado** detectores de metales en las escuelas, no habrían muerto tantos estudiantes el año pasado.

If they had installed metal detectors in the schools, so many students wouldn't have died last year.

11. Referring to People and Things Already Mentioned: Using Indirect and Direct Object Pronouns Together

A. Sometimes there is more than one object pronoun in a sentence. This is common if you want to *do something for someone, take something to someone, fix something for someone, buy something for someone,* and so forth. The indirect object (**me, te, le, nos, os,** or **les**) is usually the person *for whom* you are doing something, and the direct object (**lo, la, los,** or **las**) is the thing involved.

—¿Me compraste las pantimedias ayer?

—Sí, **te las** compré por la tarde.

—*Did you buy me the pantyhose yesterday?*

—*Yes, I bought them for you in the afternoon.*

—¿Quiere usted **el postre** ahora?

—Sí, tráiga**melo,** por favor.

—*Do you want the dessert now?*

—*Yes, bring it to me, please.*

B. Note the following possible combinations with **me, te, nos,** and **os.**

me lo(s)
me la(s) } *it/them to me*

nos lo(s)
nos la(s) } *it/them to us*

te lo(s)
te la(s) } *it/them to you (inf. sing.)*

os lo(s)
os la(s) } *it/them to you (inf. pl.)*

Pedro, si **te** falta **dinero,** puedo prestár**telo.**

Pedro, if you need money, I can lend it to you.

—¿**Me** lavaste las camisetas el sábado?

—Sí, **te las** lavé; aquí están.

—*Did you wash my T-shirts on Saturday?*

—*Yes, I washed them for you; here they are.*

—Señores, ¿**les** preparo **la cena** ahora?

—No, por favor, prepáre**nosla** más tarde.

—*Gentlemen, should I prepare dinner for you now?*

—*No, please prepare it for us later.*

C. The indirect object pronouns **le** and **les** change to **se** when used together with the direct object pronouns **lo, la, los,** and **las.**

se lo   *it (m.) to you (pol. sing. or pl.), him, her, them*
se la   *it (f.) to you (pol. sing. or pl.), him, her, them*
se los   *them (m.) to you (pol. sing. or pl.), him, her, them*
se las   *them (f.) to you (pol. sing. or pl.), him, her, them*

All these combinations may look confusing in abstract sentences, but in the context of real conversations you will generally know to whom and to what the pronouns refer.

—Ernestito, ¿**le** llevaste a **papá** sus zapatillas?

—*Ernestito, did you take Dad his slippers?*

—Sí, ya **se las** llevé.

—*Yes, I already took them to him.*

—Mamá, ¿**le** compraste una camisa nueva a **papá**?

—*Mom, did you buy Dad a new shirt?*

—Sí, **se la** compré hoy.

—*Yes, I bought it for him today.*

—Guillermo, ¿**les** diste los discos compactos a las amigas de Amanda?

—*Guillermo, did you give the CDs to Amanda's friends?*

—Sí, **se los** di esta mañana.

—*Yes, I gave them to them this morning.*

—Señor Saucedo, ¿**le** entregó usted las llaves al **gerente**?

—*Mr. Saucedo, did you hand in the keys to the manager?*

—Sí, **se las** entregué ayer.

—*Yes, I handed them in to him yesterday.*

D. Remember that object pronouns can be attached to infinitives and present participles and are always attached to affirmative commands. When the verb form and the object pronouns are written together as one word, you must place an accent mark on the stressed syllable.

—Señorita López, en cuanto al informe para la señorita Saucedo, ¿va usted a **entregárselo** ahora?

—*Miss López, about that report for Miss Saucedo: Are you going to give it to her now?*

—No, ya **se lo entregué** esta mañana.

—*No, I already turned it in to her this morning.*

—Adriana, necesito las listas de los clientes. ¿Vas a **preparármelas** esta tarde?

—*Adriana, I need the lists of clients. Are you going to get them ready for me this afternoon?*

—No, estoy **preparándotelas** ahora mismo.

—*No, I'm getting them ready for you right now.*

Ejercicio 14

Hoy Ernestito le hace muchas preguntas a Guillermo. Conteste por Guillermo según el modelo.

> MODELO: ERNESTITO: ¿Ya le diste la revista a mamá?
> GUILLERMO: Sí, *se la di* ayer.

1. ¿Ya le entregaste la tarea de biología a la profesora?
2. ¿Ya le vendiste el cassette de Shakira a Ramón?
3. ¿Ya le diste la carta a Amanda?
4. ¿Ya le prestaste la calculadora a Diego?
5. ¿Ya les llevaste la muñeca a las niñas?

Ahora Guillermo le hace a Ernestito algunas preguntas. Haga el papel de Ernestito y conteste según el modelo.

> MODELO: GUILLERMO: ¿Cuándo me vas a mostrar tu nuevo radio cassette? →
> ERNESTITO: Voy a *mostrártelo* mañana.

6. ¿Cuándo vas a prestarme las herramientas para reparar mi bicicleta?
7. ¿Cuándo vas a devolverme el suéter que te presté la semana pasada?
8. ¿Cuándo vas a traerme el cassette de Christina Aguilera que me prometiste?

9. ¿Cuándo vas a darme la carta que me escribió Raúl?
10. ¿Cuándo vas a mostrarme tus libros nuevos?

Ejercicio 15

La madre de Guillermo le hace algunas preguntas sobre lo que él va a hacer. Conteste por él, según el modelo.

> MODELO: MADRE: ¿Les vas a mostrar tu nuevo radio portátil a tus amigos? →
> GUILLERMO: Sí, voy a *mostrárselo* mañana.

1. ¿Le vas a pedir dinero a tu padre?
2. ¿Les vas a prestar los juegos de video a Ernestito y a sus amiguitos?
3. ¿Le vas a llevar las fotos a tu abuelita?
4. ¿Les vas a devolver las herramientas a tus tíos?
5. ¿Le vas a regalar un cassette a Graciela?

Ejercicio 16

Estela tiene mucha prisa y por eso le pide a Ernesto que haga algunas cosas. Conteste las preguntas, haciendo el papel de Ernesto.

> MODELO: ESTELA: Sírveme el desayuno, por favor. →
> ERNESTO: *Te lo estoy sirviendo* ahora mismo.

1. ¿Puedes darme una servilleta, por favor?
2. No voy a tener tiempo de salir a almorzar. ¿Puedes prepararme una torta de jamón?
3. Ernesto, quiero ponerme una blusa limpia. ¿Puedes planchármela?
4. Ay, tengo prisa y no encuentro mi cinturón. ¿Puedes buscármelo?
5. Hoy trabajé mucho y estoy muy cansada. ¿Puedes buscarme las pantuflas (zapatillas)?

Ejercicio 17

Ernesto Saucedo le hace a Amanda varias preguntas sobre lo que van a hacer sus amigos, vecinos y familiares. Haga el papel de Amanda y conteste según el modelo.

> MODELO: ERNESTO: ¿Te va a reparar Ramón tu radio cassette? →
> AMANDA: Ya *me lo reparó* la semana pasada.

1. ¿Te va a regalar tu abuela una blusa nueva para tu cumpleaños?
2. ¿Te va a comprar Graciela un regalo para tu cumpleaños?
3. ¿Te va a prestar Guillermo su bicicleta para este fin de semana?
4. ¿Te va a traer Diego los libros de la escuela?
5. ¿Te va a dar tu madre el dinero para el cine?

12. Describing: *ser* and *estar*

A. To identify someone or something, use the verb **ser** followed by a noun.

—¿Quién **es** ese **muchacho**?
—Es **Guillermo,** el primo de Marisa.
—¿Y este vestido?
—**Es** el **vestido** de novia que llevó mi abuelita.

—*Who is that guy?*
—*That's Guillermo, Marisa's cousin.*
—*And this dress?*
—*It's the wedding dress that my grandmother wore.*

B. To form the progressive tenses, use **estar** with a present participle.

—¿Qué **estaban haciendo** el
padrino y la madrina?
—**Estaban saludando** a los
invitados que llegaban.

—*What were the best man and
maid of honor doing?*
—*They were greeting the guests
who were arriving.*

C. Use the verb **estar** to give the location of people or things.

—¿Dónde **está** el novio?
—Creo que **está** en el baño.

—*Where is the groom?*
—*I think he is in the bathroom.*

Use the verb **ser** to tell the location of an event.

—¿Dónde va a **ser** la ceremonia?

—En la capilla.

—*Where is the ceremony going
to be (held)?*
—*In the chapel.*

—¿Dónde **es** la conferencia?
—En el salón 450.

—*Where is the lecture?*
—*In room 450.*

D. Although **ser** and **estar** are both used with adjectives to describe nouns, they are used in different situations. An adjective with **ser** tells what someone or something is like.

La novia **es** muy hermosa. **Es**
alta, de pelo negro y **es** joven.

*The bride is very beautiful. She
is tall, has black hair, and is
young.*

An adjective with **estar** describes the condition of someone or something at a particular moment.

—¿Cómo **está** la novia?
—Ahora mismo **está** un poco
nerviosa y cansada.

—*How is the bride?*
—*Right now she's a bit nervous
and tired.*

In the following example, note that **ser** and **estar** can convey different meanings even when used with the same adjective. **Ser** emphasizes identification or normal characteristics, **estar** the state of someone or something at a certain point in time.

—¿**Es** delgada la madre de la
novia?
—Sí, pero hoy parece que **está**
aún más delgada porque estuvo
enferma hace poco.

—*Is the bride's mother slender?*

—*Yes, but today she looks even
more slender because she was
ill a short time ago.*

By using **estar** with an adjective usually associated with **ser,** we can emphasize how something is or looks *right now,* rather than how it is normally. Thus, the choice between **ser** + adjective and **estar** + adjective emphasizes the difference between the norm and variation from the norm.

Te juro que **generalmente** el
mar aquí **es** tranquilo y limpio
y las olas **son** pequeñas. Pero
hoy está todo muy feo. Las
olas **están** muy grandes y el
mar **está** muy sucio por la
tormenta de anoche.

*I swear to you that the ocean
here is usually calm and clear,
and the waves small. But
today everything is very ugly.
The waves are very large and
the ocean is dirty due to last
night's storm.*

Here are some other phrases that emphasize the difference in meanings between **ser** and **estar** with adjectives.

es bonito / está bonito
es generoso / está generoso
es nervioso / está nervioso

is pretty / looks pretty
is generous / is being generous
is a nervous person / is nervous now

In a few cases, the meaning of the adjective is quite different depending on whether it is used with **ser** or **estar.**

es listo / está listo	*is clever / is ready*
es aburrido / está aburrido	*is boring / is bored*
es verde / está verde	*is green / looks green; is unripe*

ser	**estar**
Identification	***Present Progressive***
Es hombre.	Está comiendo.
Location of Event	***Location of People, Things***
El baile es aquí.	El muchacho está aquí.
Description of Norm	***Description of State***
Es bonita.	Está enferma.

Ejercicio 18

Don Anselmo está de mal humor hoy y no está de acuerdo con nada de lo que le dice don Eduardo.

> MODELO: DON EDUARDO: Doña Rosita es una persona muy activa. →
> DON ANSELMO: Pues, no está muy activa hoy.

1. Paula es muy amable con todos.
2. El clima de aquí es algo frío.
3. Normalmente este programa es muy cómico.
4. En la Tienda Miraflores la ropa es muy cara.
5. Ernesto es muy eficiente en su trabajo.

Ejercicio 19

¿Ser o **estar?** Lea el contexto con mucho cuidado.

1. —¿Te gusta la clase de biología?

   —No, _____ una clase muy aburrida.

2. —¿Tienes hambre? ¿Quieres comer un poco de fruta?

   —Gracias, pero toda la fruta _____ verde. No voy a comerla porque no quiero enfermarme.

3. Voy a llegar tarde a mi clase de las 9:00. ¡Ya son las 8:49 y yo todavía no _____ listo/a!

4. Pablo _____ muy aburrido porque esta película _____ aburridísima. ¡Prefiere estudiar!

5. ¡Ay! Estas manzanas no están buenas. _____ manzanas rojas pero todavía _____ verdes.

6. Los estudiantes _____ muy listos pero hoy todavía no _____ listos para el examen final; necesitan estudiar más.

13. Giving Direct Commands: Polite and Informal

A. Polite commands are used to give a direct order to someone you address with **usted.** The forms of the polite commands were introduced in **Gramática 11.1.** They are also the same as the **usted** form of the present subjunctive (see **Gramáticas 11.2** and **11.3**).

INFINITIVE	PRESENT (yo/usted)	COMMAND (usted)	COMMAND (ustedes)
habl**ar**	habl**o**/habl**a**	habl**e**	habl**en**
vend**er**	vend**o**/vend**e**	vend**a**	vend**an**
escrib**ir**	escrib**o**/escrib**e**	escrib**a**	escrib**an**

B. Singular informal commands are given to people you address with **tú** rather than **usted**—for example, your classmates or close friends.

Esteban, **trae** algunas bebidas
   para la fiesta.
Nora, no **mandes** los libros
   ahora, por favor.

Esteban, bring some drinks for
   the party.
Nora, don't send the books now,
   please.

C. If the singular informal command is affirmative, it is identical to the *he/she* form of the present indicative.

Nora, **busca** las palabras en
   el diccionario y después
   escribe las definiciones.
Alberto, **come** temprano porque
   después vamos a la discoteca.

Nora, look up the words in the
   dictionary and afterward write
   down the definitions.
Alberto, eat early because
   afterward we're going to the
   discotheque.

D. If the informal command is negative, add **-s** to the **usted** command form.

No hables con ella; habla
   con Esteban.
No comas tanto, Luis, y come
   más despacio.

Don't talk to her; talk to Esteban.

Don't eat so much, Luis, and eat
   more slowly.

E. Here is a summary of the singular informal command forms.

-ar **VERBS**		-er/-ir **VERBS**	
(-a)	(-es)	(-e)	(-as)
habl**a**	no habl**es**	com**e**	no com**as**
cant**a**	no cant**es**	escrib**e**	no escrib**as**
estudi**a**	no estudi**es**	pid**e**	no pid**as**

F. Some verbs have an irregular affirmative informal command form; these verbs still take the regular forms in the negative.

INFINITIVE	tú (+)	tú (−)	
decir	di	no digas	*say / don't say*
hacer	haz	no hagas	*do / don't do*
ir	ve	no vayas	*go / don't go*
poner	pon	no pongas	*put / don't put*
salir	sal	no salgas	*leave / don't leave*
ser	sé	no seas	*be / don't be*
tener	ten	no tengas	*have / don't have*
venir	ven	no vengas	*come / don't come*

Ven ahora; no **vengas** mañana.

Come now; don't come tomorrow.

Ponlo en tu cuarto; no lo **pongas** en la cocina.

Put it in your room; don't put it in the kitchen.

G. Affirmative **vosotros/as** commands are derived from the infinitive by changing the final **-r** to **-d.** Negative **vosotros/as** commands use the subjunctive.

INFINITIVE	vosotros/as (+)	vosotros/as (−)	
hablar	habla**d**	no habl**éis**	*speak / don't speak*
comer	come**d**	no com**áis**	*eat / don't eat*
escribir	escribi**d**	no escrib**áis**	*write / don't write*
decir	deci**d**	no dig**áis**	*say / don't say*
ir	i**d**	no vay**áis**	*go / don't go*
venir	veni**d**	no veng**áis**	*come / don't come*

H. Here is a summary of the polite and informal command forms.* Note that with the exception of the affirmative **tú** and **vosotros/as** commands, all commands use subjunctive forms.

usted(es)	tú (−)	tú (+)	vosotros/as (−)	vosotros/as (+)
(no) habl**e(n)**	no habl**es**	habl**a**	no habl**éis**	habla**d**
(no) com**a(n)**	no com**as**	com**e**	no com**áis**	come**d**
(no) escrib**a(n)**	no escrib**as**	escrib**e**	no escrib**áis**	escrib**id**
(no) dig**a(n)**	no dig**as**	**di**	no dig**áis**	deci**d**
(no) pong**a(n)**	no pong**as**	**pon**	no pong**áis**	pone**d**

Ejercicio 20

Éstos son algunos de los mandatos que Estela le dio a Ernestito durante el día. Complételos con **acuéstate, apaga, bájate, dile, habla, haz, lee, levántate, sal, ten, ve** o **ven.**

1. _____ rápido porque es muy tarde.

2. _____ conmigo a tu cuarto ahora.

3. _____ cuidado al cruzar la calle.

4. _____ de la casa por un ratito.

5. _____ de ese árbol ahora mismo.

6. _____ con tu papá si quieres una bicicleta nueva.

7. _____ en tu cama y _____ la luz.

8. _____ adiós a tu abuelita.

9. _____ a la sala y _____ uno de tus libros.

10. _____ tu tarea ahora y luego puedes ver la televisión.

---

*Affirmative **vos** commands drop the **-r** of the infinitive and add an accent to the last vowel: **hablá vos, comé vos, escribí vos, decí vos, vení vos.** Negative **vos** commands are the same as the **tú** subjunctive forms, but these too add an accent to the last vowel: **no hablés vos, no comás vos, no escribás vos, no digás vos, no vengás vos.**

Ejercicio 21

Nora y Esteban están de compras en un mercado en Nuevo Laredo. Ponga los infinitivos en el mandato (**tú/usted**) apropiado para el contexto.

MODELO: Ay, Esteban, no *compres* dulces, *come* fruta. (comprar/comer)

1. _____ nos dos especialidades de la casa, por favor. (traer)
   No nos _____ la cuenta ahora. (dar)

2. _____ me éste, por favor. (mostrar) ¿Cuánto cuesta? ¡No me _____ ! (decir)

3. Momentito, _____ me aquí, Nora, quiero ver aquellas chaquetas de cuero. (esperar)
   No _____ a otra tienda. (irse)

4. _____ me el precio, por favor. (rebajar) No me lo _____. (subir)

5. _____ mi nueva chaqueta, Nora. (mirar) ¡Qué ganga! No me _____ que gasté demasiado dinero. (decir)

14. Talking about the Future: The Future Tense

A. The future tense is formed by adding these endings to the infinitive: **-é, -ás, -á, -emos, -éis,** and **-án.***

FUTURE		
(yo)	jugar**é**	*I will play*
(tú)	terminar**ás**	*you (inf. sing.) will finish*
(usted, él/ella)	escribir**á**	*you (pol. sing.) will write; he/she will write*
(nosotros/as)	lavar**emos**	*we will wash*
(vosotros/as)	comer**éis**	*you (inf. pl., Spain) will eat*
(ustedes, ellos/as)	dormir**án**	*you (pl.) will sleep; they will sleep*

---
*Recognition: **vos hablarás**

Me jubilaré en dos años.	*I will retire in two years.*
Los políticos nunca **cumplirán**	*The politicians will never carry*
con lo que prometen.	*out what they promise.*

B. A few verbs have irregular stems to which the future-tense endings are attached.

caber	→	cabré	poner	→	pondré	decir → diré
haber	→	habré	salir	→	saldré	hacer → haré
poder	→	podré	tener	→	tendré	
querer	→	querré	valer	→	valdré	
saber	→	sabré	venir	→	vendré	

Mi hermana dice que **podrá**	*My sister says that she will be*
casarse cuando encuentre al	*able to get married when she*
hombre perfecto.	*finds the perfect man.*

C. For statements about future events, the **ir** + **a** + infinitive construction is more frequently used in conversation than are the future-tense verb forms.

Mañana **vamos a escuchar** el	*Tomorrow we are going to listen*
noticiero de las 6:00.	*to the 6:00 news.*

When there is doubt or speculation, however, especially in questions, the future tense is common. This is called the "future of probability."

¿A qué hora **llegarán**?	*What time do you think they'll arrive? (I wonder what time they'll get here.)*

The future of probability may also refer to present conditions.

¿Qué **estarán haciendo** ahora?	*What do you think they are doing now? (I wonder what they're doing now.)*
¿Qué hora **será**? ¿**Serán** ya las 7:00?	*What time do you think it is? (I wonder what time it is.) Do you think it's already 7:00?*

Ejercicio 22

¿Qué pasará durante los próximos quince años?

		SÍ	NO
	MODELO: La profesora Martínez *se jubilará* y *viajará* a Sudamérica. (jubilarse/viajar)	☐	☐
1.	(Yo) _____ y _____ dos hijos. (casarse/tener)	☐	☐
2.	Mi mejor amigo/a y yo _____ e _____ a Europa. (graduarse/ir)	☐	☐
3.	Mis padres _____ y _____ en una isla tropical. (mudarse/vivir)	☐	☐
4.	Mis compañeros de clase y yo _____ nuestras metas y _____ en la universidad en el año 2020. (lograr/reunirse)	☐	☐
5.	El presidente _____ a cenar en mi casa y me _____ que le gustan mis ideas. (venir/decir)	☐	☐

15. Expressing Hypothetical Reactions: The Conditional

A. The conditional is formed by adding these endings to the infinitive: **-ía, -ías, -ía, -íamos, -íais,** and **-ían.***

CONDITIONAL		
(yo)	jugar**ía**	*I would play*
(tú)	comer**ías**	*you (inf. sing.) would eat*
(usted, él/ella)	dormir**ía**	*you (pol. sing.) would sleep;*
		he/she would sleep
(nosotros/as)	tomar**íamos**	*we would drink*
(vosotros/as)	jugar**íais**	*you (inf. pl., Spain) would play*
(ustedes, ellos/as)	escribir**ían**	*you (pl.) would write; they would write*

Yo **hablaría** con su familia primero.
I would speak with her family first.

A Alicia Márquez le **gustaría** ir de luna de miel a Cancún.
Alicia Márquez would like to go to Cancún on her honeymoon.

B. The verbs that have irregular stems in the future use the same stems in the conditional.

caber	→	cabría	poner →	pondría	decir →	diría
haber	→	habría	salir →	saldría	hacer →	haría
poder	→	podría	tener →	tendría		
querer	→	querría	valer →	valdría		
saber	→	sabría	venir →	vendría		

—¡Yo no **sabría** qué decirle! —*I wouldn't know what to tell him!*
—Pues yo le **diría** la verdad. —*Well, I would tell him the truth.*

Ejercicio 23

Aquí aparecen algunas actividades que a los estudiantes de la Universidad de Texas en San Antonio les gustaría hacer en España. Escoja el verbo más lógico y dé la forma del condicional: **acostarse, caminar, comer, comprar, mandar, pasar, practicar, tomar, tratar, usar, visitar.**

1. Si tuvieran mucho tiempo libre, Esteban y Carmen _____ los sitios turísticos.

2. Alberto _____ de conocer a nuevos amigos.

3. Si Nora tuviera mucho dinero, _____ zapatos españoles.

4. Pablo y Mónica _____ tapas y _____ cerveza por la tarde.

5. Todos _____ el español.

6. Esteban _____ por el parque del Retiro.

7. Pablo _____ mucho tiempo en el Museo del Prado.

8. Todos _____ el metro para ir de un lugar a otro.

9. Si Mónica y Nora no asistieran a clases, _____ a la 1:00 cada noche.

10. Luis les _____ mensajes electrónicos a sus amigos todos los días.

---
*Recognition: **vos hablarías**

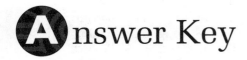

Answer Key

▲ = *Answers may vary.*

PASO A

ACTIVIDADES ESCRITAS   **A.** *Read the descriptions carefully and write the corresponding names of your own classmates.*   **B.**   2. Son unos lentes.   3. Es un sombrero.   4. Son unas botas.   5. Es un abrigo.
C.   1. negro   2. blanco   3. verdes   4. amarillo   5, 6. moradas, verdes; rojas   7, 8, 9. roja, blanca y azul   **D.** *You should write about your own clothing:* Mi falda es negra y larga. Mis camisas son blancas y nuevas.   **E.**   1. doce, 12   2. quince, 15   3. veinticuatro, 24   4. treinta y cinco, 35   5. ocho, 8.
F.   1. Lean.   2. Bailen.   3. Escuchen.   4. Escriban.   5. Salten.   6. Canten.   **G.** Cómo se llama
2. Me llamo   3. Mucho   4. Igualmente   5. usted   6. gracias   7. cansado   **Repaso de palabras y frases útiles**   1. Cómo se llama   2. Muy; gracias; Y usted   3. Cómo; Me llamo; Mucho gusto
4. Hasta luego   **ACTIVIDADES AUDITIVAS** **A.**   1. Esteban   2. Carmen   3. Mónica   4. Pablo
B.   1. Mónica   2. Esteban   3. Nora   4. Luis   **C.**   1. C   2. C   3. F   4. F   **D.**   1. 4   2. 3
3. 26   4. 14   5. 1   **E.** 5, 9, 18, 39, 26, 4, 15, 34, 23, 20   **F.**   1. Pónganse de pie.   2. Caminen.
3. Salten.   4. Corran.   5. Bailen.   6. Canten «De colores».   7. Digan «Buenos días».   8. Siéntense.
G.   1. C   2. F   3. C   4. F   **H.**   1. ¡Hasta mañana!   2. Adiós.   3. Hasta luego.   4. Hasta pronto.   5. Nos vemos.   6. ¡Hasta la próxima!

PASO B

ACTIVIDADES ESCRITAS   **A.**   1. estás, tú   2. está usted, usted   3. estás, usted   **B.** *Your answers should be original, but they should look like the* **modelo.** *Remember to start with* **hay** (*there is / there are*).
C. Carmen no tiene el pelo largo.   2. Mónica no es gorda.   3. Esteban no tiene bigote.   4. Nora no tiene barba.   5. Luis y Alberto no son feos.   **D.**   1. cara, ojos, nariz, boca   2. cabeza, pelo, orejas
3. cuerpo, cabeza, cuello, brazos, manos, piernas, pies   **E.** *The structure of your descriptions should be similar to that of the* **modelo,** *but the information provided should be original (about your family members or your classmates).*   **Repaso de palabras y frases útiles**   1. gracias   2. Cuánto cuesta   3. tímido   4. divertida
5. perezoso   6. trabajador   **ACTIVIDADES AUDITIVAS**   **A.**   1. usted   2. tú *or* usted   3. tú   4. usted
B.   1. R   2. E   3. LD   4. R   **C.**   1. No   2. Sí   3. No   4. Sí   5. Sí   6. No   7. Sí   8. No
9. Sí   10. Sí   11. Sí   12. No   **D.** 69, 63, 40, 55, 52, 48   **E.**   1. los hombros   2. la boca   3. las manos   4. las piernas   5. la cabeza   6. los pies   7. el brazo   8. el estómago   9. la nariz   10. el cuello   **F.**   1. F   2. C   3. F   4. C   **G.**   1. d, g   2. b, c, f   3. a, e   **H.**   1. $59.00
2. pequeña   3. 69.50   4. largo   5. elegante   **PRONUNCIACIÓN Y ORTOGRAFÍA**   **Ejercicios de ortografía**   1. ¿Cómo?   2. ¿Qué?   3. ¿Quién?   4. ¿Cuántos?   5. ¿Cuál?

PASO C

ACTIVIDADES ESCRITAS   **A.** *You should include the names of the members of your own family. Items 7 and 8 are about you.*   **B.** *Answers should be original.*   **C.**   1. es de la profesora.   2. es de Graciela.   3. son de Ernestito.   4. es de Carmen.   5. son de doña Lola.   6. son de Pablo.   **D.** *Answers should be similar to* **modelo,** *but they should have original information.*   **E.** ▲   1. Tengo… años.   2.–5. Tiene… años.
F.   1. setenta, 70   2. noventa, 90   3. ochenta, 80   4. cien, 100   **G.**   1. alemana, alemán;
2. egipcio, árabe   3. japonés, Japón   4. italiano, Italia   5. sudafricano, inglés y afrikaans;
6. española, España   7. inglés   8. inglés, francés   **H.**   1. Falso: La mujer que tiene un Toyota habla tres idiomas, pero no es de Bogotá; es de Cuzco, Perú.   2. Cierto.   3. Falso: El hombre de México no habla inglés; habla español y francés.   4. Cierto.   5. Falso: Susana tiene un coche japonés y habla japonés también.   **Repaso de palabras y frases útiles**   1. Cómo cambia el mundo   2. Perdón
3. apellido, apellido   4. De quién son…   **Resumen cultural**   1. Los indígenas cuna   2. Sergio

Velázquez   3. Fernando Botero   4. el apellido del padre   5. el apellido de la madre   6. 2000
ACTIVIDADES AUDITIVAS   **A.** Álvaro Ventura; Lisa Méndez de Ventura; Diana; Toni   **B.** Catalina: mamá; Marcos: sobrino; Francisco: hermano mayor; Mario: hermano   **C.** 1. chaqueta negra es 2. bolsa amarilla es   3. suéter morado es   4. lentes de sol son   **D.** 1. 89   2. 57   3. 19   4. 72 5. 15   6. 60   7. 92   8. 8   **E.** 1. Alberto: 31   2. Nora: 25   3. Esteban: 19   4. la profesora Martínez: 30 y muchos   **F.** 1. alemana   2. Hugo   3. delgada, pelo negro, agradable; china 4. Brigitte; pelo rojo   5. mexicoamericana   6. Esteban; cómico   **G.** 1. C   2. F   3. F   4. C   5. C
PRONUNCIACIÓN Y ORTOGRAFÍA   **Ejercicios de ortografía** **A.** 1. el niño   2. la niña   3. la señorita 4. el señor   5. la compañera de clase   **B.** 1. llama   2. amarillo   3. silla   4. ella   5. apellido **C.** 1. chico   2. muchacha   3. escuchen   4. chaqueta   5. coche   **VIDEOTECA**   **Escenas culturales** 1. b   2. c   3. c   4. a   5. b   6. b   7. c   **Escenas en contexto**   **A.** 1. F   2. C   3. C   4. F **B.** 1. Ricardo Salazar   2. simpática, entusiasta   3. un poco reservada

CAPÍTULO 1

ACTIVIDADES ESCRITAS   **A.** 1. Silvia nació el quince de abril de mil novecientos ochenta y cinco. 2. Alberto nació el veintidós de diciembre de mil novecientos setenta y cinco.   3. Pablo nació el once de diciembre de mil novecientos ochenta y cuatro.   4. Mónica nació el diecinueve de agosto de mil novecientos ochenta y ocho.   5. Esteban nació el cuatro de agosto de mil novecientos ochenta y siete. **B.** 1. 1521   2. 1821   3. 1776   4. 2004   5. *The year you were born.*   **C.** ▲ 1. ¿Estudias español, Esteban?   2. Nora y Luis, ¿leen ustedes novelas?   3. ¿Vive usted en una casa, profesora?   4. Pablo, ¿comes en la cafetería?   5. ¿Canta usted en español, profesora Martínez?   **D.** 1. ¿Cuántas faldas tiene Amanda?   2. ¿Dónde vive don Anselmo?   3. ¿Cómo se llama el novio de Amanda?   4. ¿Qué idiomas habla papá?   5. ¿Cuándo es el cumpleaños de Guillermo?   **E.** ▲ 1. El nombre de esta chica es Silvia Alicia Bustamante Morelos. Tiene 21 años. Es de México y vive en el Paseo de la Reforma número 5064, apartamento 12, en la capital, México, D. F. Su número de teléfono es el 5-62-03-18. Es soltera y no tiene hijos.   **F.** *Your description should look like the* **modelo,** *but should have original information.* **G.** 1. Son las nueve en punto.   2. Son las ocho y cuarto (quince).   3. Son las diez menos trece. 4. Son las tres y media (treinta).   5. Son las once y veinte.   6. Son las doce en punto. (Es medianoche. Es mediodía.)   7. Es la una y cinco.   8. Son las cinco menos cuarto (quince).   9. Son las nueve menos dos.   10. Son las siete menos cinco.   **H.** 1. Es a las 13:05 *or* a la una y cinco de la tarde.   2. Es a las diez y media de la mañana.   3. Es a las 19:10 *or* a las siete y diez de la tarde.   4. Es a las 16:00 *or* a las cuatro de la tarde.   5. Es a las nueve y media de la mañana.   **I.** 1. pasear con los perros. 2. jugar al basquetbol.   3. correr en la playa.   4. A Luis le gusta leer.   5. A Mónica le gusta ver partidos de béisbol en la televisión.   **J.** 1. te gusta, me gusta   2. les gusta, nos gusta   3. le gusta, me gusta   **K.** *Your description should look like the* **modelo,** *but it should have original information.* **Repaso de palabras y expresiones útiles** 1. Qué hora tiene   2. no comprendo   3. Cómo se escribe… 4. por favor   5. No lo creo   6. Ya es tarde   **Resumen cultural** 1. España   2. Guantánamo   3. El basquetbol   4. Rigoberta Menchú; el Premio Nobel de la Paz   5. el béisbol   6. Diego Rivera, David Alfaro Siqueiros, José Clemente Orozco   7. las costumbres mexicanas, el obrero, la Revolución Mexicana 8. Frida Kahlo   9. la Sierra Nevada   10. Son las ocho y media de la noche.   **ACTIVIDADES AUDITIVAS A.** 1. Sí   2. Sí   3. No   4. No   5. No   6. Sí   7. Sí   8. Sí   **B.** 1. e   2. b, d   3. a, c   **C.** 1. el 23 de junio de 1987   2. el 22 de diciembre de 1975   3. el 4 de agosto de 1987   4. el 12 de junio **D.** 1. 2-55-50-25   2. 5-55-14-36   3. 3-45-59-58   4. calle, 535   **E.** 1. 5:00   2. 1:15   3. 8:30   4. 7:40 5. 11:55   **F.** 1. 6:50   2. 8:00   3. 9:30; 12:45   4. cada hora   **G.** 1. LA   2. LU   3. PM   4. LA 5. PM   **H.** 1. Amanda   2. (Ernestito) tiene ocho años.   3. (*any one of these*) jugar al tenis, llevar ropa extraña, hablar con su amiga   4. (*any one of these*) jugar con su perro, andar en bicicleta   5. (*any two of these*) jugar al fútbol, ir al cine, escuchar música, hablar con su amiga   **I.** Carlos Medrano: romántica; rojo, 122, apartamento B, grande; Leti Valdés: rock; negro; avenida Manchester, 408, apartamento 2; mediana   **PRONUNCIACIÓN Y ORTOGRAFÍA**   **Ejercicios de ortografía** 1. borrador   2. hora 3. doctor   4. correcto   5. rojo   6. bailar   7. pizarra   8. perro   9. pero   10. nariz   **VIDEOTECA Escenas culturales** 1. b   2. a   **Escenas en contexto**   **A.** 1. F   2. F   3. C   4. F   5. C   6. F **B.** 1. 16   2. joven, morena; gorda   **LECTURAS**   **Nota cultural: ¡Hola!… ¡Hasta mañana!** *Comprensión* 1. I   2. I   3. I   4. I   5. F   6. F   7. I   8. I   9. F   10. I   **Lectura: Raúl, el superactivo** *Comprensión* 1. F   2. F   3. F   4. F   5. C   6. F   7. C   8. C   9. C   10. C

CAPÍTULO 2

ACTIVIDADES ESCRITAS **A.** *Your answer should look like the* **modelo,** *but it should have original information.* **B.** *Your description should look like the* **modelo,** *but it should have original information.* **C.** *Include your class schedule, then read the prompt and include the corresponding classes. Information should be original.* **D.** *Your description should look like the* **modelo,** *but it should have original information.* **E.** *Use corresponding forms of* **querer** *plus an infinitive to express your wishes. Information should be original.* **F.** *Your answer should look like the* **modelo,** *but it should have original information.* **G.** 2. Es invierno. Quieren esquiar. 3. Hace buen tiempo. Quieren hacer un picnic (una merienda). 4. Hace sol. (Hace calor.) Quieren tomar el sol y nadar. 5. Hace frío y llueve. Quieren tomar un taxi. 6. Llueve y hace calor. Quieren jugar en el agua. **H.** *Complete the question with any weather you choose, then answer it. Your answer should look like the* **modelo,** *but it should have original information.* **I.** *Write about what you like to do and where you like to go for at least two kinds of weather.*
Repaso de palabras y frases útiles 1. Qué buena idea, ¡Ni pensarlo! 2. Por qué 3. Nos vemos 4. A que hora… **Resumen cultural** 1. el euro 2. la primaria; la preparatoria 3. las plazas 4. Carmen Naranjo 5. Quito 6. verano; calor 7. invierno; frío 8. La Universidad de Salamanca 9. La Universidad de Santo Domingo 10. Pichincha **ACTIVIDADES AUDITIVAS** **A.** 1. c, f 2. a, g 3. d, g 4. b, d, e, g **B.** 1. Bartlett 2. 5-97-40-03 **C.** a. 2 b. 4 c. 1 d. 3 **D.** 1. F 2. C 3. F 4. F **E.** MÓNICA los lunes, miércoles y viernes: química a las 9:00, matemáticas a las 11:00 y literatura inglesa a la 1:00; todos los días: español a las 8:00 PABLO los lunes, miércoles y viernes: historia a las 10:00 y matemáticas a las 12:00; todos los días: español a las 8:00 **F.** 1. Sí 2. No 3. Sí 4. Sí 5. Sí 6. No 7. Sí 8. No **G.** 1. N 2. N 3. R 4. R 5. N 6. R 7. N **H.** 1. abrigo 2. suéter 3. traje de verano, sandalias 4. pantalones cortos, sandalias 5. abrigo, botas **I.** 1. c, e, f 2. b, g 3. a, d **PRONUNCIACIÓN Y ORTOGRAFÍA** **Ejercicios de ortografía** 1. estómago 2. teléfono 3. cámara 4. artística 5. simpático 6. matemáticas 7. dólares 8. América 9. química 10. gramática 11. tímido 12. sábado 13. romántico 14. décimo 15. México **VIDEOTECA** **Escenas culturales** 1. c 2. a 3. c **Escenas en contexto** **A.** 1. F 2. C 3. C 4. F 5. F **B.** 1. bucear 2. Hace calor y llueve. 3. Hace más fresco y no llueve mucho. 4. Es muy húmedo; hace mucho calor y mucho sol. **LECTURAS** **Nota cultural: Nombres y apellidos** *Comprensión* 1. Es falso. Los hispanos lleven el apellido del padre y el apellido de la madre. 2. Es cierto. 3. Es falso. Sólo su familia lo sabe. 4. Es cierto. **Lectura: Aquí está Nora Morales** *Comprensión* 1. Es cierto. 2. Es falso. Nora tiene un amigo mexicano. 3. Es cierto. 4. Es falso. Nora es de estatura mediana y tiene el pelo castaño.

CAPÍTULO 3

ACTIVIDADES ESCRITAS **A.** ▲ 1. Voy a un restaurante / a casa. 2. Voy a una piscina / al mar. 3. Voy a la biblioteca / a casa. 4. Voy a la librería. 5. Voy a la papelería. 6. Voy a la playa. **B.** ▲ 1. vemos cuadros de pintores famosos. 2. compramos zapatos, botas y sandalias. 3. compramos ropa, cosas para la casa y más. 4. nadamos, tomamos el sol y esquiamos en el agua. 5. rezamos. 6. estudiamos y leemos. **C.** *Your description should look like the* **modelo,** *but it should have your own information.* **D.** *Answers should be original. All verbs should end in* **-o.** **E.** *Answers should be original. All verbs should end in either* **-as** *or* **-es** *because you are addressing another student.* **F.** *Your paragraph should look like the* **modelo,** *but it should have your own information.* **G.** *Answers should be original. Include foods for the three meals. Classify them according to your taste.* **H.** 1. ¿Está cerca el restaurante español? 2. ¿Es sabrosa la comida mexicana? 3. ¿Prefiere tu hermano la comida vegetariana? 4. ¿Desayuna pan tostado y té la profesora? 5. ¿Comen carne (ellos)? 6. ¿Necesitan tomar leche los niños? **I.** 1. peruano 2. español 3. boliviana 4. ecuatoriana 5. colombiano 6. argentina 7. mexicano 8. costarricense **J.** *Your description should look like the* **modelo,** *but it should have information about two of your friends.* **Repaso de palabras y frases útiles** 1. De nada 2. Lo siento 3. De acuerdo **Resumen cultural** 1. Antoni Gaudí 2. Verdadismo; Soraida Martínez 3. Arizona, Colorado, Nuevo México, Texas 4. Florida, Nueva Jersey 5. 30.000.000 6. La Iglesia de la Sagrada Familia, el Parque Güell, Barcelona 7. Sandra Cisneros 8. Colombia 9. Managua 10. Ecuador 11. César Chávez 12. estado libre asociado 13. Cabeza de Vaca 14. Alfonsina Storni **ACTIVIDADES AUDITIVAS** **A.** 1, 3, 5, 6 **B.** Buenos Aires: en enero hace calor, hace sol. En julio llueve y hace frío. México: en enero hace frío. En julio llueve. **C.** 1. d 2. f 3. a 4. c **D.** 1. enfrente de la plaza central.

2. detrás del edificio de Ciencias.   3. en la Facultad de Ciencias Naturales.   4. enfrente del gimnasio.
5. cerca de la Facultad de Ingeniería, en la avenida Ximenes, enfrente del Centro Universitario.
E. 1. de la familia 2. está en 3. va al 4. Voy, ir 5. vas a 6. a comprar   **F.** 1. E 2. G 3. E
4. A 5. E 6. E 7. A   **G.** 1. por el desayuno 2. la leche 3. la fruta 4. (*any two of these*) pastel
con helado, papas fritas, hamburguesas, perros calientes, tacos 5. el desayuno   **H.** 1. Managua,
Nicaragua 2. Madrid, España 3. Valparaíso, Chile 4. La Habana, Cuba   **I.** 1. ingeniería
2. historia 3. Va a jugar al tenis. 4. Van a almorzar. 5. en las canchas 6. en el Taco Feliz (en un
restaurante mexicano)   **PRONUNCIACIÓN Y ORTOGRAFÍA**   **Ejercicios de ortografía**   **I.** 1. hablan
2. hombres 3. hola 4. hasta luego 5. hora 6. hermana 7. Honduras 8. hace buen tiempo
9. historia 10. hospital   **II.** 1. abuela 2. cabeza 3. nuevo 4. febrero 5. novio 6. abril
7. primavera 8. habla 9. llevo 10. libro   **III.** 1. suéter 2. lápiz 3. fácil 4. difícil 5. fútbol
VIDEOTECA   **Escenas culturales** 1. c 2. b   **Escenas en contexto**   **A.** 1. F 2. C 3. C 4. C
5. F   **B.** 1. economía 2. Alarcón; Robledo 3. la 1:30 4. el Café Azul 4. escuchar música jazz
en el Café Azul   **LECTURAS**   **Nota cultural: La variedad musical** *Comprensión* 1. a 2. c 3. d
4. f 5. b 6. g 7. h 8. e 9. j 10. k   **Lectura: Adela Martínez, profe de español** *Comprensión*
1. b 2. a 3. b, c 4. a

CAPÍTULO 4

ACTIVIDADES ESCRITAS   **A.** *Answers should reflect what you like, prefer, or want to do on these holidays. Verb
(action word) should be an infinitive (e.g. hablar, comer, escribir).*   **B.** *Describe what you plan to do on the next
holiday. Use* **voy a** *+ infinitive (of the listed verbs) to express your plans. Add additional information to flesh out
your description.*   **C.** 1. me despierto 2. me levanto 3. Me ducho 4. se levanta 5. prepara
6. desayunamos 7. sale 8. salgo 9. vuelvo 10. Duermo 11. hablo   **D.** *Write about a typical
Monday in your life.*   **E.** ▲ 1. Primero, se viste (se pone la ropa). Luego, recoge sus libros y sale para
la universidad. Finalmente, llega a su clase de español. 2. Primero, Luis va la baño. Está cerrado, por
eso pregunta: «¿Quién está en el baño?» Su hermana contesta: «Yo.» Mientras espera, Luis se afeita.
Finalmente, se ducha. 3. Primero, la profesora bebe café y lee el periódico. Luego, se lava los dientes.
Después se maquilla y, finalmente, se pone perfume.   **F.** 1. ducharse, se seca 2. afeitarse, se lava
los dientes 3. desayunar, lee 4. sale, ponerse 5. trabajar (hacer su trabajo), bebe (toma)   **G.** *Tell
how you feel in each situation.* ▲ 1. Estoy ocupada/cansada. 2. estoy enojado/a. 3. tengo miedo.
4. estoy enamorada. 5. Tengo prisa.   **H.** *For each item, tell what you do when you feel that way.*   **I.** *Use
the questions as a guide to write your composition.*   **Resumen cultural** 1. el Día de los Reyes Magos
2. el carnaval 3. Inti Raymi 4. la Guelaguetza 5. disfraces 6. la cumbia 7. José Martí 8. las
Fallas 9. su santo 10. José Guadalupe Posada 11. mayas 12. 1821   **ACTIVIDADES AUDITIVAS**
A. 1. martes, jueves 1:00 a 2:45 2. martes 8:30 a 10:00, miércoles 2:00 a 4:00   **B.** 1. 8:15 2. 11:20
3. 5:30   **C.** b, c, e, g, h   **D.** 1. c 2. b 3. c 4. a   **E.** 1. P 2. A 3. A 4. CC 5. P
6. P 7. A   **F.** 1. En la mañana 2. En la tarde 3. Después del trabajo 4. A las 10:30 P.M., más o
menos 5. Los sábados y los domingos   **G.** 1. F 2. F 3. C 4. F 5. C   **H.** 1. C 2. F 3. F
4. C 5. C   **I.** 1. don Anselmo 2. don Anselmo 3. don Eduardo 4. don Eduardo 5. su esposa
6. don Anselmo 7. don Anselmo   **PRONUNCIACIÓN Y ORTOGRAFÍA**   **Ejercicios de ortografía**
I. 1. los ojos 2. geografía 3. joven 4. rojo 5. jugar 6. recoger 7. vieja 8. generalmente
9. anaranjado 10. bajo 11. gente 12. el traje 13. generosa 14. las hijas 15. jueves   **II.** 1. yo
2. silla 3. voy 4. llorar 5. hay 6. llegar 7. muy 8. playa 9. amarillo 10. llamar 11. apellido
12. mayo 13. llueve 14. hoy 15. estoy 16. calle 17. millón 18. leyendo 19. soy 20. caballo
VIDEOTECA   **Escenas culturales** 1. c 2. a 3. a   **Escenas en contexto**   **A.** 1. F 2. F 3. C
4. C 5. F   **B.** 1. su cumpleaños 2. no tiene su recibo 3. esperar hasta el viernes   **LECTURAS**
Lectura: Poesía: «Cinco de mayo» *Comprensión* 1. La batalla de Puebla de 1862 2. horchata,
tostaditas, guacamole, mango con chile y limón 3. música, colores, banderas, piñata 4. Porque es el
mes de mayo; las vacaciones de verano.   **Lectura: Las distracciones de Pilar** *Comprensión* 1. G
2. LD 3. G 4. P 5. LD 6. G 7. P 8. G 9. P 10. P

CAPÍTULO 5

ACTIVIDADES ESCRITAS **A.** 1. nos, le 2. le, le 3. nos, le 4. les, Le 5. Me, te, me
B. 2. comprendo, explica 3. terminar, empezar 4. escucho, dice 5. hago 6. comprenden, hacen preguntas 7. prepara/enseña 8. recoge 9. escribe, escribimos 10. aprendemos **C.** *Write about what you do in your Spanish class.* **D.** *Your answers should look like the the two* **modelos,** *but they should contain original information.* **E.** *Some possible people: Kobe Bryant, Tiger Woods, Gloria Estefan, Michelle Kwan, Picabo Street, Sammy Sosa* **F.** *Your answers should be original.* **G.** 1. médico 2. maestras
3. mecánico 4. peluquera 5. ingenieros 6. cajera 7. contadora 8. cantantes 9. mesero
10. trabajadores sociales **H.** *Answers should be original. They should start with a form of* **estar (estoy, estás, está, estamos, están)** *and a verb ending in* **-ando, -iendo,** *or* **-yendo.** **I.** *Write about your current or ideal job. Remember to describe your duties* (**obligaciones**), *as well as the positive and negative aspects of the job.*
J. *Fill in the note with your plans for your next birthday.* **K.** *Write about your plans after graduation* (*retirement*). *Use different verbs to express plans:* **voy a, quiero, pienso, tengo ganas de, me gustaría, quisiera.** **L.** ▲ 1. La profesora Martínez llega a su casa en su carro. Primero bebe café. Más tarde cena sola. Después tiene sueño. Le gustaría acostarse, pero tiene que preparar su clase. 2. Primero la terapeuta le da masaje al paciente. Luego examina sus reflejos. Después ayuda al paciente a caminar. Finalmente, trae la silla de ruedas para el paciente. Al paciente le gustaría jugar/divertirse con ella (la silla). 3. Primero Esteban recoge los platos. Luego limpia la mesa. Después atiende a una clienta. Después le sirve café, pero le gustaría invitar a la cliente al cine. 4. Primero la doctora llega al hospital a las diez menos diez. Después habla con una enfermera. Luego examina a un paciente y opera a un paciente. Más tarde quiere leer una novela y dormirse en el sofá. 5. Primero el abogado entra al edificio de la Corte Suprema. Luego defiende a un criminal. Después habla/consulta con el juez. Finalmente el criminal le paga. El abogado está contento, pero quisiera jugar al fútbol con sus hijos. **Resumen cultural** 1. Simón Bolívar 2. no 3. arroba 4. tacaño 5. los arahuacos 6. Gabriel Bracho
7. excelente 8. enlace 9. jonrón, béisbol, basquetbol, suéter (también: estrés, Internet, sitio Web, surfear)
10. vista, sierra, canal, cigarro, lasso (también: mustang, pueblo, rancho) 11. tamale barbecue, hurricane (también: cigar, lasso, and many words for food: tomato, chocolate, chile) **ACTIVIDADES AUDITIVAS**
A. 1. N 2. N 3. N 4. Q 5. Q **B.** c, d **C.** 1. C 2. A 3. A 4. C 5. C 6. A 7. C
8. A **D.** 1. restaurante 2. casi nunca tienen horas flexibles. 3. club nocturno 4. trabajar; sabe
E. 1. V 2. A 3. V 4. N 5. V 6. A **F.** 1. L 2. C 3. C 4. LD **G.** 1. El plomero está ocupado. Está instalando la tubería. 2. Está ocupado también. Está reparando unos cables eléctricos.
3. Está instalando los cables en el techo. 4. con el plomero **H.** 1. F 2. C 3. F 4. C 5. C
6. F **I.** 1. C 2. C 3. C 4. F 5. F 6. F **J.** 1. L 2. G 3. L 4. L 5. C **PRONUNCIACIÓN Y ORTOGRAFÍA** **Ejercicios de ortografía** **I.** 1. cara 2. ¿Cuánto cuesta? 3. poco 4. parque 5. ¿Qué es? 6. ¿Quién está aquí? 7. corto 8. chaqueta 9. cosa 10. aquí **II.** **A.** 1. café 2. está
3. entendí 4. esquí 5. papá **B.** 1. cafés 2. también 3. francés 4. alemán 5. dirección
6. profesión 7. japonés 8. televisión 9. perdón 10. jabón **C.** 1. estación, estaciones 2. japonés, japonesa 3. definición, definiciones 4. opinión, opiniones 5. inglés, ingleses **VIDEOTECA**
Escenas culturales 1. el libertador de América del Sur 2. el petróleo **Escenas en contexto**
A. 1. C 2. F 3. F 4. C 5. C **B.** 1. hacer una cita 2. está con un cliente 3. empleo
LECTURAS **Nota cultural: La educación en el mundo hispano** *Comprensión* 1. El sistema escolar hispano tiene cuatro partes. Los estudios universitarios duran de cuatro a cinco años. Los estudiantes pueden escoger medicina, derecho o ingeniería, entre otras carreras. 2. La tasa de alfabetismo en Uruguay y Cuba es alta porque la educación es gratis. Mucha gente va a la escuela. 3. La Universidad de Salamanca; la Universidad de Santo Domingo **Lectura: La diversidad económica** *Comprensión*
1. Chile 2. Honduras, otros países centroamericanos y Guinea Ecuatorial 3. Guinea Ecuatorial
4. Cuba y la República Dominicana 5. Argentina

CAPÍTULO 6

ACTIVIDADES ESCRITAS **A.** ▲ 1. El sofá es más grande que el sillón. El sillón es más grande que la mesita. El sofá es el más grande de los tres. / La mesita es más pequeña que el sillón. El sillón es más pequeño que el sofá. La mesita es la más pequeña de los tres. 2. El abuelo es mayor que el hombre. El hombre es mayor que el niño. El abuelo es el mayor de los tres. / El niño es menor que el hombre. El hombre es menor que el abuelo. El niño es el menor de los tres. 3. La casa es más cara que el carro.

El carro es más caro que la bicicleta. La casa es la más cara de los tres. / La bicicleta es más barata que el carro. El carro es más barato que la casa. La bicicleta es la más barata de los tres. **4.** Amanda tiene tanto dinero como Graciela. Ernestito no tiene tanto dinero como Amanda y Graciela. **5.** La casa de los Saucedo tiene tantas ventanas como la casa de los Silva. La casa de los Saucedo y la casa de los Silva no tienen tantas ventanas como la casa de los Ruiz. **6.** El edificio Torres es tan moderno como el edificio Echeverría. El edificio Gonzaga no es tan moderno como el edificio Torres o el edificio Echeverría. **B.** **1.** *Your answers should be original and should start with* **Es mejor** *or* **Es peor** *plus the appropriate statement and a reason; e.g.,* **Es mejor vivir en el centro porque hay muchos restaurantes y cines allí.** **C.** *Use verbs in the* **yo** *form:* **Un día típico, desayuno con… A veces limpio la casa con… o trabajo en el jardín… Otras veces juego con…** *Statements should be original.* **D.** *You can either describe your house/apartment or your neighborhood. Statements should be original.* **E.** *Combine a phrase from each column to make logical sentences about obligations in your own household.* **F.** *Decide how often the chores listed have to be done. Use* **Hay que** *or* **Es necesario** *plus the chore and a word or phrase to indicate the frequency.* **G.** *Describe your obligations at home. Answer the questions to create an original paragraph.* **H.** **1.** Ernestito sacó la basura. **2.** Lobo jugó con un gato. **3.** Amanda tendió la cama. **4.** Ernesto habló por teléfono por una hora. **5.** Estela regó las plantas. **6.** Guillermo cortó el césped. **I.** *Provide original answers about what you did on your last birthday. Remember that the first-person* (**yo**) *form of regular verbs ending in* **-ar** *should end in* **-é** (**hablé, estudié, caminé**) *and those of* **-er** *and* **-ir** *regular verbs should end in* **-í** (**comí, leí, escribí, abrí**). **J.** **1.** Sabes, sé **2.** conoce, conozco, conocen **3.** sabes, conozco **4.** sé, conozco **5.** sabes, sé, sé **6.** conoces, conozco **7.** sabe, sé, sé, **8.** Conocen, sabemos **K.** **1.** lo **2.** los **3.** los, los **4.** los, los **5.** las **L.** *The dialogue should be original. See textbook (p. 227) for ideas.* **Resumen cultural** **1.** Unidas de Centroamérica **2.** Óscar Arias Sánchez; el Premio Nóbel de la Paz **3.** Nicaragua **4.** perro callejero (perro abandonado) **5.** dogos **6.** del Imperio Romano **7.** van a las plazas o al centro. **8.** Una zona mixta tiene casas particulares, apartamentos, tiendas y oficinas en la misma área. **9.** del 16 al 24 de diciembre **10.** Organizan procesiones que van de casa en casa. Los niños llevan velas, cantan y tocan a las puertas. A veces le ofrecen flores al niño Jesús y reciben dulces o hay una piñata. **11.** zócalo **ACTIVIDADES AUDITIVAS** **A.** **1.** E **2.** B **3.** E **4.** E **5.** B **B.** **1.** R **2.** R **3.** P **4.** P **5.** P **C.** **1.** c **2.** b **3.** a **4.** d **5.** a **D.** **1.** alquiler **2.** condominios **3.** dormitorios **4.** sala **5.** cocina **6.** 700 **E.** **1.** Limpiamos **2.** sacudimos los muebles **3.** Barremos **4.** limpiamos dos baños **5.** 95 **6.** quehaceres domésticos **7.** 323-298-7044 **F.** **1.** R **2.** R **3.** A **4.** R **5.** A **G.** **1.** C **2.** C **3.** C **4.** C **5.** C **6.** F **H.** **1.** b, c, f **2.** d **3.** a **4.** e **5.** f **6.** b **7.** b **8.** f **I.** **1.** F **2.** C **3.** F **4.** C **5.** F **PRONUNCIACIÓN Y ORTOGRAFÍA** **Ejercicios de ortografía** **I.** **1.** portugués **2.** hamburguesa **3.** guitarra **4.** Guillermo **II.** **1.** economía **2.** cafetería **3.** zapatería **4.** geografía **5.** librería **6.** día **7.** sociología **8.** biología **VIDEOTECA** **Escenas culturales** **1.** amables y alegres **2.** parques nacionales, refugios y reservas biológicas **3.** las tortugas, las playas, las montañas, los bosques y el pueblo **Escenas en contexto** **A.** **1.** C **2.** F **3.** C **4.** C **5.** F **B.** **1.** un dormitorio, baño con ducha, cocina con lavaplatos **2.** 600, 700 **LECTURAS** **Lectura: Habla la gata Manchitas.** *Comprensión* **1.** g **2.** d **3.** b **4.** g **5.** f **6.** d, e **7.** c **8.** a, b **9.** c, d, e **10.** c **11.** h **12.** a, d, e **Lectura: ¡Nadie es perfecto!** *Comprensión* **1.** En la familia de Armando, *todos ayudan* con los quehaceres domésticos. **2.** A la mamá de Armando *le molestan* las cosas tradicionales. **3.** La abuela de Armando prepara *comida japonesa y también peruana.* **4.** La madre de Armando se encarga de *limpiar la casa y reparar los aparatos y los muebles.* **5.** El abuelo de Armando *no sabe reparar nada* (*no sabe hacer reparaciones*) en la casa. **6.** Armando y su hermano ayudan a *su abuelo a regar las plantas y rastrillar el patio.* **7.** A veces, Armando deja *sus camisas* en el piso.

CAPÍTULO 7

ACTIVIDADES ESCRITAS **A.** ▲ **1.** No, ya estudié ayer. **2.** No, ya la vi anoche. **3.** No, ya los visité el mes pasado. **4.** No, ya hice ejercicio contigo la semana pasada. **5.** No, ya fui de compras el fin de semana pasado. **B.** **1.** fue **2.** Me levanté **3.** oí **4.** me duché **5.** me vestí **6.** salí **7.** fui **8.** puse **9.** manejé **10.** llegué **11.** llegué **12.** se puso **13.** dio **14.** Trabajé **15.** almorcé **16.** descansé **17.** Salí **18.** Tuve que **19.** asistí **20.** oí **21.** dijo **22.** Dormí **C.** *Su párrafo debe ser original. Recuerde que para hablar de su fin de semana debe usar formas verbales de la primera persona* (**yo**): *me levanté, estudié, trabaje, comí, corrí, escribí, fui, tuve, hice, etcétera. No escriba una lista de actividades. Incluya detalles interesantes.* **D.** **1.** Jugué **2.** me duché **3.** me puse **4.** fui **5.** Me divertí **6.** me acosté

7. jugó   8. se duchó   9. se puso   10. salió   11. se divirtió   12. se acostó   **E.** *Las actividades deben ser originales. Piense en lo que hicieron los miembros de su familia y/o sus amigos. Mire los modelos y recuerde usar el pasado.*   **F.** *Recuerde usar la segunda persona (**tú**) en el pretérito.*   **G.** ▲ Manejaron a Ciudad Juárez. Llegaron a Ciudad Juárez. Fueron a la plaza y escucharon música. Raúl fue a la Librería México. Esteban entró en la tienda Guitarras Segovia. Fueron al cine para ver una película. Cenaron en un restaurante muy bueno. Regresaron al carro con los paquetes. Volvieron a San Antonio.   **H.** *Los detalles deben ser originales.*   1. Hace un año que me gradué de la escuela secundaria.   2. Hace dos semanas que conocí a mi profesor(a) de español.   3. Hace tres días que limpié mi cuarto.   4. Hace una semana que fui al cine con mi novio/a.   5. Hace un mes que me divertí mucho con mis amigos.   **I.** *Sus respuestas deben ser originales.*   **J.** 1. llegó, vio, fue, encontraron   2. declaró/declararon, fue, empezó, empezó, terminó   3. declaró, terminó, Fue, tuvo, fue, regresó   **Resumen cultural** 1. 1862, Batalla de Puebla   2. Bernardo O'Higgens, Simón Bolívar, José de San Martín   3. Maximiliano de Hapsburgo   4. Es una caminata de 43 kilómetros que empieza en Chachabamba y termina en Machu Picchu.   5. Hernán Cortés   6. los quechuas   7. Más vale solo que mal acompañado.   8. el castellano   9. Colombia, Ecuador, Perú, Bolivia, Chile, Argentina   10. Chile, Bolivia, Paraguay, Argentina y Uruguay   11. Violeta Chamorro; nicaragüense   12. Reuben Martínez   13. Jorge Argueta   **ACTIVIDADES AUDITIVAS**   **A.** 1. Sí   2. Sí   3. No   4. Sí   5. No   6. Sí   7. Sí   **B.** 1. G   2. NG   3. G   4. G   5. NG   6. G   7. G   **C.** 1. fue, bailó   2. llamó   3. salió, volvió   4. pasó   5. dijo   6. dijo   **D.** 1. c   2. b,c   3. a,b   4. b   5. b,c   **E.** 1. c   2. b   3. c   4. c   5. a   **F.** 4, 7, 1, 3, 5, 2, 6   **G.** 1. S   2. M   3. S   4. B   5. M   **H.** 1. 27 de abril de 1973   2. 33 años   3. 33   4. 45 años   5. visitar a sus abuelos y otros parientes   6. tienen su familia   7. le gustaría viajar a Japón (la tierra de sus padres)   **I.** 1. F: Carla se divirtió el sábado en la playa.   2. C   3. F: En la playa tomaron el sol, escucharon música, nadaron y jugaron al voleibol.   4. C   5. C   **PRONUNCIACIÓN Y ORTOGRAFÍA** **Ejercicios de ortografía**   **I. A.** 1. saco   2. sombrero   3. silla   4. casa   5. seis   **B.** 1. brazo   2. nariz   3. izquierda   4. rizado   5. azul   **C.** 1. cierre   2. lacio   3. gracias   4. bicicleta   5. cereal   **II. A.** 1. comí   2. estudié   3. salí   4. trabajé   5. entendió   6. llegó   7. lavó   8. corrí   9. jugó   10. terminó   **B.** 1. hice   2. puse   3. pude   4. quise   5. dijo   6. trajo   7. vino   **III. A.** 1. Juan no quiso buscar el reloj ni los lentes que perdió.   2. Yo busqué el reloj, pero encontré solamente los lentes.   3. Roberto no jugó al tenis porque llegó muy tarde.   4. Yo llegué temprano y jugué con su compañero.   5. No pude leer el periódico ayer; mi padre sí lo leyó.   6. Hoy busqué el periódico, pero no llegó.   7. Dije que no, pero mi hermano no me creyó.   8. Esta tarde empecé a hacer la tarea a las dos; Luis empezó a las cuatro.   9. Cuando llegamos a Acapulco, busqué mi traje de baño.   10. Yo no pagué el viaje; pagó mi esposo.   **B.** 1. me bañé   2. hablé   3. dije   4. manejaste   5. llegué   6. tuviste   7. levantó   8. salió   9. vino   10. desayunamos   11. hicimos   12. quiso   13. compraron   14. se lavó   15. incluyó   **VIDEOTECA**   **Escenas culturales** 1. europeos   2. arte, arquitectura   3. el tango   **Escenas en contexto**   **A.** 1. F   2. C   3. F   4. F   5. C   **B.** 1. historia latinoamericana   2. amigos (María y José)   3. Martín llegó tarde al trabajo.   4. desayunó, durmió   **LECTURAS**   **Lectura: Novela: «Ana Luisa»** *Comprensión* 10, 8, 1, 4, 6, 2, 5, 7, 9, 3   **Lectura: Canción: «Castillos en el aire»** *Comprensión* ▲   1. El hombre quiso volar igual que las gaviotas. Sí pudo hacerlo y fue muy dichoso.   2. Construyó castillos en el aire con nubes de algodón y construyó ventanas fabulosas de luz, magia y color.   3. Los demás lo llamaron pobre idiota; le dijeron que volar es imposible.   4. Cundió la alarma, dictaron normas y lo condenaron a vivir con cordura.   5. *Aquí usted debe dar su interpretación personal de esta pregunta.*

CAPÍTULO 8

ACTIVIDADES ESCRITAS   **A.** 2. lo   3. las   4. los   5. los   6. los   7. la   8. La   9. Lo   10. lo   11. los   12. los   **B.** *Escoja la frase más apropiada para cada comida. Para número 8, piense en otra comida.*   **C.** *Incluya toda clase de comidas:* **mariscos** *(langosta, almejas, etcétera),* **carnes** *(bistec, pollo, chuletas, etcétera),* **legumbres** *(bróculi, zanahorias, lechuga, rábanos, etcétera),* **fruta** *(papaya, sandía, manzana, durazno, etcétera),* **postres** *(arroz con leche, flan, pastel, etcétera).*   **D.** *Escoja cuatro comidas para cada categoría y escriba los precios. Puede visitar su supermercado favorito para verificar los precios.*   **E.** *Sus respuestas deben ser originales. Si sus respuestas son negativas, use palabras como* **nada, nadie, nunca, tampoco** *para contestar. Ejemplo: No compro nada de carne porque soy vegetariana.*   **F.** 1. Se asan los chiles.   2. Se pelan.   3. Se les quitan las semillas.   4. Se cortan varias rebanadas de queso.   5. Se pone una rebanada de queso en

cada chile.   6. Se baten los huevos.   7. Se mojan los chiles en el huevo batido.   8. Se fríen.
G. *Explique como hace usted tres platillos. Mire el* **modelo** *y no olvide usar la forma* **se** *impersonal.*
H.   1. pedir   2. sirven / se sirve   3. sirven / se sirve   4. pedimos   5. pedir   6. pedir   7. sirven / se sirven   8. pedimos   9. pido   10. sirven / se sirven   11. pido   12. pides   13. pido   14. pides   15. sirven   16. pedir   **I.** *Sus respuestas deben ser originales.*   **J.** *El diálogo debe ser original. Vea las* **palabras útiles** *que aparecen con las instrucciones.*   **Resumen cultural**   1. los pipiles, los lencas y los mayas   2. Frente Martí de Liberación Nacional   3. verduras; hortalizas   4. ejotes, elote, aguacate, tomate, guajolote, chocolate, chile   5. árboles de Navidad; porque tienen fruta de colores brillantes   6. Argentina; Se sirven varios tipos de carne preparada a la parrilla.   7. Es el pescado crudo preparado en jugo de limón y varias especias; de Perú.   8. nieve; zumo   9. ¡Estoy muy enojado/a!   10. hallaca; humita   11. El Salvador; es una masa de maíz rellena de frijoles y/o carne y/o queso   12. casado de pollo; se prepara con arroz y frijoles cocidos con trozos de pollo   **ACTIVIDADES AUDITIVAS**   **A.**   1. A   2. S   3. A   4. A   5. AN   6. S   **B.**   1. México   2. nacionales   3. arte, cultura y literatura   4. estar   **C.**   1. S   2. Q   3. Q   4. S   5. Q   **D.**   1. C   2. F: Ayer fue el cumpleaños del papá de Graciela.   3. C   4. F: Graciela pidió dos tortas de jamón y queso.   5. F: La familia comió bistec, arroz, enchiladas de pollo y un pastel de chocolate.   6. C   **E.** Superofertas: carne molida $2.99; chuletas de puerco $3.49; bistec $6.49; naranjas $.69; uvas $.98; fresas $1.25   **F.**   1. Quieren preparar quesadillas porque tienen hambre.   2. Ernestito lee el libro de recetas.   3. Son complicados y difíciles.   4. tortillas, chiles y queso.   5. Se pone la tortilla en una sartén caliente. Se pone el queso y un poco de chile en la tortilla. Se dobla la tortilla. Se tapa y se cocina.   **G.**   1. La abuela está contenta porque llegó su nieto, Raúl.   2. Raúl prefiere la comida que prepara su abuela.   3. La abuela dice que después de estudiar tanto Raúl debe descansar, comer y dormir.   4. La abuela dice que preparar los platos favoritos de Raúl no es trabajo.   5. Van a cenar en casa.   **H.**   1. a   2. a   3. c   4. b   5. d   **I.**   1. A   2. V   3. E   4. A   5. E   6. V   7. A   **PRONUNCIACIÓN Y ORTOGRAFÍA**   **Ejercicios de ortografía**   1. ¿Dónde está el restaurante?   2. La dirección es calle Décima, número veintidós.   3. Buenas tardes, ¿tienen una reservación?   4. No, no hicimos reservaciones.   5. Aquí tienen el menú. ¿Qué quieren tomar?   6. Ella quiere té frío y yo prefiero café con azúcar.   7. ¿Qué van a pedir?   8. Yo quiero el sándwich de jamón.   9. El jamón tiene muchas calorías. Yo voy a pedir la sopa de espárragos y una porción de melón o plátano.   10. Yo también quiero la sopa de espárragos.   11. ¿Cómo vamos a pagar?   12. ¡Con mi tarjeta de crédito, claro!   13. ¿Te gustó la comida?   14. Sí, y comí mucho.   **VIDEOTECA**   **Escenas culturales**   1. Tegucigalpa   2. ruinas   3. la pupusa   4. 25   **Escenas en contexto**   **A.**   1. F   2. F   3. C   4. F   5. F   **B.**   1. ceviche de camarones, chuletas de cerdo   2. ½, tomates; ½, cebollas; ¼, espárragos; limones   3. hace sol   **LECTURAS**   **Nota cultural: ¡Buen provecho!** *Comprensión*   1. b, d, i, j   2. e, l   3. a, e, k   4. f, h   5. c   6. k   7. g, j, k   8. a, j, m

CAPÍTULO 9

ACTIVIDADES ESCRITAS   **A.**   1. Paula se parece a Andrea, su hermana gemela.   2. Clarisa se parece a Marisa porque son hermanas.   3. Ernestito se parece a Guillermo, su hermano mayor.   4. Ernesto se parece a su papá, Javier. No se parece a su hermano menor, Raúl.   5. Raúl no se parece mucho a nadie. *Al describir a su familia, sus oraciones deben ser originales.*   **B.** *Sus respuestas deben ser originales. Use la estructura del* **modelo** *para hablar de las personas con quienes (no) se lleva bien. No se olvide de explicar por qué.*   **C.**   1. él, ti   2. ellas   3. ti   4. ellos, nosotras   5. ti   6. él, mí   **D.**   1. este, aquel   2. ese, esa   3. aquel, este   4. aquella, este, este   5. ese   6. esos, Esos, aquellos   **E.** *Sus respuestas deben ser originales. Recuerde usar los verbos en el imperfecto:* **jugaba, saltaba, leía,** *etcétera.*   **F.** *La descripción de un día típico de su niñez debe ser original. Lea el* **modelo** *con cuidado y recuerde usar los verbos en el imperfecto:* **tenía, asistía, me lavaba, leía,** *etcétera.*   **G.** *Sus respuestas deben ser originales. Recuerde usar los verbos en el imperfecto:* **desayunaba, hacía la tarea, bailaba, charlaba con… , viajábamos,** *etcétera.*   **H.** *Lea el* **modelo** *con cuidado y luego describa su escuela secundaria. Recuerde usar los verbos en el imperfecto:* **estaba, era, estudiaba, tenía, pasaba,** *etcétera.*   **I.**   1. supe, sabías   2. conocí, conocías   3. pude, podías   4. quiso, quería   5. tenías, tuve   **J.** ▲   1. La iba a sacar pero…   2. Lo iba a cortar pero…   3. Lo iba a pasear pero…   4. Lo iba a recoger pero…   5. Lo iba a regar pero…   **Resumen cultural**   1. la opresión y la resistencia política   2. de tal palo, tal astilla   3. *Supernatural*   4. la Fundación Milagro   5. ayudar a los hispanos pobres en las áreas de educación, la salud y el albergue de los niños   6. la República Bolívar   7. 40 millones   8. el crecimiento de la población en las ciudades y la injusta distribución de los recursos   9. Casa Alianza   10. protestaron la privatización y exportación de gas natural   11. se produce en el CAINA, chicos desamparados de Buenos Aires   12. ... *y no se lo tragó la tierra* 13. las dificultades y esperanzas de los obreros migratorios mexicanos en los años 50   14. Rubén Blades **ACTIVIDADES AUDITIVAS**   **A.**   1. al mar   2. Los viernes, sábados y domingos   3. con Manuel Rodríguez   4. las 6:00 de la tarde a las 2:00 de la mañana   5. 3-17-21-14   **B.** a, b, d, e, g, h, j, k **C.**   1. b   2. c   3. a   4. b   arbol genealógico: 1. Eduardo   2. Pablo   **D.**   1. C   2. F   3. F 4. C   5. F   **E.**   1. gustaban   2. eran   3. leían   4. hacían   **F.**   1. andaba, leía   2. era; pegaba 3. ponía, era   4. llamaba, hacía   5. nadaba   **G.**   1. c, d   2. a, b, d   3. a, c   4. c, d   **H.**   1. C 2. F; Piensa que no es malo ser viejo.   3. F; Le gustaba jugar en el parque.   4. C   5. F; Escuchaban programas de radio.   **I.**   1. E   2. E   3. M   4. E   5. M   6. M   **PRONUNCIACIÓN Y ORTOGRAFÍA** **Ejercicios de ortografía**   **I.**   1. boca   2. sobrino   3. joven   4. viejo   5. bonito   6. rubio   7. vivo 8. ventana   9. vez   10. por favor   11. jugar   12. dormido   13. siglo   14. mango   15. limonada **II.**   1. yo comía   2. Juan dormía   3. Marta peleaba   4. nosotros tomábamos   5. ellas corrían   6. yo montaba   7. tú tenías   8. usted quería   9. nosotros contábamos   10. ellos subían   **VIDEOTECA** **Escenas culturales**   1. amerindia (indígena)   2. el español, el quechua, el aimará   3. alta   **Escenas en contexto**   **A.**   1. D   2. D   3. A   4. A   5. D   6. A   7. A   8. D   **B.**   1. abuelos, diez   2. México, diecisiete   3. calle, parques   4. primos   5. los días festivos   **LECTURAS**   **Lectura: Rubén Blades y su familia musical**   *Comprensión*   1. El disco *Tiempos* es una «suite» de música al estilo clásico con ritmos latinos.   2. Para Rubén Blades, lo importante es seguir su impulso creativo y tocar buena música. 3. En Nueva York, Rubén Blades grabó un disco muy popular, *Buscando América*.   4. Cuando Rubén nació, su padre trabajaba de bonguero en un club.   5. Rubén Blades es un músico popular y también es actor de cine (ha actuado en películas).   6. En la película *The Cradle Will Rock*, Rubén Blades hace el papel de Diego Rivera.   **Nota cultural: Retratos de familia**   *Comprensión*   **A.**   1. P   2. I   3. L 4. G   5. G   6. A   7. LU   8. P   9. L   10. I   **B.**   1. Es falso. La familia hispana es grande; normalmente la forman los padres, los hijos, los abuelos y otros parientes.   2. Es cierto.   3. Es falso. Los hispanos prefieren hablar de sus problemas con un miembro de la familia.   4. Es falso. Hay diferentes tipos de familia; por ejemplo, familias de padres divorciados.

CAPÍTULO 10

ACTIVIDADES ESCRITAS   **A.** *Sus respuestas deben ser originales. Use el presente perfecto:* **he** + *participio pasado. Para la segunda parte, use* **no** *o* **nunca** *antes del verbo.*   **B.** *Sus respuestas deben ser originales. Deben empezar con* **¡Qué... !**   **C.** *Invente un lugar perfecto, con todas las cosas que le gustan.*   **D.** *Escoja dos medios de transporte y describa las cosas que le gustan y las que no le gustan de cada uno.*   **E.** *En su carta, presente razones convincentes para el uso del transporte público.*   **F.** *Exprese su opinión sobre cinco de los problemas que se dan. Ejemplos:* **Me preocupa mucho la destrucción de las selvas tropicales. Me dan miedo los desperdicios nucleares.**   **G.** *Escriba el número de una solución posible al lado del problema correspondiente. Para el número 9, escriba otra solución que usted considera importante.*   **H.** *Use las preguntas como guía para explicar sus ideas originales. Si prefiere, ponga las respuestas en un cartel con dibujos apropiados.* **Resumen cultural**   1. Costa Rica   2. Yucatán; la protección de especies en peligro de extinción y la educación de la gente sobre la importancia de la biodiversidad   3. Octavio Paz; *El laberinto de la soledad* 4. 100   5. guagua; colectivo; camión   6. los Estados Unidos   7. 1917; Estado Libre Asociado de los Estados Unidos   8. Borinquen   9. la mariposa monarca (las Sierras de México); la tortuga marina (las playas del Pacífico y del Caribe de Yucatán y Centro América); el quetzal (las selvas tropicales de Centro América)   10. Es un lugar de conservación en la selva tropical de Costa Rica. Tiene más de 100 especies de mamíferos, 400 especies de aves y más de 2.500 especies de plantas   11. el sudeste de México, Petén en Guatemala, Darién en Panamá, Chocó en Colombia, la Amazonia en Perú   12. los chasquis; por medio de los quipus   **ACTIVIDADES AUDITIVAS**   **A.**   1. Alicia   2. Roberto   3. Gabriela   4. Jorge **B.**   1. 79   2. dos   3. nietos   4. hijos   5. esposo   6. hijos   7. Navidad   8. cumpleaños 9. preparaba   10. jugaban   **C.**   1. Llovió mucho en la Ciudad de México.   2. Las calles estaban llenas de gente.   3. Es una isla que no tiene coches, ni tiendas ni teléfonos.   4. Es un lugar muy aburrido.   5. Quiere vivir con su futuro esposo.   **D.**   1. h   2. j   3. f   4. b, c   5. d **E.**   1. rápida, confortable   2. ocho, doce, viernes, domingos   3. terminal   4. 56-12-48-83 **F.** AVIÓN: *Ventajas*   1. Es muy rápido.   2. Es cómodo. *Desventajas*   1. Es caro.   2. Hay problemas por los terroristas.   TREN: *Ventajas* (*Nombre dos.*) Es más barato. / Es muy cómodo. / Uno puede caminar por

los vagones. / Puede ver el paisaje. / Es más tranquilo. *Desventajas* 1. No es tan rápido como el avión.
2. No hay muchos trenes. **G.** 1. el agujero en la capa de ozono 2. el reciclaje: la gente no está
reciclando lo suficiente 3. En California hay programas de reciclaje del agua. 4. En el este del país,
varias fábricas han empezado a limpiar y repoblar lagos y ríos. **H.** 1. El planeta azul, 2,5 2. El
agua 3. 27, 20, 2 4. 13 5. nos duchamos, nos lavamos los dientes. **I.** 1. A 2. P 3. P 4. LD
5. A 6. P 7. LD **PRONUNCIACIÓN Y ORTOGRAFÍA** **Ejercicios de ortografía** **I.** 1. caro
2. tierra 3. perro 4. carro 5. pero 6. carretera 7. terremoto 8. seguro 9. maletero 10. arrecife
II. 1. ¡Qué seco es este desierto! 2. ¡Cuánta lluvia! ¿Cuándo va a hacer sol? 3. ¡Qué selva más
húmeda! 4. ¡Qué curva más peligrosa! 5. ¡Cuánto petróleo! ¿Cómo van a limpiar esa playa?
6. ¡Cuántos coches! ¿Por qué hay tanto tránsito hoy? **VIDEOTECA** **Escenas culturales** 1. Santo
Domingo 2. catedral, monasterio, universidad 3. Borinquen 4. fuerte, castillo, palacio **Escenas
en contexto** **A.** 1. C 2. F 3. C 4. F 5. F **B.** 1. mecánico, 6:15 2. una guía turística
sobre los pueblos pequeños peruanos 3. un asiento de ventanilla 4. una mochila **LECTURAS**
Lectura: «La creación del mundo» *Comprensión* 1. c 2. b, d 3. c 4. b, d **Lectura: El huracán
tropical** *Comprensión* 1. Mitch comenzó el 24 de octubre de 1998 en el Océano Atlántico 2. Fue muy
destructivo; descargó lluvias torrenciales con vientos de 180 millas por hora. 3. Todos los países de
América Central. Los países más afectados fueron Honduras y Nicaragua 4. Inundaciones, derrumbes;
destrucción de casas, caminos y puentes; miles de personas murieron 5. La economía centroamericana
especialmente la agricultura. Mitch paralizó el intercambio comercial entre los países de Centro América.

CAPÍTULO 11

ACTIVIDADES ESCRITAS **A.** 1. Los frenos se usan para parar el carro. 2. El parabrisas se usa para
protegernos del viento. 3. El cinturón de seguridad se usa para protegernos en caso de accidente.
4. Los cambios se usan para ajustar la velocidad del vehículo, para manejar, para estacionar. 5. El
espejo retrovisor se usa para ver los coches que vienen detrás y a los lados de nuestro vehículo.
B. *Para el primer tema* **—el coche ideal—** *invente un coche con todas las cosas que usted siempre ha querido tener
en su coche. Para el segundo tema* **—un viaje en automóvil—** *escriba una narración en el pasado, sobre lo que
hizo con sus amigos. Por ejemplo,* **Fui a Nueva York con unos amigos. Primero compré... y el mecánico
revisó el coche. Durante el viaje...** **C.** Salga del hotel por la calle Amberes, doble a la derecha y siga
derecho hasta Paseo de la Reforma. En Paseo de la Reforma, doble a la izquierda y siga derecho. Camine
ocho cuadras; después de pasar la calle Escobedo, va a ver el Museo a la izquierda. 2. Camine hacia la
calle Melchor Ocampo y doble a la izquierda. Siga por la calle Melchor Ocampo y doble a la derecha en
la calle Pánuco. Vaya seis cuadras hasta la calle Río Tíber. Doble a la derecha en Río Tíber, pase la calle
Lerma y el hotel está a la derecha. 3. Salga a la izquierda por la calle Escobedo. Siga derecho hasta
Paseo de la Reforma. Doble a la izquierda en el Paseo y siga derecho. Después de pasar la calle Varsovia,
va a llegar a la glorieta del Monumento. 4. Doble a la izquierda en la calle Víctor Hugo. Siga por esa
calle y cruce la calle Melchor Ocampo para doblar a la derecha en la calle Río de la Plata. Vaya dos
cuadras hasta la calle Lerma y doble a la izquierda. Camine una cuadra, pase la calle Mississippí y el
hotel está a la izquierda en la esquina de Mississippí y Lerma. **D.** *Sus oraciones deben empezar con*
(No) Quiero que *y llevar cinco de estas formas del presente del subjuntivo:* **compren, hagan, vayan, pongan,
salgan, tengan, traigan, vengan, vean.** *No olvide escribir oraciones completas.* **E.** *Sus respuestas deben ser
originales. Como todas se refieren a un futuro incierto, todas deben tener un verbo en el presente del subjuntivo.*
F. *Su diálogo debe ser original.* **G.** *Sus respuestas deben ser originales y deben formarse con el imperfecto de*
estar *y el participio presente de otro verbo. Vea el* **modelo.** *Otros ejemplos:* **estaban cenando, estaba leyendo.**
H. *Sus respuestas deben ser originales con verbos en el pretérito. Vea el* **modelo.** **I.** *Su párrafo debe ser
original con verbos en el pretérito y en el imperfecto.* **Resumen cultural** 1. Cuba 2. el festejo, el landó,
la zamba malató y el alcatraz 3. los tarahumaras 4. el guarapo 5. La Reserva Biosférica Ciénaga de
Zapata, el cocodrilo cubano 6. el cajón 7. el partido Blanco y el partido Colorado 8. la bachata y el
merengue 9. «La bilirrubina» y «Burbujas de amor» 10. proveer cuidado médico a los pobres de la
República Dominicana 11. al suroeste de Caracas en los Andes 12. La Guerra del Chaco; por el
petróleo 13. En Mérida, Venezuela, el Pico Espejo 14. Susana Baca, Eva Ayallón, Arturo Zambo,
Lucila Campos, Perú Negro **ACTIVIDADES AUDITIVAS** **A.** 500 ciudades, costo, comodidad; vagones;
reclinables; ventanas panorámicas; rápidamente **B.** 1. Caracas, Venezuela 2. moderna, autopistas
3. playa 4. agua, arena 5. anuncio comercial **C.** a. 3 b. 4 c. 1 d. 2 **D.** 1. han desarrollado

2. biodegradable   3. el ambiente   4. asientos   5. volante   6. reciclado   7. llantas   8. puerta
9. eléctrico   10. moderna   **E.**   1. F   2. C   3. C   4. C   5. F   6. F   **F.**   1. el Correo Central
2. La Casa Rosada   3. la Plaza Libertador San Martín   **G.**   1. Sí   2. No   3. Sí   4. No   5. No
6. No   7. Sí   8. No   **H.**   1. En la agencia de Paula la excursión incluye un puerto más, Santo Tomás.
2. La duración es de 17 días, no 14.   3. El precio es 10.500 pesos por persona, no 11.500.   4. Incluye
desayuno continental y almuerzo, pero no incluye la cena. No incluye una excursión pagada en cada
lugar.   **I.**   1. a. rutina   b. aburrido   2. a. el Museo del Prado, el restaurante Casa Botín, la Plaza
Mayor   b. la Torre Eiffel   c. el cambio de guardia en el Palacio Real   d. Machu Picchu e. el carnaval
J.   1. ocupada y contenta   2. 2:00; mediodía   3. Puerto Rico   4. planes; bosque tropical; el Viejo San
Juan   5. trabajar   **K.**   1. b, c, d   2. b, c   3. a, d   4. a   5. b, d   PRONUNCIACIÓN Y ORTOGRAFÍA
Ejercicios de ortografía   I.   1. Cómpreme el boleto hoy.   2. ¿Las reservaciones? Hágalas mañana.
3. Levántense temprano para llegar a tiempo.   4. Pídale instrucciones a este señor.   5. Cuéntenos de su
viaje.   **II.**   1. Mi, tu   2. Te, té   3. Sí, si   4. De   5. sé, si, se   **III.**   1. —Mi novio no conoce a mis
padres. Quiero que los conozca. Debe llegar a las 7:00. Espero que no llegue tarde.   2. —Hijo, quiero que
busques tu tarea ahora. —No importa, mamá. El profesor no quiere que la entreguemos.   3. —Usted
traduce muy bien. Por favor, tradúzcame esta carta. —¿Y quiere que le explique la gramática también?
4. —Si quieren comenzar temprano, es mejor que comiencen a las 5:00. —Está bien, pero el director no
quiere que empecemos hasta las 6:00.   VIDEOTECA   **Escenas culturales**   1. Río de la Plata   2. la
Ciudad Vieja   3. las pampas   4. el Paraná, el Paraguay   5. Itaipú   6. cataratas   **Escenas en contexto**
A.   1. F   2. C   3. C   4. F   5. F   **B.**   1. La Copa Alegre   2. derecha, Martín Gómez, dos cuadras,
izquierda, Flores   3. derecha, Santiago de Chile; 100, izquierda   LECTURAS   **Lectura: El misterio de
las ciudades mayas** *Comprensión*   **A.**   CONSTRUCCIÓN: altares, aldeas agrícolas, arquitectura, monumentos
de piedra, centros urbanos, palacios, pirámides, templos GEOGRAFÍA: bosques, península, vegetación CIENCIA:
astronomía, sistema numérico CULTURA: altares, calendarios, ciudades estados, escultura, monumentos de
piedra, pintura, rituales religiosos, sacrificios, sistema de escritura.   **B.**   1. epidemias   2. cambios en
el clima   3. guerras   4. superpoblación   5. no pudieron dedicarse más a la agricultura   6. la desaparición
de los sacerdotes   **Nota cultural: De visita en México** *Comprensión*   1. f   2. a   3. j   4. i   5. c
6. h   7. b   8. e   9. g   10. d

EXPANSIÓN GRAMATICAL

Ejercicio 1   ▲   1. Sí, es mío. / No, no es mío, es de *Lan*.   2. Sí, son suyas. / No, no son suyas, son de
Mónica y Nora.   3. Sí, es tuyo. / No, no es tuyo, es de *Pablo*.   4. Sí, son suyas. / No, no son suyas, son
de *la profesora Martínez*.   5. Sí, es suyo. / No, no es suyo, es de *Esteban*.   6. Sí, es nuestro. / No, no es
nuestro, es de *la profesora Martínez*.   7. Sí, son suyas. / No, no son suyas, son de *Lan*.   8. Sí, es suya. /
No, no es suya, es de *Luis*.   9. Sí, es mío. / No, no es mío, es de *Pablo*.   10. Sí, son tuyos. / No, no
son tuyos, son de *Luis y Nora*.   **Ejercicio 2**   1. Sí, (No, no) fui…   2. Sí, (No, no) cené…   3. Sí,
(No, no) escribí…   4. Sí, (No, no) compré…   5. Sí, (No, no) leí…   6. Sí, (No, no) hicimos…   7. Sí,
(No, no) vimos…   8. Sí, (No, no) ganamos…   9. Sí, (No, no) dimos…   10. Sí, (No, no) sacamos…
Ejercicio 3   1. —¿Vas a quedarte en casa esta noche?   2. —No, pienso salir al cine. ¿Y tú?   3. —¿Por
qué no vienes conmigo?   4. —¿Qué piensas hacer después del cine?   5. —Dar una vuelta por el
centro. ¿Quieres?   6. —¿Tienes coche?   7. —Claro que sí. ¿Qué dices?   8. —De acuerdo. ¿A qué hora
pasas a buscarme?   **Ejercicio 4**   1. —¿Qué piensan hacer esta noche?   2. —No sé. ¿Qué quieren
hacer ustedes?   3. —¿Qué les parece ir al cine? Hay una nueva película francesa que tengo ganas de
ver.   4. —A ustedes les gustan las películas francesas, pero a mí no. Me aburren. ¿No les gustaría salir a
bailar un rato?   5. —Pero si ustedes saben que soy el peor bailador en Santiago. ¡No, gracias! ¿Qué tal si
hacemos una fiesta en casa?   6. —¡Excelente idea! Ustedes dos invitan a sus amigos y yo invito a los
míos. ¿A qué hora?   7. —¿Qué les parece si empezamos a las diez?   **Ejercicio 5**   1. Estela horneó
el pastel.   2. Pedro escribe las cartas.   3. Los estudiantes pagan los libros cada semestre.   4. Los
mexicanos ganaron la Batalla de Puebla en 1862.   5. Los bomberos apagaron el incendio.   6. Un loco
atacó a Nora y a Pablo.   7. El arquitecto diseñó el edificio.   8. El profesor asigna la tarea.   9. Esteban
contestó la pregunta.   10. La profesora Martínez calificó los exámenes.   **Ejercicio 6**   1. b, c, d
2. b, c   3. a, b, c   4. a, d   5. a, d   **Ejercicio 7**   1. habíamos limpiado   2. habían subido   3. ha
visto   4. había escrito   5. ha hecho   6. se había duchado   7. ha viajado   8. se habían acostado

Ejercicio 8   1. para: (9) *destination*   2. por, por: (6) (6) *transportation*   3. por, por: (3) (3) *movement along,* *through*   4. para: (12) *purpose*   5. por, por: (3) *movement through,* (4) *length of time*   6. para: (11) *deadline* 7. para: (10) *telling time*   8. para: (8) *employer*   9. para: (7) *recipient*   10. por: (3) *movement through* 11. por: (2) *in exchange for*   12. por: (2) *paying*   13. Para: (7) *recipient*   14. para, para: (9) *destination,* (11) *deadline*   15. por: (4) *length of time*   16. por: (1) *substitution*   **Ejercicio 9**   1. Mamá, hazme un sándwich, por favor.   2. Mamá, lávame el traje de baño, por favor.   3. Mamá, ponme música, por favor.   4. Mamá, cómprame una playera, por favor.   5. Mamá, dame la loción, por favor.   **Ejercicio 10**   1. No, no me lo arregles.   2. No, no me la abras.   3. No, no me lo prestes.   4. No, no me lo prepares.   5. No, no me lo enciendas.   6. No, no me la digas.   **Ejercicio 11**   1. Sí, pídaselos.   2. Sí, léamelo.   3. Sí, présteselo. 4. Sí, escríbamelas.   5. Sí, cuénteselas.   **Ejercicio 12**   1. Te la regalamos nosotros.   2. Raúl se las dio. 3. Papá y mamá te lo regalaron.   4. La abuela te las compró. / La abuela te las ha comprado. 5. Estela te la regaló.   6. Raúl nos las trajo.   **Ejercicio 13**   1. hubiéramos, habrían   2. hubiera, habría 3. hubiera, habría   4. habrían, hubiera   5. hubiera, habrían   6. habríamos, hubiera   7. hubiera, habría   8. hubiéramos, habríamos   **Ejercicio 14**   (Answers will vary.)   1. Sí, se la entregué ayer. 2. Sí, se lo vendí la semana pasada.   3. Sí, se la di anoche.   4. Sí, se la presté el lunes pasado.   5. Sí, se la llevé el fin de semana pasado.   6. Voy a prestártelas esta tarde.   7. Voy a devolvértelo mañana. 8. Voy a traértelo el sábado que viene.   9. Voy a dártela cuando salga de la escuela.   10. Voy a mostrártelos este fin de semana.   **Ejercicio 15**   1. Sí, voy a pedírselo esta noche.   2. Sí, voy a prestárselos mañana.   3. Sí, voy a llevárselas el domingo que viene.   4. Sí, voy a devolvérselas esta tarde.   5. Sí, voy a regalárselo el viernes en la fiesta.   **Ejercicio 16**   1. Te la estoy dando ahora mismo.   2. Te la estoy preparando ahora mismo.   3. Te la estoy planchando ahora mismo.   4. Te lo estoy buscando ahora mismo.   5. Te las estoy buscando ahora mismo.   **Ejercicio 17**   1. Ya me la regaló ayer.   2. Ya me lo compró la semana pasada.   3. Ya me la prestó anoche.   4. Ya me los trajo el viernes pasado.   5. Ya me lo dio esta tarde.   **Ejercicio 18**   1. Pues, no está muy amable hoy. 2. Pues, no está muy frío hoy.   3. Pues, no está muy cómico hoy.   4. Pues, no está muy cara hoy. 5. Pues, no está muy eficiente hoy.   **Ejercicio 19**   1. es   2. está   3. estoy   4. está; es   5. Son; están 6. son; están   **Ejercicio 20**   1. Levántate (Acuéstate)   2. Ven   3. Ten   4. Sal   5. Bájate   6. Habla 7. Acuéstate; apaga   8. Dile   9. Ve; lee   10. Haz   **Ejercicio 21**   1. Traiga; dé   2. Muestre; diga 3. espera; te vayas   4. Rebaje; suba   5. Mira; digas   **Ejercicio 22**   1. Me casaré; tendré   2. nos graduaremos; iremos   3. se mudarán; vivirán   4. lograremos; nos reuniremos   5. vendrá; dirá **Ejercicio 23**   1. visitarían   2. trataría   3. compraría   4. comerían; tomarían   5. practicarían 6. caminaría   7. pasaría   8. tomarían   9. se acostarían   10. mandaría